MES VIES À L'ENVERS

La collection « Échos » a bénéficié du soutien
de la région des Pays de la Loire.

Direction éditoriale : Paola Grieco
Suivi éditorial et maquette : Caroline Merceron
Correction : Romain Allais

Conception graphique : Tiphaine Rautureau
Couverture : © David et Myrtille / Arcangel Images

WWW.GULFSTREAM.FR

ISBN : 978-2-35488-612-7

Loi 49-956 du 16 juillet 1949 sur les publications destinées à la jeunesse

Maxime
Fontaine

MES VIES À L'ENVERS

ÉCHOS

À Marie-Jyothi, Lily et Misha,
Romain et Mélanie, Ambre et Arsène,
Marc et Michèle. Et Malou.

Chapitre 1

Je m'appelle Yohann Massart. Je suis lycéen.

En rentrant chez moi, ce soir-là, je ne m'attendais pas à être assassiné.

Il faisait sombre et froid dans la maison. La faute à de volumineux nuages qui avaient avalé le soleil en matinée pour le digérer lentement, et avec délectation, toute la journée durant. Mes parents, comme à leur habitude, arriveraient une ou deux heures plus tard. Je rentrai d'un devoir surveillé de mathématiques qui m'avait fait suer autant d'eau que d'encre. J'étais épuisé.

Franchissant le seuil, j'abandonnai mon sac, lequel percuta le sol dans un bruit sourd et libérateur. Je songeai déjà à l'épisode des *Ombres d'Éclipse* (ma série préférée !) qui m'attendait sagement au creux des circuits de mon disque dur. Ce petit plaisir futur fut très vite supplanté par l'image encore plus attrayante du bain brûlant et moussant que j'allais me faire immédiatement couler.

J'eus à peine le temps de fermer la porte d'entrée : la première balle me toucha l'épaule. L'impact me cloua contre une paroi.

Je tombai à genoux, le souffle coupé.

Jamais je n'avais ressenti pareille douleur. C'était comme si quelqu'un s'amusait à tordre chacun de mes muscles. Comme si la partie supérieure gauche de mon corps venait d'exploser.

Une silhouette massive, vêtue d'une longue toge, se détacha de l'ombre. Son visage se trouvait dissimulé derrière un masque de cuir. Ce masque évoquait la tête d'un loup.

— Que le Cycle soit rompu, dit l'homme-loup.

Dans sa main droite reposait un revolver encore fumant. Je luttai de toutes mes forces pour ne pas perdre conscience. Je voulais protester, réagir, riposter.

Mais il était déjà trop tard.

Dans une détonation, la seconde balle me perfora le thorax.

Celle-ci venait d'un autre coin de la salle, d'un autre revolver braqué sur moi. L'auteur de ce nouveau coup de feu se trouvait drapé de la même toge sombre et arborait un masque barbu, ridé, aux sourcils froncés.

— Que l'Adversaire devienne poussière, murmura ce second masque.

Un flot de sang s'échappa de ma bouche. Je le vis se déverser sur le carrelage du hall, maculant la majeure partie de mes chaussures et de mon pantalon. Tel un ballon percé d'une aiguille, je sentis l'air et la vie me quitter. Pourtant, j'étais encore conscient. Les interrogations éclatèrent dans mon esprit, comme autant de bulles pressées d'occuper, pour la dernière fois, l'espace de mon cerveau condamné.

Qui étaient ces personnes ? À quoi leur servaient ces

déguisements absurdes ? Pour quelle raison étaient-elles en train de m'assassiner ?

Une troisième et dernière silhouette se détacha des ténèbres. Elle aussi était armée, d'un petit pistolet d'argent. Elle aussi se trouvait parée d'un masque, un visage féminin, grimaçant et cruel.

— Car poussière il devait être, et depuis bien longtemps, déclara cette troisième silhouette.

J'avais immédiatement reconnu la main fine et pâle, aux ongles pailletés, qui tenait ce pistolet d'argent. La voix qui venait de résonner confirma mes soupçons.

— Lé... Léa ? parvins-je à balbutier malgré les deux morceaux d'acier dans mon corps. Léa, c'est... toi ?

Un soupir étouffé s'échappa du masque grimaçant.

Il s'agissait de ma petite amie, impossible d'en douter.

Impossible également d'accepter l'idée que celle à qui j'avais ouvert mon cœur, celle dont j'avais si souvent goûté les lèvres, celle qui se tenait à mes côtés chaque jour de classe, celle en qui je possédais une confiance absolue, puisse se trouver complice de ma mise à mort.

Je voulus exprimer toute l'absurdité de cette situation. Je voulus prononcer un tout dernier mot. Une dernière question : « Pourquoi ? » Mais je n'en avais plus l'énergie.

En un réflexe convulsif, ma main chercha à atteindre le téléphone portable enfoncé dans ma poche droite. Par le biais d'une pensée intrusive et saugrenue, je m'imaginai en train de pianoter, face aux trois assassins immobiles : *Suis en train de mourir. Le coupable est Léa, dans l'entrée, avec le revolver. #trahison #mortendirect #Cluedo.* Et je pense très sincèrement que j'aurais éclaté de rire si l'un de mes organes vitaux n'avait pas éclaté tout court.

Car, bien entendu, ma petite amie ne me fit pas la grâce de se laisser démasquer sur Twitter.

Du petit pistolet d'argent s'échappa un ultime coup de feu.

Il y eut comme une pause. Un moment de flottement très étrange au cours duquel je me trouvai étranger à mon propre corps. Un peu comme si une caméra posée dans un coin de la pièce venait de prendre le relais de mes yeux. Mon esprit flotta, le temps se figea.

Considérant d'un œil extérieur la scène de mon exécution, j'en ressentis toute la portée grotesque. Pour d'obscures raisons un loup, un vieillard et une femme grimaçante, prolongations costumées de l'ombre, s'étaient détachés de la nuit pour me mettre à mort. Au milieu de ce tableau morbide se détachait la silhouette de Léa, enveloppée d'un déguisement rituel et d'un épais mystère.

Je voulus lutter de toutes mes forces. Nier cette cruelle réalité qui me faisait découvrir le tout dernier chapitre de mon existence, alors que je pensais n'en être qu'au commencement.

Je ne voulais pas mourir. Je le refusais de tout mon être. Chaque atome de mon corps hurlait pour réclamer la vie.

Derrière le masque de cuir, les yeux noirs de Léa brillaient d'une froide détermination que je ne lui connaissais pas.

Le temps reprit brutalement son cours.

Et la troisième balle, tirée par la fille que j'aimais, vint aussitôt me déchirer le cœur.

Chapitre 2

On raconte beaucoup de choses sur la fin de vie. Un long tunnel de lumière, un zoom arrière sur son enveloppe charnelle, tandis que celle-ci semble exhaler son tout dernier soupir. Nombre de gens ayant frôlé la mort témoignent de ces instants de pause, comme celui que je venais de traverser juste avant de ressentir l'extrême et définitive douleur de mes organes vitaux en train de se désagréger.

Pourtant, à l'instant de ma disparition, je ne vis ni lumière ni tunnel. Pas même la vision de ma maison s'éloignant tandis que je m'enfonçais dans les nuages cotonneux et l'accueillant firmament. Du coup, je m'en trouvai un brin frustré.

Au milieu du néant voilé où je venais d'atterrir, j'eus comme la désagréable impression d'avoir à moitié raté ma mort.

Déjà que j'avais mené une bien courte vie, déjà qu'elle m'apportait dix fois plus de questions que de réponses, j'aurais pu m'appliquer un peu pour correctement mettre en scène ma sortie, zut !

Au lieu de cela, rien d'autre que la nuit.

Un grand ciel étoilé, comme celui que j'avais l'habitude de contempler les soirs d'hiver, dans le jardin de ma grand-mère. Et une brise assez froide, venue caresser un visage que, de toute évidence, je n'avais pourtant plus.

Que je n'avais manifestement plus.

Que je ne devais plus avoir.

Que je...

Que... Hein ?...

— Karl ?... Karl, tu es blessé ?

Une voix venait de fendre le silence. Je me relevai brusquement.

Mon premier réflexe fut de me palper le cœur, la poitrine, l'épaule.

Aucune blessure, aucun flot de sang : mon corps était parfaitement intact. Alors, il ne s'agissait que d'un rêve ?

— Attends, c'est quoi ce délire ? murmurai-je.

Jamais cauchemar ne m'avait paru plus réel. L'air entrait et sortait régulièrement, mon cœur battait, mes muscles se détendaient. Quelle joie de constater que cette affreuse scène n'avait pas eu lieu ! Assassiné par Léa, quelle horreur ! Comment avais-je pu seulement imaginer cela ?

Il faisait noir, l'air était frais. Au-dessus de ma tête scintillait toujours la voûte étoilée. Dans mon dos résonnait un vacarme assourdissant – le tonnerre, peut-être ?

Je me trouvais en rase campagne, en pleine nuit, aux abords d'une tempête. Quelques arbres fantomatiques, dans l'un des coins de mon champ de vision, paraissaient étrangement immobiles, imperturbables sentinelles que les éléments n'affectent pas. Le tapis d'herbe et de mousse humide sous moi me fit grelotter. Et le sac fixé à mon dos me sembla peser des tonnes. Un peu comme si j'y avais enfourné tous les livres de ma bibliothèque.

Comment étais-je arrivé ici ? M'étais-je assoupi dans un champ, même si je n'en possédais aucun souvenir ? Pourquoi le ciel paraissait-il si dégagé, et pourquoi les branches des arbres ne bougeaient-elles pas alors que le tonnerre grondait ? Tous ces détails ne me troublaient que modérément : j'étais vivant, et c'était là l'essentiel !

Une main me tapota l'épaule.

Je sursautai, et m'intéressai enfin à la personne qui s'égosillait à mes côtés depuis un moment. La lumière dispensée par la lune découpa le corps d'un homme plus grand que moi, coiffé d'un casque.

— Karl, tu as été touché ? Tu es blessé ? répéta-t-il avec un fort accent que je ne parvins pas à identifier.

— Non… Non, je ne suis pas blessé, répondis-je automatiquement. Enfin, je ne crois pas… Mais… qui êtes-vous ? Mon nom c'est Yohann. Pourquoi vous m'appelez Karl ?

L'inconnu resta un moment interdit. Puis soudain il m'asséna un coup sur la tête. Le bruit métallique qui s'ensuivit m'indiqua que, moi aussi, je portais un casque.

Le ton de mon interlocuteur se durcit.

— Tu crois vraiment que c'est le moment de plaisanter, Karl ? Je te signale que Raulf et Wesserling sont morts ! Et ce sera bientôt notre tour si tu continues tes imbécillités !

À cet instant, un bruit strident déchira le ciel. Dans une détonation de lumière, l'un des arbres immobiles, situé à quelques pas de nous, se fendit en deux.

Instinctivement, nous nous jetâmes à terre. Une pluie d'écorce, d'herbe et de boue vint s'abattre sur nos manteaux. Déjà, mon compagnon se relevait.

— Par le diable, ils arrivent... Dépêche-toi, on file !

Une nouvelle déflagration me permit de mieux entrevoir mon interlocuteur. Il s'agissait d'un soldat moustachu, portant fusil et casque à pointe. Moi-même, je possédais une arme. Les bruits alentour n'étaient pas les prémices d'un orage, mais les signes bien sonores d'une bataille : tirs d'obus, grenades, explosions.

Mon compagnon avait décampé. Sa silhouette s'enfonça dans une étendue herbeuse et pentue.

— Hé, attends-moi ! hurlai-je.

Alors, accompagné par les coups de feu, je bondis et lui emboîtai le pas, devinant davantage les obstacles du paysage que je ne les voyais. Je trébuchai, tombai, me relevai. Autour de moi, l'apocalypse. Des trombes de métal déchirant le ciel. Une pluie d'éclairs et d'acier menaçant à chaque seconde de s'abattre sur ma tête. Incapable de comprendre la géographie de ce lieu en perpétuelle déconstruction, je naviguai d'image éclatée en déflagration aveuglante, uniquement guidé par la silhouette de mon guide et mon instinct de survie.

Si en cet instant de pur chaos je m'étais trouvé au cœur d'un jeu vidéo guerrier, j'en eus aussitôt critiqué la programmation. Immersion totale, certes. Mais franchement les gars, on ne comprend rien à ce qu'il se passe. Allez, je vous mets 4 sur 10, parce que les bruitages déchirent tout.

Tout à coup, je vis l'homme qui me précédait plonger *à l'intérieur du sol.* Tout ceci n'avait aucun sens. Je l'imitai sans même réfléchir.

Chapitre 2

Un sol boueux m'accueillit un peu plus bas. Je roulai, glissai, me cognai contre l'une des parois de cet espace étroit.

Cette fois, le paysage ne se désagrégea pas immédiatement sous mes yeux.

J'avais atterri dans un fossé. Une série de coups de feu tirés à quelques centimètres de mes oreilles me fit craindre le « Game Over ». Je découvris bientôt un autre soldat, aux cheveux grisonnants. Il se trouvait occupé à faire feu sur un ennemi invisible. Le tableau se précisa : sur plusieurs dizaines de mètres, un cortège de silhouettes identiques, courbées sur leur fusil, exécutait les mêmes gestes guerriers. Quelques lampes à pétrole éclairaient cette sinistre scène.

Je ne me trouvais pas dans un fossé. Mais dans une tranchée.

Le soldat grisonnant jura, cracha à terre, puis m'adressa ces mots :

— Content de vous revoir vivants, tous les deux. Schnitzer, t'as vraiment eu du bol de t'en tirer, mon gars !

L'homme possédait exactement le même accent que mon guide moustachu. Un accent d'origine allemande.

Dans mon esprit encore confus, une vieille photo en noir et blanc vint se superposer à cette scène d'une autre époque. Cette photo représentait une bande de soldats amaigris, fatigués, emmitouflés dans de longs uniformes râpés, affublés de ces sombres casques pointus, uniforme réglementaire de l'armée allemande. Ce cliché avait été pris lors de la Première Guerre mondiale. Je m'en souvenais parfaitement pour la bonne et simple raison que je l'avais longuement étudiée en classe moins d'une semaine auparavant.

J'eus alors l'invraisemblable idée que, peut-être, le jeu vidéo dans lequel je me trouvais en cet instant était la réalité. Une réalité abrupte, aberrante et explosive, qui m'aurait permis de voyager dans le temps.

Les mains et les jambes à moitié mangées par le sol de boue, le corps avachi au milieu de ces rudes silhouettes occupées à fendre la nuit de bruit et d'acier, je poursuivis mon raisonnement.

Peut-être avais-je effectivement péri sous le coup de feu de Léa et de ses complices. Peut-être mon esprit avait-il remonté le fil du temps pour me catapulter au début du siècle précédent. Au beau milieu de la grande guerre de 1914-1918. Et parmi les soldats allemands, par-dessus le marché, moi qui étais français…

Je chassai immédiatement cette hypothèse insensée. Mourir au XXIe siècle, tué par sa petite amie, pour se réveiller bel et bien vivant plus de cent ans plus tôt ? Il me fallait faire taire mon imagination. Cela ne se pouvait, cela était tout bonnement impossible. Pour mille et une bonnes raisons, toutes plus scientifiques et cartésiennes les unes que les autres.

Et pourtant…

Chapitre 3

Et pourtant, plusieurs détails vinrent s'accumuler, qui parurent confirmer cette folle hypothèse.

Le premier d'entre eux, ce fut un journal que lisait un soldat blessé, personnage à l'envahissant collier de barbe dont je n'osais regarder les jambes, car elles me paraissaient de moitié moins nombreuses que les miennes.

Le pansement ensanglanté qui couvrait la majeure partie de sa main droite se refermait sur une double feuille de papier, et je pus y lire la date du 16 décembre 1915.

Parcourant les gros titres du regard, je me rendis compte qu'ils étaient rédigés en allemand et que je les comprenais. Fait d'autant plus étrange que je n'avais jamais parlé allemand de toute ma vie.

À l'évidence, toutes les personnes alentour s'exprimaient dans cette langue. Moi y compris, et avec une facilité déconcertante.

Les gens que je côtoyais ne cessaient de m'appeler Karl, ou Schnitzer. Certains semblaient me connaître depuis des mois, voire des années. Tous ou presque évoquaient notre situation actuelle, la guerre en cours, et ces « imbéciles de Français » qui « prenaient un malin plaisir à assassiner les nôtres ».

Recoupant plusieurs conversations, je compris que je me trouvais dans les Vosges, aux abords d'une commune du nom d'Hartmannswiller.

Mentalement, je tentai de situer les Vosges sur la carte de France… sans vraiment y parvenir. Je dois bien l'avouer : si j'ai toujours été plutôt doué en histoire, je suis en revanche d'une nullité extrême en géographie. Le genre d'élève à vous placer la ville de Lyon au nord de Paris, et le Canada au beau milieu des États-Unis. En cet instant, j'imaginai un vague relief montagneux en forme de point d'interrogation coincé quelque part (mais où ?) entre Marseille et Nantes.

À quelques dizaines de mètres à peine de notre camp se découpait la tranchée française, qui nous canardait sans relâche. Mon compagnon moustachu se nommait Friedrich Haupt. Lui et moi avions fait partie d'une petite expédition de reconnaissance qui s'était soldée par la mort de deux autres soldats. Friedrich raconta tout cela à un lieutenant blond et ridé, lequel hocha du chef d'un air grave.

— Ces salauds de Français gagnent du terrain, déplora-t-il. Désolé pour Raulf et Wesserling. Mais au moins nous savons à quoi nous en tenir pour notre prochaine incursion dans le village… Il nous faudra attendre la nuit, et contourner cette zone.

Impossible de douter de l'époque et du contexte : s'il s'agissait d'une reconstitution historique, elle s'avérait parfaite. Aucun smartphone, aucune tablette, pas même une montre-bracelet. Pas le moindre anachronisme. Et un peu trop de gens savamment estropiés à mon goût.

Alors que je croulais sous toutes ces aberrantes vérités, le froid me saisit. Dans le vacarme de la tranchée en pleine activité, il s'était mis à neiger.

Un semblant de miroir, fragment de verre brisé fixé à une paroi, attira mon attention. En face de l'objet, un homme échevelé essayait de se raser à la lueur vacillante d'une lampe à pétrole. M'approchant prudemment de l'individu, je passai la tête par-dessus son épaule pour mieux saisir mon propre reflet entre les flocons épais. Celui-ci ne correspondait pas du tout à celui auquel j'étais habitué. Brun de naissance, à la peau plutôt hâlée, je me trouvais désormais face à un homme musculeux mais aux yeux cernés, blond et pâle, plus âgé que moi d'une bonne dizaine d'années. Je passai plusieurs fois la main sur ces traits, le reflet fit de même. Oui, ce nouveau visage était le mien...

Le soldat qui se rasait m'adressa un rictus, entre sourire et grimace.

— On a tous une sale gueule ces derniers temps, pas vrai ? Hé ! Au moins, ça veut dire qu'on en a encore une, de gueule... Pas comme le pauvre Jochen.

D'un mouvement de menton, il désigna un type allongé sur un brancard. Un type dont je ne compris pas immédiatement la physionomie. Car là où auraient dû battre ses paupières et poindre son nez s'étendait une crevasse béante, un gouffre irrégulier et dérangeant entouré de boue séchée et de chair brûlée. De ce gouffre émanait un râle. Un immonde sifflement né du cœur de la souffrance et de l'horreur. Car Jochen *respirait encore.*

À cet instant, mes jambes se dérobèrent, et je tombai à genoux. Mon estomac remonta d'un seul coup jusqu'au seuil de mes lèvres. Il se tordit, se retourna et se répandit.

Friedrich Haupt se pressa autour de moi. Il me réconforta, m'aida à me relever.

Trop faible, je dus bientôt m'adosser à la tranchée. Et respirer lentement, très lentement.

Le temps de faire le point.

J'avais changé de saison. Changé de région. Changé de nationalité. Changé de siècle. Changé de vie. Et changé de visage.

Rien que ça !

Chapitre 4

Tout se passait comme si mon âme, au moment où je succombais sous le coup de feu tiré par Léa, avait subitement quitté mon corps, pour me propulser dans un nouveau cauchemar.

Un cauchemar dépourvu d'exécuteurs en toge, mais bardé de feu, de mort et d'explosions.

Quelle explication donner à cela ? Pourquoi moi ? Pourquoi ce Karl Schnitzer ? Pourquoi ce lieu et cette époque ?

Machinalement, je portai la main à ma poche pour parler de tout ça avec quelqu'un. Mon pote Boris, mon cousin de Tours, ma grand-mère, n'importe qui. Quelqu'un aurait une idée sur la question, quelqu'un saurait me conseiller.

Sauf que Messenger et Twitter avaient eu la mauvaise idée de ne pas exister en 1915. Et aucun téléphone portable à emprunter à mes camarades d'infortune.

La stupeur et le dégoût étaient trop forts. Ma raison voulut, une dernière fois, balayer toutes les informations concordantes. Je saisis Friedrich Haupt par les épaules, l'entraînant à quelque distance du reste des soldats.

— Friedrich... ou quel que soit ton nom, fis-je en allemand. S'il te plaît, dis-moi que je me trompe... Dis-moi que nous sommes sur un plateau de ciné, que vous êtes des acteurs, que tout ceci est une farce... C'est Léa qui a voulu me flanquer les jetons avec l'aide de ses potes, pas vrai ? C'est parce que j'ai oublié de souhaiter l'anniv' de sa sœur, le mois dernier ?

— Oh là, tu nous fais quoi, Karl ? s'inquiéta Friedrich. Tu te calmes, oui ?

— Je ne m'appelle pas Karl, m'emportai-je. Mon nom est Yohann. Yohann Massart. Je suis lycéen. J'habite en Bretagne. Je ne suis pas Karl Schnitzer, je ne suis pas allemand. Là d'où je viens, il n'existe plus aucun survivant de la guerre de 14. Tout simplement parce qu'elle a eu lieu UN SIÈCLE auparavant !

Friedrich Haupt me dévisagea d'un air consterné.

— Mon pauvre Karl ! Les *Franzmänner* ne t'ont pas loupé. Je me disais bien que t'agissais bizarrement... T'as dû recevoir un sacré coup sur le crâne.

Je restai un moment silencieux, bouche bée, tandis qu'il secouait la tête sans se départir de son expression atterrée.

— Karl... Tu en as sans doute trop vécu. Toutes ces missions de reconnaissance, toutes ces horreurs... Il y a de quoi se ruiner sérieusement la caboche ! Prends quelques heures, tu en as besoin. Franchement, repose-toi !

Il voulut me réconforter davantage. Je maugréai quelques phrases maladroites, le priant de me laisser tranquille. À mon grand soulagement, c'est ce qu'il fit.

Chapitre 4

Je demeurai dans un coin de la tranchée, prostré, la tête entre les mains.

En effet, il me fallait effectuer une pause. Mais pas uniquement pour les raisons évoquées par Friedrich.

J'avais besoin de silence.

Temps mort. Pouce. Par pitié.

Une exécution, ma petite amie qui me donne le coup de grâce, un saut dans le temps… Et maintenant, la Grande Guerre…

Non mais c'était quoi, cette histoire de fou ?

Mon cerveau, surchargé par le jetlag temporel, commençait à saturer.

Le jour se leva bientôt, accompagné d'incessants flocons de neige et d'une température toujours aussi glaciale. Autour de moi, le combat s'était arrêté. Plusieurs soldats dormaient encore, d'autres demeuraient à leur poste. Personne ou presque n'osait m'approcher. J'avais vaguement perçu les chuchotements de Friedrich tandis qu'il parlait de moi et de ma condition à notre lieutenant-colonel.

— Schnitzer est méchamment secoué, vous savez. Faut dire : il a vu Raulf et Wesserling se faire dégommer juste devant lui. Ses deux meilleurs amis. C'était pas joli… La goutte d'eau qui fait déborder le vase, quoi !

Cela ne m'intéressait plus. Car je n'étais plus capable de rien. On m'avait privé de trop de choses d'un seul coup.

Mes repères avaient été effacés en une poignée de minutes pour me plonger au cœur d'un univers hostile, à plus de cent ans de mon point de départ.

Avec, au centre de cette énigme, l'improbable trio de mes assassins cachant leur identité et leurs intentions derrière un visage de cuir. Et parmi eux, Léa.

Léa, oui…

Tout découlait de cette trahison.

Car elle m'avait effacé de son existence. Littéralement.

Malgré mon corps disparu, malgré les flots de sang sur le sol, malgré mes organes en charpie, malgré les questions sans réponses, malgré la peur, malgré la guerre, c'était cette image d'une cruauté infinie qui demeurait gravée dans mon cerveau.

Léa avait voulu me tuer. Elle avait mis fin à mes jours, sans hésiter, sans trembler.

Comme si elle n'avait… *jamais*… rien ressenti pour moi.

C'en était trop.

Comme l'avait évoqué Friedriech Haupt, le vase déborda.

Doucement, les larmes coulèrent le long des joues de ce nouveau visage.

Bien plus que la mort et le sang, elles tracèrent des sillons empoisonnés qui me brûlaient la peau.

Mon cœur avait peut-être été perforé de plomb… mais il était surtout brisé.

Chapitre 5

Je demeurai un long moment ainsi, parfaitement immobile, les bras ballants et les joues humides. La neige s'accumulait le long de mes jambes et piquait les paumes de mes mains. Elle s'organisa en un petit tapis irrégulier qui scintillait lorsque paraissait le soleil, entre deux océans gris.

Parfois, on apercevait un détail parmi les millions de flocons finement ciselés, imbriqués les uns dans les autres. Une structure d'une immense complexité, d'une infinie délicatesse. Un assemblage unique de formes arachnéennes. Une petite idée de l'infini.

Je me sentais tels ces flocons guidés par les caprices du vent. Emmenés par un tourbillon de forces qui les dépassaient. Virevoltant au milieu du ciel, englués l'instant d'après parmi leurs semblables entremêlés.

Je n'étais qu'un de ces cristaux de glace, perdu dans le flux du temps. Enlevé à mon quotidien, et soudain lié au destin de quelques centaines d'hommes que je n'avais jamais croisés. Que je n'aurais jamais dû croiser.

Cette idée me flanqua un vilain vertige.

Au-delà du tapis blanc, des ombres d'un autre âge s'agitaient autour de machines métalliques, qui de nouveau crachaient la mort et le feu. Le sang n'avait pas encore souillé la neige. Mais cela ne tarderait pas.

L'état d'apathie dans lequel j'étais soudain tombé m'empêchait de remuer le moindre muscle.

Le visage de Léa, que j'imaginai implacable derrière sa peau de cuir, refusait obstinément de me quitter. Il s'était imprimé durablement dans un recoin de mon imaginaire et empoissonnait tout mon être.

Sous l'effet de ce venin, j'étais complètement paralysé. En souffrance. Et je ne parvenais même plus à penser.

Je ne sais combien d'heures, combien de jours, combien de siècles j'aurais pu rester ainsi, à ne plus rien faire du tout.

Jusqu'à me trouver enseveli par la neige.

Jusqu'à cesser complètement d'exister.

Heureusement, Friedrich Haupt me gifla.

Une fois, deux fois. Peut-être dix fois plus. Impossible de compter.

Aucun doute : l'esprit humain – le mien en tout cas – était incapable de supporter tant de changements et tant d'émotions sans en accuser durement le coup.

Au-delà de moi, les tirs de mitraillette, les coups de fusil se succédaient. Les gifles aussi, je crois.

Alors, lentement, très lentement, quelque chose se produisit.

Une idée prit laborieusement forme parmi les replis de mon cerveau anesthésié. Cela partit d'un sentiment : celui du dégoût.

Chapitre 5

Le dégoût d'avoir été trahi, le dégoût de ne rien comprendre, le dégoût de ne plus rien posséder. Et, par-dessus tout, le dégoût d'apercevoir ces hommes mutilés, brisés, affolés. Voués à trucider leur prochain s'ils ne voulaient pas périr eux-mêmes.

J'avais été assassiné. Je ne souhaitais pas devenir un meurtrier à mon tour.

Mon idée était simple : il me fallait, à tout prix, échapper à cet enfer.

Les gifles de Friedrich avaient fini par porter leurs fruits.

Mon cœur endolori, s'il me faisait encore souffrir le martyre, passa progressivement au second plan, supplanté par la raison.

Peu à peu, je finis par ne plus seulement penser à Léa – ou au *manque* de Léa. Il me fallut, alors, complètement accepter l'improbable concours de circonstances qui m'avait fait débarquer dans les Vosges, en cette sombre année 1915, et devenir un autre, au cœur d'une des plus grandes tueries de l'histoire.

Cependant, l'idée de mener la vie de Karl Schnitzer, comme si de rien n'était, m'apparut inadmissible.

Je savais bien qui j'étais réellement, et cela personne ne pouvait me l'enlever.

Soudain réveillé, mon esprit s'emballa.

Un plan commença à germer.

Il me fallait quitter la tranchée, rejoindre le territoire français, partir en Bretagne, peut-être, pour me diriger vers ma ville natale. Là-bas, j'espérais trouver quelques réponses. Mais comment faire ?… Les troupes françaises ne laisseraient jamais un soldat allemand rejoindre leurs rangs sans réagir. Ils me viseraient, me tireraient dessus, me trufferaient le corps de plomb avant même que je n'aie eu le temps de m'expliquer.

Et que pouvais-je leur expliquer d'ailleurs, sinon l'improbable histoire d'un adolescent déjà mort et arraché à son siècle ? Cette pensée me démoralisa.

Alors, mes rêves s'évanouirent aussi vite qu'ils s'étaient formés. Ces bulles d'espoir éclatèrent devant l'ampleur et la difficulté de la tâche.

Malgré ma grande réticence, malgré l'injustice de cette situation, j'allais peut-être me trouver obligé de m'engager dans cette guerre. Apprendre le maniement des armes et servir auprès des Allemands. Devenir Karl Schnitzer pendant un temps plus ou moins long.

Bref : mener l'horrible vie d'un soldat en temps de guerre. Charmante perspective…

J'en étais à ce point de mes angoisses, de mes errements et de mes doutes, lorsque l'armée française nous tomba dessus.

Chapitre 6

L'offensive française prit notre compagnie de court. Tout commença par un tir d'obus en plein dans notre tranchée. L'explosion fit voler plusieurs corps, dont je ne voulus surtout pas savoir en combien de morceaux ils atterrirent. Ensuite, tout alla très vite. Des soldats vêtus de bleu débarquèrent parmi nos uniformes kaki. De nouveau, les balles fusèrent. Je vis l'homme qui se rasait un peu plus tôt se faire embrocher par une baïonnette. Dans la panique, il me fut impossible de mettre la main sur mon fusil.

— Schnitzer, par ici !

Le lieutenant-colonel, me voyant paniqué, m'invita à le rejoindre. D'un tir rapide et précis, il envoya deux soldats à terre, lesquels m'avaient déjà mis en joue. Ils ne se relèveraient jamais.

— Attrapez ça, et défendez-vous, *Gott in Himmel* !

L'homme ridé me lança son revolver tandis que lui-même épaulait un fusil. Je ne voulais pas m'en servir. Je ne voulais tuer personne. Malgré mon impressionnant *curriculum vitae* de soldat virtuel, mes longues parties entre copains de *Battlefield* et de *Call of Duty* ne m'avaient pas vraiment préparé au dégoût profond que m'inspiraient les *vraies* armes à feu.

Mais je ne souhaitais pas non plus mourir une seconde fois.

Le lieutenant-colonel tira de nouveau dans la nuit, puis aboya des ordres. Malheureusement, le régiment se trouvait trop surpris et désorganisé pour les suivre. Je butai sur un homme tombé à terre, le regard éteint. Une balle ennemie s'était logée au beau milieu de son crâne.

Avec horreur, je reconnus Friedrich.

Je n'avais rencontré cet homme que quelques heures plus tôt, et nous n'avions même pas échangé vingt phrases.

Pourtant, la vision de son corps inanimé me fit l'effet d'un électrochoc.

Un groupe de nos soldats résistait énergiquement à quelque distance. Plusieurs de nos ennemis tombèrent, tandis que je commençais à trembler. Je ne savais honnêtement, dans quel camp devait basculer ma loyauté. Il m'était impossible de leur crier pas : « Attendez, je suis français ! », sans provoquer la colère des soldats qui m'entouraient, ainsi que la probable ironie meurtrière de mes compatriotes. Mon corps tout entier fut pris d'un spasme.

La percée des Français gagna soudain en ampleur, avec une deuxième zone de la tranchée sous leur contrôle. Les soldats de mon régiment se trouvèrent pris en étau, mais pas encore vaincus. Le lieutenant-colonel fut bientôt entouré d'un petit bataillon de rescapés. Jugeant la situation alarmante, il nous ordonna d'abandonner notre poste.

— Tous au fortin Rohrburg ! hurla-t-il.

Chapitre 6

J'ignorais à quel endroit il faisait allusion mais, lorsque le groupe prit une impulsion et sortis de la tranchée, je fus entraîné par le mouvement. Le lieutenant-colonel me poussa quasiment au-dehors, dans le cœur glacé de la nuit. Je ne pouvais bien évidemment demeurer à un endroit où mes semblables mordaient la poussière, les uns après les autres. Bientôt, les soubresauts qui agitaient mon corps redoublèrent de vigueur. J'étais trempé de sueur, complètement affolé. Tout le monde courait, tel un troupeau devant un prédateur prêt à surgir de la nuit pour soudain vous croquer d'un coup de mâchoire définitif.

Chaque pas augmentait l'angoisse de bientôt sentir un nouveau projectile me percer le corps. Plusieurs hommes tout aussi blonds mais bien moins chanceux que moi tombaient à intervalles réguliers, parfois à quelques centimètres de mon fusil.

Mon cœur battait la chamade, mes jambes menaçaient de se dérober de nouveau. Le trajet suivi par notre cohorte me parut parfois erratique. Un peu comme si le lieutenant-colonel cherchait son chemin. La tentation d'allumer mon GPS en entrant la destination *fortin Rohrburg* s'évanouit presque aussitôt qu'elle se forma dans mon esprit embrumé par le changement d'époque.

Cette fuite dans les ténèbres m'apparut interminable. Essoufflé par la peur, le froid, la neige sous mes bottes, le poids de mon équipement et la Mort alentour, je crus sombrer plusieurs dizaines de fois. Pourtant, je tins bon.

La neige se fit plus rare, le feu ennemi plus lointain et diffus. Bientôt, nous joignîmes un long bâtiment de pierre tellement bien intégré au paysage que je n'en compris les contours qu'à la toute dernière minute.

Le fortin Rohrburg, enfin !

Le lieutenant-colonel hurla son nom. Aussitôt, la porte métallique s'ouvrit à la volée. D'un ample mouvement de bras, une sentinelle nous fit signe d'entrer.

Nous avions à peine franchi le seuil du fortin qu'un gradé aussi paniqué que court sur pattes nous accueillit. Une joyeuse colonie de poux pogotait furieusement sur son cuir chevelu.

— Les *Franzmänner* sont en train de nous déborder, déclara-t-il d'emblée. Le 14ᵉ et le 78ᵉ sont en mauvaise posture. Je suis désolé, mais il faut s'attendre au pire !

— La situation est explosive, déplora mon supérieur hiérarchique. Il va nous falloir tenir, des renforts vont forcément arriver.

— Pourtant, tout avait bien commencé, soupira le responsable de l'endroit. Nous avions éliminé tout un escadron français. J'ai même fait remiser leur équipement, au cas où.

Les différents indices que j'avais pu glaner situaient cette journée entre le 16 et le 21 décembre 1915. Soit près de trois ans avant la fin de la guerre. Je ne savais quasiment rien de l'issue de cette bataille dans les Vosges, mais une chose m'apparut certaine : les combats n'étaient pas près de s'arrêter. Et que valait-il mieux, pour mon futur immédiat ? Une victoire française ou un succès allemand ?…

Nous nous installâmes tandis que les portes se fermèrent sur la nuit. Je m'adossai à un mur, parfaitement épuisé. De notre régiment, seule une petite trentaine de personnes avaient rallié le fortin. L'adrénaline, la chance et l'expérience du lieutenant-colonel qui nous avait parfaitement guidés m'avaient aidé à faire partie de ceux-là. Mais combien de temps allions-nous goûter à ce privilège ?...

Pour calmer mon angoisse, je voulus entamer une petite partie de casse-briques.

— OK, je crois que je vais mettre un moment avant d'intégrer l'absence d'Internet et des jeux vidéo, marmonnai-je à mi-voix.

Si l'un de mes compagnons d'armes entendit mon improbable remarque, il n'y prêta guère attention. La plupart d'entre eux, éreintés et finalement tout aussi affolés que moi, avaient trop à faire avec leurs propres peurs pour s'occuper des divagations d'un drôle de soldat aussi maladroit qu'incohérent.

Je finis par cesser d'observer leurs blessures et passai le plus clair de mon temps la tête entre les mains, avec le fol et persistant espoir de voir cette réalité s'effacer aussi vite que s'était évanouie mon existence sans histoire de lycéen du XXIe siècle.

Mes parents, ma famille, mes amis... Allais-je seulement les revoir un jour ? Comment allaient-ils appréhender ma disparition, à quelque cent ans de là ?

Mon cœur se serra encore un peu plus en imaginant les larmes de ma mère face au corps criblé de trois balles de son unique fils, allongé dans une mare de sang. Pourrait-elle survivre à cette vision ?...

J'éprouvai l'abominable sensation de l'avoir abandonnée, de m'être enfui par-delà l'espace et le temps pour la laisser à jamais seule face à sa peine.

Mais que me restait-il à mon époque pour abriter mon esprit, à part une enveloppe trouée, brisée, désespérément privée de vie ?

— Et en plus, je ne verrai jamais la suite des *Ombres d'Éclipse* ! parvins-je encore à ruminer. Pile au moment où l'on allait tout comprendre !

Cette considération stupide acheva de m'accabler.

Plusieurs heures défilèrent au son de l'artillerie toujours un peu trop proche. Car les Français étaient arrivés à nos portes. Dehors, les combats paraissaient redoubler de violence. Les soldats affectés au fortin défendaient notre éphémère confort tandis que nous reprenions des forces en songeant à l'inévitable moment où la guerre nous débusquerait.

Pour ma part, je me tenais éloigné de tout échange guerrier, prétextant une migraine épouvantable. En réalité, je ne tenais pas à éliminer l'un de mes compatriotes français. Ni aucun autre être humain, d'ailleurs. Ayant fait récemment partie d'une mission de reconnaissance dont j'étais devenu l'unique survivant, le lieutenant-colonel me laissa dormir quelque temps.

Sauf que je fus bien incapable de fermer l'œil.

Ce fortin qui nous protégeait était en même temps devenu notre prison. Nous lui devions la vie, mais nous ne pouvions en sortir, sous peine de rejoindre Friedrich et tous les autres soldats tombés.

Recroquevillé sur un lit de fortune, pétri d'angoisse, je me mordis les lèvres jusqu'au sang, puis me mis à murmurer :

Chapitre 6

— Peut-être que si je ferme les yeux, peut-être que si je m'endors, je retournerai chez moi…

Une nouvelle fois, les larmes me vinrent, naturellement. Je ne fis rien pour les retenir. Bientôt, mon corps fourbu par tant d'émotions commanda à mon esprit de se mettre en veille. Enfin, le sommeil me gagna. Un sommeil léger, tendu, sans autre rêve qu'une étrange sarabande de silhouettes tantôt en uniforme, tantôt masquées, entre humains blessés et animaux cruels. Ce songe sans queue ni tête me parut ne durer qu'une poignée de secondes.

Car une nouvelle explosion m'arracha de ces limbes. Suivie d'une seconde. Au moment précis où je quittai le lit de camp, la porte de métal qui barrait l'entrée voltigea dans les airs, puis atterrit lourdement sur le corps de deux soldats, dans un craquement d'os. Deux projectiles de forme ronde, suivis d'un troisième, roulèrent sur le sol.

— Des grenades ! hurla le lieutenant-colonel. Vite, il faut…

Il n'eut guère le loisir de terminer sa phrase : la première grenade explosa, emplissant la pièce de lumière et de fumée. Je chutai en arrière, assourdi, aveuglé.

Un second choc fit tomber plusieurs matelas sur mon corps.

Puis je perdis connaissance.

Chapitre 7

La conscience me revint peu à peu.

Mes oreilles bourdonnaient encore, sans doute sous l'effet de l'explosion, et mon corps me sembla paralysé. Je crus d'abord que le fortin avait explosé, que je me trouvais actuellement coincé sous les décombres. Quelques mouvements de bras et de jambes me permirent de mieux cerner ma situation et de m'extirper d'un amas de couvertures et de matelas.

Le fortin ne s'était pas écroulé sur moi. Les muscles endoloris, je progressai à genoux. Des rires me parvinrent, accompagnés d'un flot de paroles confuses. Prudemment, je risquai un œil par-dessus les matelas.

Une vingtaine d'hommes en uniforme bleu allaient et venaient, rechargeant leurs armes, fouillant l'endroit. Le groupe le plus proche devisait autour d'un amas de boîtes de conserve.

— Dis-moi, ils se font plaisir, les schleus ! s'exclama une première voix. Haricots verts, petits pois… Et là, des saucisses de Francfort !

— À la bonne heure !... Ça va nous changer de la pomme de terre !... Hé, dis, regarde s'il y a du pinard ! Devant tout ça, je commence à l'avoir sec !

Un peu partout, des corps vêtus de kaki jonchaient le sol.

Certains avaient été empilés les uns sur les autres. Tous mes anciens compagnons d'armes. Tous. Aussi froids que définitivement immobiles, entassés çà et là, tels des vêtements sales et sans intérêt.

Je compris très vite la situation : l'armée française avait pénétré dans le fortin, qui se trouvait désormais sous son contrôle. Les assaillants victorieux étaient en train de vider la réserve de nourriture, mais aussi de s'emparer des armes.

Ils n'avaient pas encore eu la présence d'esprit de soulever les matelas tombés pour y trouver mon corps endormi.

Pour sauver ma peau, je faillis me lever complètement, leur parler en français, leur dire que j'étais des leurs. Mais l'uniforme que je portais avait toutes les chances de me valoir une volée de plomb dans le ventre.

Un sac éventré, tout près de moi, attira alors mon attention. Une veste bleue en dépassait. Je me souvins de l'officier allemand qui se vantait d'avoir « éliminé tout un escadron français » et « fait remiser leur équipement ». Peut-être avait-il conservé les uniformes de l'ennemi pour une future mission d'infiltration. Laquelle n'aurait jamais lieu.

Je ne pouvais laisser passer cette occasion.

Un lieutenant barbu entra, énergique et décidé. Aussitôt, il rabroua le groupe :

Chapitre 7

— Soldats, au rapport ! Lâchez ces victuailles et reposez ces bouteilles, nous en dresserons la liste plus tard. Où en sommes-nous des pertes ? Avez-vous délimité un périmètre de sécurité ?

Tandis que les hommes se mettaient au garde-à-vous et répondaient à leur supérieur, je me contorsionnai dans la pénombre. Je me débarrassai de mon uniforme kaki, puis agrippai les vêtements bleus.

Cette opération me sembla durer une éternité.

Le lieutenant barbu assignait différentes tâches à ses subordonnés. Lorsqu'il s'approcha un peu trop près de ma cachette, je me levai, comme si de rien n'était, puis me mis au garde-à-vous.

— Mais qu'est-ce que vous fichez ici, vous ? me lança-t-il. Me dites pas que vous piquiez un roupillon ?

L'occasion était trop belle : je voulus saisir la balle au bond. Lui indiquer qu'effectivement j'avais voulu dormir. Mais que désormais le devoir m'appelait.

Pourtant, aucun son n'émergea de ma gorge. Car je fus soudain pris d'un affreux doute. Si je parlais depuis quelques heures allemand sans m'en rendre compte, étais-je encore capable de m'exprimer dans ma langue maternelle ? Allais-je m'adresser à cet officier en français… ou parler en allemand, et aussitôt signer mon arrêt de mort ?

Le lieutenant s'impatienta.

— Eh bien, soldat ? Tu m'prends pour un baigneur, ou bien tu es débile en plus d'être feignant ?

Un filet de sueur glacée glissa le long de mon échine, entre ma peau et les habits que je venais tout juste d'endosser. Les mots ne venaient pas. Ils ne voulaient pas venir. Quelque chose dans mon cerveau luttait, empêtré dans un amas d'incertitudes et de souvenirs inaccessibles.

Les épais sourcils du lieutenant se froncèrent. Ses traits se durcirent. Sa main droite se crispa dangereusement sur la crosse de son arme.

Tout à coup, aux tréfonds de ma conscience, un déclic se produisit. Et mes lèvres empâtées se mirent à bouger.

— Je... euh... je suis désolé. Pardon... J'étais fatigué. Alors, je...

Le visage en face de moi demeura crispé. Mais la main avait quitté la crosse de l'arme. J'avais parlé *français.*

— Tu crois vraiment que c'est le moment de te reposer, troufion ? Les Allemands vont tenter de reprendre la place, ça fait pas un pli ! File donc d'ici et va me chercher une infirmière. On a un paquet de blessés. Ce soir, je te préviens, tu es de corvée de chiottes.

J'acquiesçai sans broncher, trop heureux de quitter le fortin. Je passai devant deux poilus, qui me regardèrent de travers.

— Dis, André, à quelle compagnie il appartient, ce louftingue ?

Mais déjà le lieutenant rappela à l'ordre les deux hommes, leur reprochant de bayer aux corneilles. Je pressai le pas.

Je passai la tranchée française sans le moindre souci puis, avec un peu plus de difficulté, localisai un campement. Une infirmière sortit d'une tente. Une fille d'à peine vingt ans, mais dont les grands yeux cernés trahissaient les horreurs dont elle avait déjà été témoin. En quelques mots prononcés dans un français impeccable, je lui expliquai qu'elle devait se rendre au fortin.

Chapitre 7

Pour ma part, je n'y remis jamais les pieds.

Un poilu émergeant d'un buisson en reboutonnant son pantalon me donna une idée.

Il me salua d'un sonore :

— Ha ha ! Toi aussi tu dois te secouer le poireau, l'ami ?

Je hochai la tête avec un sourire.

Puis, l'air de rien, je quittai le campement et m'enfonçai dans les bois.

Je venais de réussir un double exploit : celui de déserter l'armée allemande puis l'armée française en l'espace d'une quinzaine de minutes. Mon but était de quitter les Vosges pour rejoindre ma Bretagne natale.

Chapitre 8

Je remerciai silencieusement mes parents de m'avoir initié à la survie en pleine nature car, sans les quelques réflexes que j'avais acquis lors de mes sportives vacances en leur compagnie, je serais probablement mort de froid et d'épuisement. M'orientant au soleil puis aux étoiles, je demeurai en bordure de forêt, descendant vers la vallée, évitant les zones d'affrontement. Plutôt doué sur un terrain vallonné, mais paradoxalement nul en géographie générale, j'ambitionnai de me procurer une carte de France… sous peine de retourner sans m'en apercevoir en territoire allemand !

Tout en ayant pleinement conscience que les frontières indiquées sur cette hypothétique carte risquaient fort de ne plus être d'actualité…

Fort heureusement, la neige fondait déjà et, plus je m'éloignais de la tranchée, plus elle se faisait rare. De grands arbres décharnés et indéfinissables succédèrent aux sapins et aux épicéas.

Plutôt que de rejoindre d'emblée l'un des villages dont

les cheminées fumantes m'attiraient, je voulus passer ma première nuit à l'extérieur.

Le crépuscule n'était pas encore tombé que je me retrouvai complètement frigorifié, recroquevillé dans le tronc d'un arbre creux. Cet abri de fortune eut le mérite de m'isoler du vent. Mais il me parut évident que je ne pourrais pas y dormir.

En quittant le campement, j'avais volé un sac. Celui-ci contenait une couverture et quelques rations de nourriture. J'avisai un pain presque aussi dur que de la brique qui faillit me faire perdre deux dents. Puis je découvris une poignée de haricots secs, qu'il aurait fallu cuire. Je me trouvais à des années-lumière de l'omelette aux champignons et aux piments (spécialité culinaire de mon père) et de la grande salade de fruits frais (cheval de bataille de ma mère) qui appartenaient aux « incontournables » de nos repas en famille.

Tout en soupirant, je fis tourner les haricots entre mes doigts, comme pour leur donner un air un tout petit peu plus appétissant sous le soleil en train de disparaître.

J'éprouvai quelques remords à avoir privé ainsi un soldat de son équipement. D'autant plus que j'y découvris plusieurs clichés en noir et blanc, sans doute considérés par le précédent propriétaire du sac comme le plus précieux des trésors.

L'une de ces photographies représentait un jeune couple à la plage. Lui en caleçon à rayures et moustaches pointues, savamment peignées. Elle en tunique blanche, un bandeau dans les cheveux, affublée d'improbables et longues chaussettes.

La représentation d'un bonheur ensoleillé, évanoui

depuis dans les brumes, les cratères et les odeurs de poudre de la Grande Guerre.

Équipé d'un briquet, je fus capable d'allumer un feu, comme me l'avait appris mon père. Cela me rendait repérable, bien sûr, cependant mes membres engourdis nécessitaient une source de chaleur.

Mes prédictions s'avérèrent exactes : engoncé dans mon arbre, je ne pus fermer l'œil de la nuit.

Chaque heure m'apportait son cortège de sensations désagréables : inconfort, froid, peur des animaux sauvages… Et puis, comme toujours, le visage de Léa. Car plus je songeais à ses agissements, et moins j'y voyais clair.

Pour quelle obscure raison m'avait-elle tué ?

Appartenait-elle à une secte ? Ma disparition lui servait-elle simplement de rituel de passage, parmi son clan d'assassins ?

Ou bien ma famille avait-elle accompli quelque chose d'atroce, qui avait attisé sa colère et celle de ses complices ?

Il ne pouvait s'agir d'argent… Nous ne roulions pas sur l'or. Et le père de Léa, gérant d'une entreprise de livraison, gagnait à lui seul plus que mes parents et ma sœur réunis.

Je n'aurais pu continuer très longtemps ainsi, coincé entre le tronc étriqué et ces pensées déplaisantes. Le jour s'étant levé, je repris ma route. Affamé, épuisé, je commençai à être gagné par des vertiges, qui faillirent me faire chuter dans un fossé.

Je finis par rallier un petit village. La guerre l'avait jusqu'ici épargné… mais pour combien de temps ?

Nous étions en soirée. J'évitai les rues et les quelques silhouettes qui les parcouraient encore car je ne souhaitais pas attirer l'attention. Aucune voiture, aucun signe du progrès moderne. Pas d'enseigne lumineuse, et pas même un McDo ! Juste quelques vaches, quelques chèvres, et à peine moins de chevaux.

Coup de chance : la première porte à laquelle je frappai m'accueillit pour la nuit. Un couple d'agriculteurs très âgés me dévisagea dans l'encadrement de la porte. La vieille arborait un bonnet blanc et une longue robe surmontée d'un tablier. Elle louchait légèrement, son nez formait une perturbante virgule, et son menton tremblotant s'agitait sans cesse. Son mari, casquette vissée sur le crâne, était tout en poils : moustache drue, sourcils broussailleux, et surtout d'énormes touffes qui sortaient en bataille de ses oreilles et de son nez. Alléluia ! Je venais de découvrir le yéti au cœur des Vosges !

J'éprouvai l'irrésistible envie de prendre le couple en photo pour poster leurs incroyables trombines sur mon mur. De quoi récolter une bonne centaine de « j'aime », et presque autant de commentaires hilares, sans le moindre effort !

Mais je secouai la tête et me résolus à garder mon sérieux.

— Je m'appelle Yohann Massart, expliquai-je. Je suis soldat, je dois me rendre en Bretagne. C'est, euh… pour porter une lettre. C'est une mission secrète.

Cette justification à dix centimes d'euros m'avait pourtant paru absolument géniale lorsqu'elle était née dans mon esprit quelques dizaines de minutes plus tôt !

— Ah, bah ! s'exclama le vieux yéti. Si c'est une mission secrète, devriez pas trop nous en parler, croyez pas ?

Il inclina du chef en tripotant à pleines mains l'une de

ses nombreuses touffes auriculaires.

— Seriez pas en train d'nous raconter des salades, garçon ?

— Oh, laisse-le tranquille, Siméon, le rabroua sa femme. Tu vois bien qu'il est fatigué, le gamin !... Ça nous fait quoi, s'il raconte des sottises ?... Allez monsieur, entrez, venez vous réchauffer. On peut même vous offrir un peu de potage au poireau, si vous voulez.

À défaut de canapé moelleux et de chauffage central, je me laissai tomber sur un banc de bois sans dossier, le plus proche possible du feu qui crépitait dans la cheminée.

Le potage se trouvait déjà sur la table. Sans cérémonie, mon hôtesse me servit un bol. J'avalai goulûment cette nourriture chaude, qui fit circuler plus rapidement le sang à l'intérieur de mon corps épuisé.

Mes mensonges ne trompaient absolument pas le couple : ils avaient deviné que j'étais déserteur. Si je souhaitais traverser le pays et remonter jusqu'au lieu où j'étais né, il me faudrait devenir un bien meilleur menteur.

Heureusement pour moi, une fois que j'avais franchi le seuil de leur maison, ils ne se montrèrent ni vraiment curieux ni particulièrement loquaces. Le vieux tout en poils se raclait continuellement la gorge tout en marmottant des paroles incompréhensibles. Et son épouse au nez tordu chantonnait dans un dialecte inconnu.

Ambiance du repas : 4 % de fun, 16 % de silences gênés de ma part, 21 % d'hospitalité bienvenue et 59 % d'autisme et de caricature paysanne.

Petit à petit, je m'habituai à occuper l'enveloppe charnelle de Karl Schnitzer. Ses mains un peu trop grandes, ses jambes épaisses, sa silhouette vraiment musculeuse me donnaient parfois une mauvaise appréciation des distances. Sans me montrer totalement maladroit, j'avais tout de même perdu en agilité. Dans la forêt, j'avais percuté quelques obstacles. À table, ce soir-là, je fis chuter le petit bol qui contenait le sel.

Le vieux couple ne possédait pas de carte des environs. Ils m'indiquèrent le long chemin à suivre pour rallier la gare la plus proche. Je n'osai leur dire que je ne possédais même pas de quoi m'acheter un billet de train. Mon objectif était un petit village baptisé Theix, dans le Morbihan. Le village où je résidais, au XXIe siècle.

Allongé sur la paille de la grange qui me servirait cette nuit de chambre à coucher, je repassai le fil des événements survenus ces dernières quarante-huit heures.

J'étais mort. Je m'étais réveillé cent ans plus tôt dans un autre corps. Sans papiers et sans un sou, je souhaitais me diriger vers mon village natal. Pour y faire quoi ? Mystère… Les personnes que j'y avais connues n'existaient pas encore. Mes parents eux-mêmes n'étaient pas près de naître, pas plus que mes grands-parents. Et je n'étais pas bien certain que mes arrière-grands-parents soient déjà de ce monde.

Ces pensées me firent perdre pied. Elles me plongèrent de nouveau dans des abîmes d'interrogations.

Pourquoi ces trois personnes masquées chez moi ? Pourquoi la trahison de Léa ? Pourquoi ce voyage dans le temps ? Pourquoi, pourquoi ?…

J'avais jusqu'ici mené une vie de lycéen dont la banalité confinait à la perfection. Mon père était employé de bureau, ma mère institutrice. Ma grande sœur, étudiante en médecine, venait de quitter la maison. Élève un peu distrait mais plutôt débrouillard, je ne me trouvais jamais dans le classement de tête, mais je ne faisais pas non plus partie des cancres. J'aimais beaucoup l'histoire et le français, beaucoup moins les mathématiques. Quant à la géographie, chaque professeur qui s'était escrimé à me l'enseigner avait fini, un jour ou l'autre, par baisser les bras devant mon ignorance incurable.

Six mois auparavant, j'étais sorti avec Léa, une amie que je connaissais depuis plusieurs années. Cela tenait pour moi du miracle car, chaque fois qu'une fille me plaisait, je rougissais jusqu'à la pointe des oreilles et je me mettais à bredouiller, avant de perdre complètement le fil de mes pensées.

D'un caractère calme et décidé, Léa n'avait pas le sourire facile. Mais elle s'était accrochée à moi malgré ma grande timidité. Elle avait persisté, s'était peu à peu greffée à mon univers, aux jeux vidéo qui me passionnaient, à la musique que j'écoutais, elle avait regardé chaque épisode des *Ombres d'Éclipse* en ma compagnie, elle s'était même intéressée aux vieux films japonais en noir et blanc qui faisaient immanquablement fuir mes amis les plus proches. Elle venait me supporter pour chacune de mes compétitions de basket.

De sorte que rien, absolument rien, ne m'avait préparé à ce qu'un jour elle m'assassine.

Elle semblait partager la plupart de mes goûts, je lui avais fait tellement de confidences, elle-même m'avait raconté tellement de choses sur sa vie... Très bêtement, je me voyais déjà marié avec elle, installé dans une maison, en train d'élever des enfants.

Dans la pénombre de la grange et dans mon demi-sommeil, il me sembla sentir le parfum de ses cheveux roux. Ses bras autour de ma taille. Et ses lèvres si douces…

— Tu me manques, chérie, prononçai-je d'une voix rauque.

Mais ces paroles se perdirent dans le silence de ce siècle inconnu. Était-il possible que je reprenne le cours de mon existence ? Quoiqu'il m'arrive encore, je devais comprendre. Découvrir le fin mot de cette folle histoire.

Il devait s'agir d'un malentendu. Sans doute avais-je fantasmé une partie de mon assassinat. Et comment raisonner correctement, en effet, avec trois morceaux de plomb fichés dans le corps ?

— Voilà, dis-je encore à voix haute. C'est ça, je me suis trompé… Je perdais tellement de sang, mon corps était brisé, comment aurais-je pu reconnaître sa voix ? À tous les coups, je me suis mis à délirer… Ces trois personnes masquées n'ont rien à voir avec elle. Rien du tout. Ce n'est pas elle qui m'a tué. Ce n'est pas Léa. Bien sûr que non.

Je finis par m'endormir au milieu de la grange, rassuré, presque souriant, bercé par cette idée nouvelle. Ignorant cette petite musique cruelle qui me répétait en sourdine que je l'avais bel et bien reconnue malgré son masque de cuir. Et que, peut-être, le regard impénétrable de ma petite amie était à même d'abriter les secrets les plus obscurs.

Chapitre 9

Quelques jours plus tard, après bien des kilomètres à pied, et plus encore en carriole, j'arpentai les rues de Lure, petite ville située à une quarantaine de kilomètres de Belfort.

Les diverses informations glanées ici et là m'avaient permis de dessiner un plan de fortune que je gardai précieusement dans une poche intérieure. Car j'étais bien incapable de retenir ce schéma par cœur.

J'avais d'abord songé rejoindre la ville de Belfort pour emprunter le chemin de fer, mais la ville était devenue une place fortifiée.

— Ouh là, vous aventurez pas par là ! m'avait averti une femme au chignon compliqué. Les « bouches inutiles » ont été évacuées l'année dernière. Reste plus que des soldats affectés à l'endroit, ou presque. Maint'nant, faut un tas de permis de circuler et de sauf-conduits, un sacré merdier !

Il m'avait donc fallu contourner Belfort. Et espérer prendre le train à Lure pour me rapprocher de Theix.

J'avais vécu ces quelques jours sans attirer l'attention sur moi, évitant les autres soldats comme la peste, me réfugiant clandestinement dans une grange, volant parfois un œuf, des légumes, un bout de pain laissé sans surveillance. En même temps qu'il m'avait affamé et amaigri, ce voyage avait affiné ma perception de l'immense fossé qui me séparait du XXIe siècle.

Pas de télé, pas d'ordinateur, évidemment. Un réseau électrique beaucoup moins développé. Et l'impossibilité de se fier à son téléphone portable et à ses applications.

J'avais croisé très peu de voitures, plutôt une multitude de charrettes tirées par des chevaux ou par des bœufs.

Parfois, en revanche, des avions parcouraient le ciel. Et le bruit de leur moteur s'accompagnait de la crainte de voir l'un d'eux cracher un obus qui modifierait à jamais le paysage, et faucherait ma vie. Deux jours auparavant, le passage d'un bimoteur allemand avait engendré une explosion à quelques centaines de mètres de moi, soufflant une colline et la petite carriole qui se trouvait dessus.

Le goudron n'avait pas encore recouvert les rues, le plus souvent constituées de terre boueuse. Les femmes déambulaient dans de longues robes serrées, sous des chapeaux que je jugeai parfois improbables. Les hommes, beaucoup plus rares, se trouvaient coiffés de casquettes, de bérets ou de chapeaux sombres. Peu à peu, je m'habituai à la mode de l'époque, au point qu'il ne me venait quasiment plus à l'idée de prendre un cliché de tel ou tel personnage haut en couleur, par le biais d'un téléphone portable qui n'appartenait même pas au domaine de l'envisageable, et pour des amis qui de toute façon n'existeraient pas avant une petite éternité.

Chapitre 9

La ville de Lure avait un peu souffert des bombardements, mais l'on ne pouvait décemment parler de « champ de ruines ». Quelques bâtiments s'étaient effondrés, et quelques trous disgracieux jonchaient le sol. Malgré ces quelques plaies, la vie continuait. J'aperçus un vitrier qui offrait ses services en arpentant les chemins, son matériel sur le dos. Un petit vendeur de journaux vantait les mérites de son quotidien à la criée. Rasant les murs, j'évitai soigneusement un groupe de soldats pour gagner le hall de la grande gare. Une carte de France se trouvait punaisée sur un vaste panneau d'affichage. Je m'y dirigeai aussitôt.

L'emplacement de mon village n'y était pas indiqué. Je pris donc la ville de Vannes comme point de repère. Avec bien des difficultés, je finis par localiser Belfort, puis Lure. Il me fallait traverser toute la France d'est en ouest pour rejoindre Theix. Évidemment, aucun TGV ne m'emmènerait directement à Vannes, ni même à Nantes. Il me faudrait voyager au rythme du chemin de fer de l'époque. En changeant fréquemment de ligne.

Deux gros trains à vapeur stationnaient à quai, attendant les voyageurs. La locomotive fumante de l'un d'entre eux indiquait un départ imminent. Toujours sans un sou en poche, je choisis de m'approcher d'un troisième véhicule, un long train de marchandises que l'on était en train de charger. À ce que j'en compris, celui-ci partirait bientôt pour Vesoul. Par chance, j'avais aperçu ce nom de ville quelques instants plus tôt sur la grande carte. Il ne s'agissait que d'un petit trajet, je me trouverais encore bien loin de Vannes. Mais je ne possédais pas de meilleure solution pour le moment.

En queue de train, deux hommes empilaient de lourdes caisses. Je profitai d'un moment d'inattention de leur part pour me glisser à l'intérieur du wagon.

Moins de cinq minutes plus tard, le véhicule se mit en marche, un passager clandestin à son bord. La petite trentaine de kilomètres qui séparaient Lure de Vesoul me donnèrent le loisir de me perdre à nouveau dans mes pensées.

À vrai dire, j'ignorais si la maison de mes parents avait déjà été bâtie en 1915. Je l'avais toujours connue, j'y étais même né (ma mère n'avait pas eu le temps de rejoindre l'hôpital !), et l'on m'avait appris que mes grands-parents paternels y avaient vécu.

Je n'en savais pas davantage. Peut-être que mes ancêtres n'habitaient pas du tout la région. Peut-être résidaient-ils dans un autre pays. Peut-être qu'en cet instant je m'éloignais d'eux. Et qu'allais-je bien pouvoir leur dire si je les rencontrais ? Je ne pouvais pas leur avouer que j'étais leur descendant, propulsé dans le passé à la suite de ma mort. En réalité, j'étais complètement perdu…

Fourbu, je m'allongeai à même le sol. Celui-ci me parut incroyablement dur. Les nombreux soubresauts qui agitaient le train ajoutaient encore à mon inconfort. À cet instant, j'aurais donné jusqu'à ma dernière goutte d'eau pour poser la tête sur un oreiller. N'ayant pas dormi depuis plusieurs jours, je finis par somnoler, aux frontières d'un sommeil sans rêve.

Lorsque je m'éveillai, plus épuisé encore qu'au départ, le train se trouvait à l'arrêt.

Il y avait beaucoup de bruit à l'extérieur. Risquant un œil, je vis que l'on déchargeait les caisses scellées.

Chapitre 9

Je secouai la tête, frictionnai mes muscles endormis. Avec un peu d'habileté et beaucoup de chance, je parvins à me faufiler parmi les gens affairés sur le quai, puis je rejoignis le hall de la gare, comme si de rien n'était. De grands panneaux métalliques m'indiquèrent que je me trouvais à Vesoul : j'avais donc atteint ma première destination. Mon ventre gargouilla. Je décidai d'ignorer ses plaintes continues pour me concentrer sur ma prochaine étape. La nuit n'était pas encore tombée. J'espérai attraper un nouveau train et repartir illico.

Je devais être un peu trop concentré : le nez en l'air, je butai sur deux hommes qui arrivaient en sens inverse. Mon sang se glaça lorsque je reconnus leurs uniformes. Il s'agissait de deux officiers de l'armée française.

— Eh bien, soldat, tonna le premier, tu ne peux pas faire un peu attention où tu mets les pieds ?

L'homme me lança un regard perçant par-delà ses fines moustaches et sa casquette bleue.

— Je… je… Excusez-moi, bafouillai-je. Je viens de descendre du train, et… euh…

— Je serais toi, je me mettrais tout de suite au garde-à-vous, conseilla le second officier, un sourire en coin.

Je joignis les jambes sans attendre, improvisant un salut que j'espérais réglementaire. Ma prestation ne sembla pas convaincre le premier homme, qui poursuivit sèchement :

— Tu te crois où ? Un peu de tenue devant deux capitaines, que diable !… Et l'on peut savoir ce que tu viens fabriquer par ici ?

En cet instant, je regrettai amèrement d'avoir conservé mon manteau de soldat. Malheureusement, je n'avais rien trouvé de plus chaud pour affronter le froid. J'improvisai maladroitement :

— Eh bien, je… je suis en mission pour le colonel… le colonel… Pruvost. Et, euh… je suis bien désolé, mais je ne peux pas vous en dire davantage, capitaine.

Pruvost était le nom de mon professeur de mathématiques. Dans la panique, je n'avais pas trouvé mieux. Le capitaine haussa un sourcil dubitatif.

— Pruvost, Pruvost… cela ne me dit rien… À quelle armée appartenez-vous, soldat ?

— Euh, l'armée française, mon capitaine.

Le second officier éclata de rire. Le premier, au contraire, verdit de colère.

— Mais je m'en doute bien, que vous n'êtes pas un soldat allemand, bougre d'âne ! Allez-vous cesser votre petit manège ? Je vous demande à quelle compagnie vous avez été affecté !

Je n'en savais fichtrement rien. Pris de court, je répondis, totalement au hasard :

— Euh, la… dixième ?

— La dixième est située en Artois ! répondit aussitôt l'officier. À plus de cinq cents kilomètres d'ici ! Tu te paies ma tête, soldat ?

— Allons, allons, tempéra le second capitaine. Ce jeune homme est peut-être très fatigué. Garçon, si tu pouvais simplement nous montrer ton ordre de mission, nous saurions alors…

— Vous voyez bien qu'il invente tout ceci au fur et à mesure ! le coupa le premier officier, furibond. Capitaine, je crois bien que nous avons un déserteur ! Et si tel est le cas…

Chapitre 9

Devant mes yeux effarés, il dégaina un revolver. Je ne savais quel sort on pouvait bien réserver aux déserteurs en temps de guerre. Mais je craignais le pire…

Il me fallait réagir. Et vite !

Malheureusement, aucune excuse nouvelle ne voulut franchir le seuil de mes lèvres.

Chapitre 10

Le capitaine brandit son revolver d'une main ferme. Dépassé par la situation, je parvins tout juste à bredouiller :

— S'il vous plaît, s'il vous plaît, je... je...

Je ne dus mon salut qu'à l'apparition d'un personnage coiffé d'un chapeau haut-de-forme, vêtu d'un costume gris et portant une longue canne.

— Excusez-moi, messieurs, dit l'individu d'une voix feutrée. Je suis ici pour accueillir ce jeune homme.

Un sourire affable étirait son visage rondouillard, entouré par de gros favoris poivre et sel. Les deux officiers, visiblement, le connaissaient.

— Oh... Bonjour, Monsieur le Comte, prononça le plus calme des capitaines.

— Hum... Bonjour, Monsieur le Comte, grommela aussitôt son collègue.

Le comte providentiel me désigna du doigt.

— Ne vous étonnez point si ce brave soldat a l'air un tantinet perdu, poursuivit-il. Lui-même ignore complètement la nature de la missive qu'il doit me remettre.

Il se tourna alors vers moi.

— Comment va ce cher Pruvost ? Toujours tiraillé par sa blessure à la jambe gauche ?

Je savais pertinemment que le colonel Pruvost n'existait pas, puisque je venais de l'inventer. J'ignorai pourquoi cet inconnu me portait secours. Mais pour sauver ma peau, je rentrai dans son jeu.

— Bah, le pauvre colonel a… euh… enlevé son attelle la semaine dernière. Il se déplace enfin seul, mais il boite sacrément !

— Oh, vous m'en voyez navré, enchaîna le comte en feignant parfaitement la compassion. Mais venez, venez : nous avons beaucoup de choses à nous dire.

Il m'entraîna à sa suite, en adressant un salut nonchalant aux deux officiers interdits tout en faisant tourner sa canne. Le capitaine moustachu paraissait toujours aussi peu convaincu, mais il n'osa rien dire.

— Je suis le comte d'Auchevard, me chuchota mon sauveur tandis que nous nous dirigions vers la sortie de la gare. Ces deux types ne mettront pas ma parole en doute. Pour la bonne et simple raison que je les arrose en mets fins et autres alcools de prix depuis quelques mois déjà. Votre nom, c'est… ?

— Sylvain, inventai-je aussitôt. Sylvain Cagnet.

Habitué à taire mon époque d'origine, j'avais, par réflexe, également menti sur mon identité. Je ne pouvais évidemment utiliser celle, très allemande de Karl Schnitzer. Cette fois, je m'étais donc servi du nom de famille de mon prof de sport. À croire que je ne connaissais pas d'autres personnes en dehors des enseignants de ma classe…

Chapitre 10

— Excusez-moi, monsieur, risquai-je. Mais pourquoi vous m'avez…

Le visage rond du comte d'Auchevard se fendit d'un large sourire.

— Pourquoi je vous ai tiré de ce mauvais pas ? Allons, mon ami, je sais reconnaître un déserteur lorsque j'en vois un. Et je ne vous juge pas, bien au contraire. Comme je vous comprends !… Quelle personne saine d'esprit aurait donc envie d'attraper des poux et toutes sortes de maladies avant de se faire trouer la peau dans une tranchée boueuse du front de l'est ?

Je faillis lui expliquer que ma situation était un peu plus compliquée que cela, mais je me ravisai. Personne ne croirait jamais l'expérience unique que j'étais en train de vivre…

— Que diriez-vous d'un bon repas à l'estaminet du coin, monsieur Cagnet ? poursuivit le comte, visiblement de très bonne humeur. Bien entendu, je vous invite. Nous boirons ensemble à la santé du colonel Pruvost.

Difficile de résister à la promesse d'un vrai repas chaud, moi qui avais si mal mangé ces derniers temps. Je fis mine de refuser, pour la forme, mais le comte insista.

— Allons, allons, je vous devine bien affamé ! Regardez-moi ce teint pâle, et ces vilaines joues creusées… Vous me donnerez des nouvelles du front. Mes deux fils sont là-bas, vous savez. Malgré la petite fortune que j'ai dépensée pour les mettre à l'abri du danger, aucun des deux n'a pu se défiler.

Nous nous installâmes à une table, et je dévorai l'escalope aux pommes de terre baignant dans une sauce onctueuse. Après une longue diète, ce simple plat me parut le plus somptueux des cadeaux. Je pris chacune des tartines de pain que le serveur avait posées sur la table pour consciencieusement éponger la sauce et n'en laisser traîner aucune goutte. Le comte me parla de la famille d'Auchevard, des exploits passés de ses ancêtres remontant jusqu'à François Ier ; enfin de ses soucis d'argent actuels.

— Je ne fais pas partie de ces gens qui profitent de l'économie engendrée par la guerre, déclara-t-il d'un air maussade. Certaines de mes connaissances s'enrichissent dans le commerce des armes, dans la fabrication de matériel militaire... Franchement, je n'ai pu m'y résoudre. Je le regrette, parfois. Car, si j'avais été un petit peu plus riche, mes deux enfants ne seraient pas sous le feu ennemi en ce moment même.

De mon côté, je lui racontai les quelques instants que j'avais passés dans le fortin et dans les tranchées. En inventant un certain nombre de détails, et en évitant soigneusement de parler de mon séjour au sein de l'armée allemande.

— J'espère de tout cœur que vous pourrez rentrer chez vous, monsieur Cagnet... Mais il vous sera sans doute difficile de rester caché. L'armée française ne laissc pas facilement filer ses soldats. D'autant que ceux-ci tombent comme des mouches, et que l'ennemi tient bon !

Le comte semblait croire à la nécessité de la guerre, même s'il aurait aimé en contourner les règles. Il parlait beaucoup, se contredisait un peu, agitait souvent ses grosses mains. Une bague, située à son auriculaire, attira mon attention. Une tête sculptée en ornait la partie supérieure. Ce visage barbu et ridé me sembla familier. Perdu dans mes pensées, je ne vis pas arriver la personne qui, bientôt, s'entretint avec mon voisin de table. Il s'agissait d'une jeune dame blonde, emmitouflée dans un long manteau blanc.

— Éléonore, chère amie ! s'exclama le comte. Cela fait plaisir de vous voir ici. Mais... Flavien n'est pas avec vous ?

— Il ne va pas tarder, dit la jeune dame.

Puis elle me lança un regard en coin. Le comte d'Auchevard fit les présentations.

— Éléonore, je vous présente Sylvain Cagnet. Un compagnon que je viens d'accueillir à sa sortie du train... Sylvain, voici Éléonore Sorcelle, une amie de longue date.

La jeune femme en question était incroyablement belle. Ses cheveux mi-longs cernés d'un bandeau encadraient des yeux d'un vert perçant, un nez légèrement arrondi et une bouche discrètement parée de mauve. Une élégante écharpe en fines plumes de cygne rehaussait sa prestance naturelle.

Panique à bord !

Ses traits me parurent si fins, sa silhouette si gracieuse que je sentis immédiatement le rouge me monter aux joues. Je me levai, bafouillai quelque chose d'incompréhensible, faillis lui serrer la main. Heureusement, je compris vite que ce geste n'était pas le bon : cette dame attendait le baisemain. Je me courbai donc, mes lèvres frôlèrent sa peau. En cet instant, j'eus été bien incapable d'articuler quoi que ce fût.

Mes copains du club de basket, Boris et Noa, ne se seraient pas gênés pour la siffler. Et pour se moquer copieusement de moi, tant je devais paraître à cet instant gêné, crispé et ridicule.

Je m'étais trouvé tout aussi ridicule face à Léa, les premières fois où elle était venue m'encourager lors des matchs de basket.

C'est alors que mes yeux s'arrêtèrent sur une bague que la dame portait elle aussi à son auriculaire. Le bijou argenté représentait un visage féminin grimaçant, aux longs cheveux ondulés. Un personnage encore plus perturbant que le vieux barbu arboré par le comte d'Auchevard.

Je me souvins du moment précis où j'avais déjà croisé ces deux faciès, parfaitement identiques à ceux sculptés dans ces deux bagues d'argent.

Je les avais croisés chez moi, moulés sur des masques de cuir, juste avant que trois balles de revolver ne me transpercent la peau.

Chapitre 11

Mes mains se crispèrent sous la table, tous mes muscles se tendirent. Éléonore Sorcelle vint nonchalamment s'installer aux côtés du comte d'Auchevard.

— Attendons-nous Flavien ? demanda-t-elle en inclinant légèrement la tête de côté.

— Certainement, répondit le comte de son habituel sourire. Nous agirons de concert. Pour que le Cycle soit rompu.

L'homme me regarda bien en face, comme pour mesurer l'impact que ces derniers mots devaient provoquer sur moi. Comme s'il avait su que quelque cent ans dans le futur, ceux-ci seraient également prononcés au seuil de ma mort. Je ne connaissais pas encore « Flavien », mais je me doutais que lui aussi porterait un anneau. Un anneau en forme de loup.

La situation venait de basculer. Sous l'effet du choc, mon trouble face à Éléonore Sorcelle s'était estompé.

— Vous me voulez quoi ? demandai-je.

— Nous savons que vous n'êtes pas à votre place

parmi nous, murmura le comte d'Auchevard. Et cela nous pousse à l'action.

En dessous de la table, il y eut un déclic.

— Je tiens en ce moment un revolver pointé dans votre direction, m'indiqua froidement Éléonore Sorcelle. Je vous conseille donc de ne pas bouger d'un pouce.

La salle de l'estaminet où nous nous trouvions attablés était quasiment vide. Notre table, située au fond de l'établissement, me parut soudain extrêmement isolée. J'étais tombé dans un piège.

— Vous voulez me tuer, c'est ça ?

Les traits du comte se durcirent.

— Vous n'appartenez pas à cette époque, monsieur Cagnet. Ou quel que soit votre véritable nom, d'ailleurs… Votre course a trop duré. Il est temps d'en finir.

Un bon millier de nouvelles questions vinrent se bousculer dans ma tête. Je voulais savoir qui étaient véritablement ces personnes et pourquoi elles souhaitaient ma mort. Je brûlais de leur demander à quoi correspondaient les visages gravés sur leurs étranges bagues. Visiblement, le comte connaissait tout de mon voyage dans le passé lorsqu'il m'avait accueilli en gare de Vesoul. Comment m'avait-il repéré ? Était-il venu spécialement là-bas pour m'aborder et ensuite me piéger ?

— Je ne comprends pas, avouai-je. Je ne comprends rien à ce que vous me dites. Est-ce que vous pouvez… ?

— Vous n'avez pas à comprendre, me coupa Éléonore Sorcelle en entamant un élégant mouvement de sa main libre. Dans quelques instants, Flavien sera là. Et tout sera fini.

Un nouveau serveur s'approcha de nous trois.

Chapitre 11

— Excusez-moi, commença-t-il. Est-ce que madame souhaite commander quelque chose ?

Contrairement au patron du bar, le jeune garçon, qui venait de prendre son service, ne semblait pas se trouver au courant du traquenard qui m'avait été tendu.

Une occasion de ce genre ne se présenterait pas de sitôt. Profitant de la distraction, je me levai brusquement et poussai la table en direction du comte et de sa compagne. Tous deux tombèrent à la renverse. D'un bond, je contournai le serveur, puis détalai vers la sortie de l'estaminet, bousculant un autre client au passage. J'aurais voulu mettre la main sur le revolver d'Éléonore Sorcelle mais, dans la confusion, l'arme avait été projetée trop loin.

Je déboulai dans la rue, pris une direction au hasard, courus à toutes jambes.

— Par ici ! cria une voix dans mon dos.

Le comte et la jeune femme étaient à mes trousses. Je m'engouffrai dans une ruelle, puis dans une autre. Avant de me rendre compte, avec horreur, que je m'étais engagé dans une impasse. Les bruits de pas de mes deux poursuivants gagnèrent en intensité. L'instant d'après, leurs silhouettes fondraient sur moi.

Je pris alors appui sur une poubelle, rebondis sur un mur, me hissai sur le rebord d'une fenêtre.

— Ne bougez plus ! cria Éléonore.

Tandis que j'agrippai une gouttière, un coup de feu retentit. Une balle fit exploser la vitre de la fenêtre contre laquelle je me trouvais moins d'une seconde auparavant. Jamais je ne parviendrais à atteindre le toit indemne, comme je l'avais prévu. Une seconde balle fusa, mais je changeai de direction, me jetant de tout mon poids sur la vitre fracassée.

Par chance, la fenêtre céda.

Je roulai sur le sol. J'étais arrivé au deuxième étage d'une maison. Ignorant les blessures et les contusions, je me relevai aussitôt, puis, un peu groggy, traversai une chambre déserte. Je passai une porte, débouchai dans un escalier. Au rez-de-chaussée, quelqu'un cria :

— Mais ! Que diable se passe-t-il à l'étage ? Henriette ?

— Je vais aller voir cela, madame, répondit une seconde voix.

Je choisis de monter l'escalier. J'arrivai dans un grenier empli de cartons et d'un tas d'objets poussiéreux. La seule issue était un œil-de-bœuf donnant sur une rue passante. Il me parut juste assez grand pour que je puisse m'y faufiler. Je m'y précipitai, mais il me fut impossible de l'ouvrir.

J'eus un petit moment d'hésitation. Un flot de sang coula sur mes yeux. Ma chute à travers la fenêtre m'avait valu quelques vilaines coupures au front, et mon arcade sourcilière était ouverte. Pris d'un vertige, je m'adossai au mur.

Un violent échange verbal, à l'étage inférieur, m'indiqua que le comte d'Auchevard m'avait suivi à l'intérieur de la maison. Je résolus de fermer la porte du grenier, puis poussai un vieux buffet assez lourd pour la bloquer. Très vite – beaucoup trop vite à mon goût –, la poignée de la porte bougea. Je n'avais plus qu'une solution : briser la vitre de l'œil-de-bœuf et tenter une sortie. Je saisis un petit coffre de bois. De toutes mes forces, je le balançai contre la fenêtre ronde, qui explosa à son tour. Ramassant une vieille étoffe jetée sur un guéridon, j'emmitouflai mon bras droit, puis fis tomber au sol les débris de verre restants.

Derrière moi, le buffet s'affaissa, et la porte s'ouvrit. Le comte d'Auchevard pénétra dans le grenier.

— Inutile de fuir, me lança-t-il. Où que vous alliez, je vous rattraperai.

Le temps qu'il finisse sa phrase, j'avais enfin franchi l'œil-de-bœuf et je me hissai sur le toit. Il m'était impossible de sauter sur la rue de cette hauteur. Heureusement, un bâtiment plus petit jouxtait cette maison à deux étages. Le comte d'Auchevard ne parvint pas à me suivre : son imposante silhouette lui interdisait de passer par la fenêtre trop étroite. Je l'entendis jurer. Déjà, j'avais atteint l'autre toit. Quelques acrobaties plus tard, je me trouvai en pleine rue. Éléonore Sorcelle apparut alors à l'angle d'un bâtiment.

Un camion de brasseur stationnait au bord du trottoir. Sans réfléchir, je soulevai la bâche située à l'arrière du véhicule et me dissimulai parmi les bouteilles de verre. Une chape de sueur recouvrit mon dos. Je m'attendis à voir surgir la jeune femme blonde, son revolver braqué sur moi.

Mais bientôt, le véhicule démarra, et je quittai le centre-ville de Vesoul sans encombre.

Chapitre 12

La route fut longue et périlleuse pour traverser la France d'est en ouest et enfin rallier le village de Theix. Pourtant, et à ma propre surprise, je parvins à atteindre mon but.

De jour en jour, de trajet en trajet, j'avais acquis une certaine maîtrise dans mon rôle récurrent de passager clandestin. Parfois, il m'arrivait de demander la permission à un chauffeur pour monter à bord de son véhicule. Mais la plupart du temps, je me glissais à l'intérieur de tel wagon ou de telle camionnette, sans même être découvert. À croire que le surprenant danger affronté à Vesoul m'avait depuis donné des ailes.

J'avais l'impression d'avancer en ce siècle de guerre comme dans un brouillard à couper au couteau. J'ignorais encore le pourquoi et le comment de toute cette histoire. Je savais en revanche qu'un groupe d'ennemis était déterminé à me faire la peau. Un groupe qui m'avait attendu et retrouvé par-delà la mort, par-delà les apparences, par-delà les époques.

Étaient-ils des assassins professionnels, des ennemis de ma famille, peut-être des sorciers ? Et quel lien entretenait Léa avec ces personnes ?

Mille fois je m'attendis à ce que le comte d'Auchevard ou sa vénéneuse compagne me débusquent. Mille fois, il me sembla reconnaître l'une ou l'autre de leurs silhouettes, au détour d'une rue, au milieu d'une foule, au croisement d'un chemin.

Bien entendu, je regrettais de n'avoir pas pu leur poser toutes les questions qui me trottaient encore en tête. Je n'en avais pas vraiment eu l'occasion…

Si je devais ne jamais retourner au XXIe siècle, il me faudrait trouver ma place en cette sombre époque. Perspective qui – j'en avais cruellement conscience – se dessinait comme sévèrement compromise. Deux fois déserteur, je mendiais parfois, je mentais tout le temps, et je volais quotidiennement de la nourriture. Je n'avais pas de papiers d'identité, pas de toit, jamais d'argent ou presque, et je maigrissais tellement que je me transformais peu à peu en squelette.

Un squelette solitaire et sournois, donc, perpétuellement en fuite, avec aux trousses une poignée de mystérieux assassins convaincus de l'absolue nécessité de ma disparition.

Le rêve de tout être normalement constitué, en somme !

Craignant pour ma vie, et ne souhaitant pas gâcher la seconde chance qui m'avait été donnée, je redoublai sans cesse de prudence, évitant les soldats, les représentants de l'ordre… et les gens en général.

Il me tardait d'atteindre Theix pour y trouver un semblant de stabilité. Un point d'ancrage et de souvenirs, au cœur de ce périple parfaitement insensé.

Comme souvent ces derniers temps, la réalité parut plus complexe et angoissante que je n'avais pu la concevoir.

Enfin, parvenu à destination, je ne reconnus rien ou presque de la petite ville dans laquelle j'avais grandi. Debout face à la mairie, je secouai la tête.

Entre l'époque d'où je venais et l'année 1915, il y avait eu deux guerres, plusieurs révolutions industrielles, des dizaines de démolitions et de constructions d'immeubles. Même les noms des rues avaient changé.

Je parvins malgré tout à retrouver le chemin menant à ma maison. Première joie dans cet océan de peur et de déceptions : elle existait déjà.

Je la trouvai cernée de peupliers, infiniment plus petits et frêles que dans mon souvenir. Elle ne possédait pas encore la véranda construite par mon grand-père. On n'y voyait pas la terrasse que mes parents avaient tout juste fini d'installer, ni les volets électriques, ni la haie de rosiers, ni le double garage qui servait surtout de débarras.

Pourtant la structure de briques, le toit pointu, le petit chemin menant au jardin potager ne laissèrent planer aucun doute malgré l'obscurité du soir : j'étais arrivé chez moi.

Ou plutôt : ce qui allait être chez moi, à plus de cent ans de distance.

Sous la lune scintillante se dessina la lumineuse porte d'entrée. Elle n'était plus en PVC mais de bois, et aucune vitre n'en ornait la partie supérieure. Mais elle possédait la même forme et la même couleur blanc cassé. Un peu comme si mes parents et leurs ancêtres s'étaient mystérieusement accordés pour en garder la teinte caractéristique.

Un frisson me parcourut, je n'osai m'en approcher davantage. D'abord parce que les gens qui résidaient ici ne me connaissaient pas. Ensuite et surtout parce que j'étais mort la dernière fois que j'y étais entré.

Je fis donc le tour de la maison : des voix résonnaient dans la petite salle à manger. Je passai devant une boîte aux lettres. Celle-ci portait la mention *Ferdinand et Clémence Massart*. Si le nom de famille était bien le mien, ces prénoms, en revanche, ne m'évoquaient absolument rien.

Me hissant sur la pointe des pieds, je parvins à espionner la scène suivante : des vieillards, entourés de trois femmes et de cinq enfants, partageaient un repas et riaient ensemble. Ils rompaient le pain, le trempaient dans la soupe.

Le patriarche dégarni possédait une impressionnante barbe taillée en double pointe. Sa compagne, munie d'un binocle, était penchée dans son assiette et semblait trier ses aliments. Les trois femmes s'affairaient, ramassant les plats, veillant sur tout le monde. Les deux plus jeunes enfants, encore maladroits, maculaient leur visage de soupe d'une oreille à l'autre, et leur menton dégoulinait.

Je ne reconnus aucune de ces personnes.

Tout au plus trouvai-je quelques traits communs entre mon père et l'une des femmes, la plus brune des trois.

Le fait d'espionner cette scène fit naître en moi un petit flot de sentiments contradictoires. Je me sentis d'abord extrêmement privilégié d'assister ainsi au repas familial de mes aïeux. L'extraordinaire concours de circonstances qui m'avait permis de croiser ces gens de ma famille, depuis longtemps disparus, m'emplit soudain de joie.

Presque aussitôt cependant, je me fis la réflexion qu'il

ne me suffirait pas de les rejoindre pour qu'ils me tendent les bras et me considèrent comme l'un des leurs. D'abord parce qu'ils ne connaissaient rien de moi. Ensuite parce que je ne pourrais jamais partager avec eux l'étrange expérience que j'étais en train de vivre. Enfin et surtout parce que je possédais les traits de Karl Schnitzer.

Je pris un peu de recul, m'adossai à un jeune peuplier, sombrai dans mes pensées.

Comment devais-je agir pour les aborder ? Il me fallait inventer un subterfuge pour entrer dans leur vie, créer des liens qui n'existaient pas encore. Malheureusement, on ne m'avait raconté aucune anecdote sur leur compte. Mes connaissances sur ma généalogie s'arrêtaient à mes arrière-grands-parents, dont je n'étais pas bien sûr de connaître même les métiers. Peut-être l'un de ces enfants attablés était mon arrière-grand-père Maurice, que je n'avais vu qu'en photographie. Je ne pouvais lui parler de son passé, puisque pour lui il s'agissait du futur.

Et si je leur parlais de mes adversaires, n'allais-je pas les mettre alors en danger ?

Je me sentis plus que jamais perdu, déraciné, étourdi par le fossé qui séparait mon ancienne vie de ma nouvelle. Peut-être me fallait-il tout simplement rebrousser chemin et laisser mes ancêtres tranquilles. Après tout, je n'étais plus un membre de la famille Massart. J'étais devenu Karl Schnitzer, un soldat allemand qui avait abandonné son poste pour s'aventurer en terrain ennemi.

Comme les yeux de Léa me semblaient loin, maintenant. Et comme le contact de sa peau me manquait !

J'éprouvai à cet instant une envie folle de la serrer dans mes bras malgré ce qu'elle m'avait fait. Malgré ce qu'elle allait faire. Malgré ce qu'elle referait sans doute, si par miracle et par malheur nos chemins se recroisaient...

Je me trouvai ainsi songeur, le regard brumeux, lorsqu'un craquement de branches me fit sursauter.

— Oh, excusez-moi... Je vous ai fait peur, sans doute.

Je tournai la tête. Le comte d'Auchevard était en train de m'observer, un sourire fendant son visage rond.

— Bonsoir, cher ami... Ne vous avais-je point dit que je vous retrouverais, quel que soit l'endroit où vous compteriez vous rendre ?

Je fis un pas avant. Il leva une main impérieuse.

— Pas la peine de cavaler de nouveau. Cette fois, nous avons pris nos précautions.

De sous les arbres émergèrent deux autres personnes. Éléonore Sorcelle, d'abord. Toujours aussi superbe et vénéneuse. Puis un homme barbu et maigre, aux yeux cerclés d'une paire de lunettes dorées. Les trois individus étaient armés. Simultanément, avec la lente assurance de prédateurs persuadés de leur succès, ils me mirent en joue.

— Attendez ! m'écriai-je. Pourquoi vouloir me tuer ? Franchement, je vous ai fait quoi ? Avant d'arriver à Vesoul, je ne vous avais jamais rencontrés !

— Vous savez bien que cela est faux, soutint Éléonore Sorcelle en inclinant élégamment la tête, les cheveux au vent, ses yeux verts plantés dans les miens. Il y a un bon moment que nous suivons votre progression.

— On ne trompe pas aussi impunément et le temps, et la mort, intervint l'homme aux lunettes dorées. Ces règles-là sont faites pour être respectées.

— Je n'ai pas choisi d'être assassiné, poursuivis-je en secouant la tête. Et je ne sais pas comment j'ai été capable de voyager dans le temps ! Je n'ai fait de mal à personne. À la base, je ne suis qu'un lycéen !… Encore une fois, pourquoi… ?

— Que le Cycle soit rompu, prononça le comte d'Auchevard, solennel.

Je ne pus jamais entrer en contact avec la famille de mes ancêtres, pourtant située à moins de vingt mètres de moi. Mes trois bourreaux, cruelles sentinelles, implacables juges d'une faute dont j'ignorais tout, ne me laissèrent même pas le temps de prononcer une dernière parole.

Dans un mouvement parfaitement synchronisé, tous trois firent feu.

Et c'est ainsi que je mourus de nouveau, abruptement, silencieusement, au pied de ces jeunes peupliers qui allaient plus tard me voir naître et grandir.

Chapitre 13

Trois figures inséparables,
Trois compagnons des ténèbres.
Construits de secrets.
Tissés de silence.
À peine esquissés,
Aussitôt partis.

Quelques traits et puis s'effacent,
Dans le fil usé des âges.
Quelques traits et puis s'effacent,
Dans le fleuve de la nuit.

Ils progressent de concert
Et vous drapent d'un linceul.
Émissaires silencieux
D'un spectre commun à tous,
Et qui frappe telle la foudre
Pour qu'il ne reste que cendres.

MES VIES À L'ENVERS

Quelques traits et puis s'effacent,
Dans le fil usé des âges.
Quelques traits et puis s'effacent,
Dans le fleuve de la nuit.

J'avais atteint la fin de la route pour la seconde fois. Ma conscience, arrachée au corps de Karl Schnitzer, s'apprêtait à s'évanouir dans le néant, parée de son insurmontable ignorance.

Lorsque aussitôt se dessina un nouveau chemin.

Un chemin chaud et ensoleillé, un chemin de bois, un chemin qui tanguait.

Je clignai plusieurs fois des yeux : je me trouvai étendu à terre. Des éléments de vaisselle et des aliments éparpillés jonchaient le sol. Le ciel, clair et dégagé, paraissait annoncer une belle journée d'été. L'oreille collée au plancher de bois, je percevais une musique diffuse. Comme un chant de voix entremêlées, comme une berceuse à l'envers. Une mélancolie douce et profonde, et qui m'accompagnait dans mon réveil.

Je fixai mes mains. Celles-ci avaient non seulement changé de taille, mais également de teinte. Il s'agissait de petites mains couleur d'ébène.

Un visage hargneux vint obscurcir l'azur du ciel. Mon oreille quitta le plancher de bois. Alors, la musique cessa.

— Qu'est-ce que tu fiches, bon à rien ? T'es pas capable de te relever tout seul ? Non mais, regarde un peu l'étendue des dégâts !

Chapitre 13

L'homme ne me voulait pas de bien. Il me postillonnait dessus, ses traits se crispaient à chaque mot. Je sus d'emblée qu'il ne s'exprimait ni en français ni en allemand. Pourtant, je compris approximativement le sens de ses paroles.

Je tentai de me lever, pour lui faire face de toute ma stature et lui demander de se calmer. Mais une fois debout, je pris conscience que je faisais à peine la moitié de sa taille. Mon corps me parut frêle, chétif. Mes mains semblaient avoir rétréci, mes bras étaient comme deux brindilles. Bientôt, je compris.

J'étais redevenu un enfant.

À mes pieds gisaient un plateau, un gobelet et des assiettes en métal, des morceaux de nourriture. De toute évidence, l'enfant noir que j'incarnais avait porté ces objets. Mon arrivée avait dû lui faire perdre connaissance, et tout était tombé.

— Tu peux être fier, vraiment ! insista l'homme qui me hurlait dessus. *Que imbecil !* À cause de toi, le capitaine va devoir attendre son repas ! Ramasse-moi tout ça, et file en cuisine !

J'obéis à ses ordres tandis qu'il me fusillait du regard, les bras croisés sur la poitrine. De longs cheveux bruns encadraient sa peau légèrement hâlée et sa mâchoire carrée. Plusieurs personnes assistaient à la scène. Je scrutai les alentours. Me tournant, j'aperçus un mât surmonté d'une grande voile. Un océan aussi bleu que le ciel s'étendait à perte de vue.

J'avais atterri sur un bateau. Un immense bateau à voiles, tout de bois, et qui naviguait en pleine mer. Plusieurs groupes de marins s'affairaient à laver le sol, tirer sur des cordages, nettoyer des fusils ; certains se contentaient de me regarder en ricanant. Leurs vêtements appartenaient clairement à une autre époque. Une époque plus lointaine encore que celle de la Première Guerre mondiale.

— Tu vas arrêter de lambiner, *miùdo* ? Si tu n'as pas rapporté une nouvelle assiette très, très vite, je te jure que tu vas tâter du fouet !

L'homme me fila un coup de pied que je ne pus éviter. La moitié du plateau que je venais de recomposer tomba de nouveau. Je fus obligé de ramasser tout ceci une seconde fois, et plus rapidement encore.

— Oh, ça traîne, ça traîne, se moqua l'homme dans mon dos. Plus que quelques instants avant le fouet... Trente... Vingt-neuf...

La plupart des marins ricanèrent de plus belle. Un peu dépassé par les événements, je filai vers l'arrière du bateau dans la direction des cabines. Mais quelle porte devais-je bien pousser ?

Jamais je n'avais mis les pieds sur ce navire. La transition n'aurait pu être plus brusque, entre un nouvel assassinat et les exigences d'un géant brun pour qui je n'étais qu'un souffre-douleur.

Le groupe de marins profita de mon hésitation pour enchaîner les moqueries.

— Regardez-le, on dirait qu'il est perdu ! lança l'un d'eux, hilare.

— Ce petit nègre a l'esprit chamboulé, se gaussa un deuxième. Je croyais pourtant que tu lui avais botté les fesses, Caldeira.

— À croire que son cerveau n'est pas placé dans sa tête ! conclut celui qui m'avait frappé.

Ils éclatèrent tous de rire. L'instant d'après, ils se

mirent à compter ensemble :

— Vingt-trois... Vingt-deux...

Si je ne voulais pas goûter au fouet, je devais me dépêcher. Il ne me fut pas permis de réfléchir à ce qui venait de m'arriver. Je n'avais ni le loisir de m'apitoyer sur ma nouvelle mort, ni la possibilité de m'arrêter un instant pour analyser ma nouvelle vie. L'unique solution était de m'adapter à la situation. M'adapter et réagir. Le temps des questions viendrait plus tard.

Trois portes et un escalier s'offraient à moi. Je choisis d'emprunter l'escalier. Un peu plus bas, des voix et bruits de vaisselle attirèrent mon attention. Les cuisines, sans doute. Mais l'escalier descendait un peu plus bas. Jusque dans les entrailles du bateau. J'étais parfaitement conscient du compte à rebours entamé par les marins et de la punition qui m'attendait.

Mais soudain, tout cela n'eut plus aucune importance. Car la musique qui m'avait accueilli, celle qui était tombée au creux de mon oreille au cours de mon réveil, se manifesta de nouveau.

Peut-être n'avait-elle jamais cessé de résonner.

Celle-ci venait du bas de l'escalier. Plutôt que d'aller chercher l'assiette demandée, je descendis complètement les marches de bois, jusqu'à la cale. Je me trouvai comme hypnotisé, guidé par cette mélopée. Qui soudain s'était faite plus intense, plus entraînante encore. Et qui accompagnait parfaitement le roulis des vagues, sur la coque dansante du navire.

Ce chœur de voix masculines et féminines, que je comprenais sans peine, parlait d'un paradis perdu, de familles que la vie laissait seules et d'un long voyage que l'on n'avait pas choisi de faire. La mélodie, simple et incroyablement belle, résonnait en moi. Elle me prit au cœur, me sembla chargée d'une douleur immense qui faisait complètement écho à la mienne. Moi aussi, j'étais un déraciné…

Il n'y avait aucun marin en vue. Je poussai une porte grinçante. Une simple bougie éclairait l'endroit.

Alors, je les vis.

Des dizaines et des dizaines d'hommes et de femmes, noirs de peau comme moi, entassés les uns contre les autres, accroupis à même la coque, épuisés et malades, malheureux et sales, des chaînes aux chevilles et aux poignets.

Ensemble, ces personnes chantaient.

Avec horreur, je compris alors que je me trouvais dans le ventre d'un négrier. L'un de ces terribles navires doté d'une entière cargaison d'esclaves.

Chapitre 14

Je passai toute la journée à servir différents plats, laver la vaisselle, enchaîner les lessives, éplucher des légumes, nettoyer le plancher à la brosse.

Il me fallut un certain temps pour maîtriser ma nouvelle physionomie. Ma maladresse et ma mauvaise connaissance du bateau me valurent plusieurs remontrances, et autant de coups de botte au derrière. Quand il ne s'agissait pas de coups de fouet.

Je m'en tirai avec quelques brûlures et deux fois plus de bleus… mais surtout avec une solide envie de castagner une bonne douzaine de matelots. À cet obstacle près que mon corps d'enfant chétif ne me permettait pas d'envisager la moindre bagarre.

Mon corps n'était pas le seul à s'être transformé. Quelque chose avait également changé dans ma tête, je le sentais confusément… Mais j'aurais été bien incapable de deviner quoi !

Petit à petit, je parvins à mieux cerner la géographie de l'endroit, ainsi que les différentes relations entre les membres de l'équipage.

La frégate sur laquelle nous voguions avait été baptisée *Enguia Azul*. Ce qui signifiait « Anguille Bleue ». Le capitaine Peleiro, un vieux personnage peu bavard, la dirigeait d'une main de fer. Son second se nommait Carlos Caldeira. C'était cet homme aux longs cheveux qui m'avait pris en grippe, entraînant à sa suite tout un tas d'imbéciles ravis de maltraiter un être sans défense. Tous les marins ne m'étaient pas hostiles, heureusement. Certains me gratifiaient de tapes amicales dans le dos. D'autres m'aidaient discrètement à effectuer les travaux les plus pénibles.

Dans sa grande majorité, l'équipage venait de *Lisboa*. J'aurais parié ma main droite qu'il s'agissait d'une ville du sud de l'Italie. Un peu plus tard, je devais apprendre que *Lisboa*, *alias* Lisbonne, était la capitale du Portugal.

Une bonne trentaine d'hommes constituaient l'équipage de la frégate. Ceux-ci s'affairaient autour des trois mâts et des innombrables voiles qu'il fallait lâcher, ferler, orienter selon les exigences de navigation et les caprices du vent. En observant le ballet des marins-acrobates dans les hauteurs et sur le pont, j'appris ce qu'étaient un beaupré, un mât de misaine, une voile d'artimon. Mais jamais aucun membre d'équipage ne m'aurait laissé manipuler les cordages, ou même approcher de la voile carrée.

Vifs et disciplinés, les marins portugais plaisantaient grassement, se chamaillaient vivement, s'insultaient copieusement. Mais toujours en suivant les directives de leurs supérieurs.

Si le capitaine les houspillait parfois, ses colères ne souffraient aucune comparaison avec les rugissements continus de Carlos Caldeira, lequel prenait un malin plaisir à humilier quiconque se trouvait pris en faute. Son rapport aux autres consistait en une continuelle bousculade, teintée de jurons bien sentis et d'ironie mordante. Le type de brute épaisse qui s'arrangeait toujours pour mettre les rieurs de son côté.

Ce Caldeira me rappelait l'un des membres de mon club de basket, un dénommé Jimmy, colosse aux joues rouges qui préférait vous envoyer le ballon en pleine tête plutôt que de vous faire simplement la passe. Boris et moi rivalisions de répliques cinglantes pour lui clouer le bec. Par un phénomène étrange, ses pitoyables blagues obtenaient l'adhésion de tous, dans un concert de gloussements. Nous en étions venus à croire que l'humour ne se mesurait pas à la simple drôlerie, mais plutôt à la capacité de cogner son propre public, si d'aventure celui-ci ne riait pas à vos plaisanteries.

Ainsi, lorsque Carlos Caldeira sortait un bon mot, les marins de son entourage émettaient en toutes circonstances un ricanement approbateur, même par grand vent, même s'ils se trouvaient trop éloignés du second pour comprendre la moitié de ses phrases.

« Donnez un peu de pouvoir à quelqu'un, et vous en connaîtrez très vite la valeur humaine », avait un jour professé mon grand-père lors d'un petit déjeuner familial. De l'autoritarisme de Caldeira, de ses éructations continues et du nombre de coups de pied réservés à mon seul postérieur, je m'étais fait ma petite idée sur le caractère profondément humaniste de l'homme.

Je croisai deux autres personnes de type africain sur le pont du navire.

L'une était une petite fille un peu plus jeune que moi, du nom de Yeleen, à l'impressionnante tignasse bouclée.

La seconde était une femme d'une quarantaine d'années, guère plus épaisse que Yeleen et moi mis bout à bout. Yeleen l'appelait « maman », les marins l'appelaient Aliou.

Tous trois serviteurs, nous mangions ensemble lorsque le reste de l'équipage nous le permettait. Tel fut le cas en cette chaude soirée sans nuage.

Assis en tailleur, côte à côte, nous partageâmes une maigre ration de sardines séchées et de pain dur, sous un véritable océan d'étoiles.

Aliou parlait un langage différent du portugais et que je comprenais parfaitement. Sans doute la langue de notre pays d'origine. Je m'étonnai de maîtriser ainsi tous ces dialectes, d'une époque à l'autre. À croire que cette capacité m'était immédiatement accessible, dès mon arrivée à un nouvel endroit.

Une sorte de forfait nouvelle époque/nouveau corps/langage compris, sans supplément d'achat.

Je n'étais plus Yohann Massart, bien entendu, et encore moins Karl Schnitzer. Désormais, j'avais pour nom Nembo. À ce que j'en compris, je venais de l'ouest de l'Afrique. J'y étais né huit ou neuf ans plus tôt, et j'y avais été arraché à mes parents. Aliou n'était donc pas ma mère, mais elle en jouait le rôle. Depuis quelque temps, nous travaillions ensemble sur l'*Enguia Azul*. Ses incessants sourires indiquaient et sa grande force de caractère, et son immense bienveillance à mon égard.

Une fois le repas terminé, Aliou nous proposa de profiter de l'absence de Carlos Caldeira pour nous dégourdir librement les jambes sur le pont.

— Je suis trop fatiguée, maman, protesta Yeleen en se frottant les yeux. J'ai tellement récuré le sol que mes jambes ne veulent même plus me porter.

Et, pour illustrer son propos, elle s'affaissa de tout son long sur le plancher.

— Eh bien repose-toi, ma fille, fit Aliou en haussant les épaules. Profite de ce beau ciel étoilé… Nembo, tu es fatigué, toi aussi ?

Je secouai la tête et m'adossai au bastingage, le nez levé vers le ciel, les yeux mi-clos. En réalité, je profitai de ce moment de calme pour mettre de l'ordre dans mes idées. Ma main frôla mon pagne, à la recherche d'une poche. Je souris à ce geste automatique : je possédais encore moins de chance d'y dénicher un téléphone portable que dans mon vieux pantalon de soldat…

Malgré mon intérêt pour l'histoire, je ne savais plus trop jusqu'à quelle époque avait eu lieu la traite des esclaves noirs. J'en connaissais uniquement le grand principe : de nombreux pays, d'Europe principalement, s'étaient spécialisés dans ce commerce odieux. Des hommes, des femmes et même des enfants étaient capturés quelque part en Afrique, arrachés à leur terre et à leur famille, pour devenir les serviteurs à vie de riches propriétaires vivant sur le continent américain. Les marchands d'esclaves, en échange de ce sinistre commerce, recevaient des denrées américaines comme le café, le cacao ou le tabac. Ces produits étaient ensuite revendus à prix d'or en Europe. La boucle était bouclée.

Aliou, Yeleen et moi étions en quelque sorte des « privilégiés ». Bien entendu, nous nous trouvions maltraités par Caldeira et ses sbires. Mais, contrairement à la petite centaine de malheureux entassés dans la cale, nous n'étions pas considérés comme des marchandises. Tout simplement parce que nous étions les esclaves personnels du capitaine.

Le sort présent et futur de ces hommes et de ces femmes enchaînés à quelques dizaines de mètres de moi me terrifiait. Dès le lendemain, l'*Enguia Azul* devait arriver à Charleston, ville portuaire des États-Unis d'Amérique. Tous ces Africains deviendraient bientôt des mineurs, chargés d'un travail qui répugnait aux hommes blancs. Ils connaîtraient une vie entière de labeur, d'insultes et de privations. La compassion que j'éprouvais à leur égard m'empêchait presque de m'apitoyer sur mon propre sort.

Pourtant, il me fallait analyser et comprendre les derniers événements survenus.

J'avais bel et bien quitté le XXe siècle, de cela j'étais certain. Une fois encore, au lieu de mourir, j'avais voyagé dans le passé. Tout en contemplant les étoiles, je me remémorai les dernières paroles de mes adversaires. Ceux-ci parlaient de Cycle qui devait être rompu, de règles que j'avais enfreintes.

Il me semblait maintenant évident que je possédais une capacité très particulière : celle d'échapper à la mort en remontant brusquement le temps. Comment avais-je acquis cet étrange pouvoir et comment celui-ci s'était-il enclenché ? Mystère. Visiblement, cette faculté suffisait à provoquer la haine de certaines personnes. Des personnes capables de me retrouver quel que soit l'endroit ou l'année où je devais atterrir. Allais-je revoir ces ennemis ? L'avenir me le dirait bien assez tôt…

Chapitre 14

Mentalement, je comparai les deux assassinats que j'avais vécus. Chaque fois, trois personnes s'étaient liguées pour mettre fin à mes jours. Les masques ou les bagues que ceux-ci portaient possédaient une signification qui, pour l'heure, m'échappait encore. En revanche, il me parut clair que ces personnes ne voyageaient pas dans le temps avec moi.

Des trois êtres masqués qui avaient mis fin à mes jours au XXIe siècle, aucune ne possédait la corpulence du comte d'Auchevard. Léa et Éléonore Sorcelle ne se ressemblaient pas vraiment. Enfin, la voix de l'homme aux lunettes dorées ne correspondait pas à celle, plus rauque, qui avait émané du masque à tête de loup.

Si d'autres assassins apparaissaient, ils ne ressembleraient sans doute pas aux ennemis que j'avais déjà croisés. Ce qui voulait dire que je devais me méfier de tout, et de tout le monde.

Je réfléchis à voix haute.

— Cette fois, murmurai-je, j'aimerais bien pouvoir me défendre… Mais comment ? Je suis tout petit, je ne peux pas les raisonner. Et eux n'hésiteront pas à me tuer. Si seulement je pouvais les atteindre…

À mes côtés, Aliou sursauta.

— Hum… Qu'est-ce que tu racontes, Nembo ?

Sorties de leur contexte, mes paroles avaient dû l'alarmer. Elle pensait sans doute que je cherchais à me venger de l'équipage.

— Oh, rien… Rien, Aliou, l'assurai-je. Je… suis fatigué.

— Nembo, tu ne vas pas faire de bêtises, j'espère ? Ces Portugais sont bien plus nombreux et bien plus costauds que toi. Et puis, nous leur sommes plutôt utiles. Il ne nous arrivera rien.

Je ne sus trop quoi dire pour la rassurer.

— Ne t'en fais pas, Aliou. Je… J'aimerais juste me reposer. Je crois que je vais aller me coucher.

Sur le sol, épuisée par sa journée de labeur, Yeleen dormait déjà, l'esprit bien loin des Portugais et de Caldeira.

Aliou me fixa.

— Tu as bien raison, Nembo. Ça ne sert à rien de ressasser des mauvaises pensées… Moi, je reste un peu ici, avec Yeleen. Et toi ?

— Je préfère retrouver mon hamac…Bonne nuit, répondis-je en me levant.

Comme tous les soirs, je songeais à Léa. Comme tous les soirs, je me forçais à la chasser de mes pensées. Car le doux souvenir de sa peau contre la mienne faisait toujours naître en moi les mêmes douleurs, le même manque et la même incompréhension. Je devais m'allonger… Dormir pour oublier.

Dormir pour l'oublier, *elle*.

(… Comme si cela avait été seulement possible…)

Je savais maintenant où se situait notre minuscule cabine. Moins d'une minute plus tard, j'arriverais au seuil de notre porte.

La nuit précédente, les esclaves s'étaient remis à chanter. Dès demain, ils quitteraient cette obscurité pour une autre, celle des galeries souterraines de la mine.

Laquelle durerait sans doute jusqu'à leur dernier souffle.

Recroquevillé dans mon hamac, le cœur lourd et la tête en ébullition, je devrais me résoudre à une nouvelle nuit d'insomnie.

Mais je n'avais pas encore quitté le pont.

CHAPITRE 14

— Attends, dit Aliou.

Et, d'autorité, elle m'attira contre elle. D'abord surpris, puis docile, je me laissai glisser sur ses genoux. Elle passa la main gauche dans mes cheveux courts, et ce doux geste à mon égard, le premier depuis mon exil temporel, me fit frissonner.

Je m'allongeai tout à fait et me calai contre elle, faisant mine de somnoler. La chaleur de son corps envahit tout mon être, et je fermai les yeux.

Elle me caressa ainsi le cuir chevelu durant quelques exquises et troublantes minutes, m'offrant une oasis de tendresse, une halte bienvenue le long de cette course-poursuite rythmée par la mort, la guerre, la faim et la solitude. Ah, cette solitude !...

En cet instant de calme impromptu, de douceur absolue autant qu'inattendue, j'oubliai presque qu'il m'était impossible de me confier à quiconque sur les véritables tourments qui me rongeaient.

— Maman... murmura l'adolescent redevenu enfant blotti contre le sein de cette parfaite figure de tendresse maternelle.

Aliou ne devait savoir si Nembo s'adressait à ce qu'elle était devenue pour ce petit garçon perdu, ou bien à sa mère véritable, qu'un océan entier et quelques milliers de kilomètres séparaient de ses bras.

Elle n'aurait pu imaginer à quel point l'être que je venais d'évoquer en ce moment d'exquise régression se trouvait au-delà du contact, et même de tout espoir.

Pourtant, les caresses prodiguées par cette femme aimante me réchauffèrent le cœur et l'âme. Elles m'emplirent d'un réconfort que j'avais cru à jamais perdu dans l'accumulation sans trêve des dernières tragédies. Elles furent le meilleur des abris, une chaude couverture sous laquelle je pus enfin me glisser en toute quiétude, en tout confort. Pour m'y lover.

Les muscles parfaitement relâchés, je m'abandonnai tout à fait.

Un sourire de contentement et de sérénité vint se dessiner sur le visage du petit Nembo, sous le faisceau de cette bonne et bienfaisante étoile qui s'appelait Aliou.

Chapitre 15

Des États-Unis, je ne vis rien d'autre qu'une série de rivages bordés de palmiers, et l'intérieur du port de Charleston. Il me fut impossible de visiter la ville : Aliou, Yeleen et moi avions eu pour ordre de ne quitter l'*Enguia Azul* sous aucun prétexte.

J'avais une envie folle de déambuler dans les rues, de m'approcher des maisons de pierre et de bois, de croiser le plus grand nombre d'habitants possible. Je ne songeai pas une seconde à m'enfuir. Car ici ne m'attendaient que le mépris et la cruauté réservés aux esclaves. Cependant, j'eusse voulu profiter du seul bon côté de cette extraordinaire expérience que j'étais en train de vivre : le dépaysement constant, qui vous amenait en un éclair d'un petit village de Bretagne jusqu'aux Vosges du siècle précédent, et d'un dîner à la porte de ses ancêtres aux côtes ensoleillées d'Amérique de l'est.

Au temps pour moi : le capitaine avait été formel. Ses *criados* ne s'éloigneraient pas. Pas question qu'au détour d'une ruelle quelqu'un lui chipe sa cuisinière préférée et ses deux aides si énergiques, que l'on pouvait nourrir avec quelques miettes et trois gouttes d'eau.

Frustré de me retrouver consigné sur le navire, je ne pouvais cependant me plaindre : au moins, je ne finirais pas enchaîné dans la pénombre, à piocher la roche du matin au soir.

La vente aux esclaves, arrangée d'avance, fut conclue en à peine quarante-huit heures. Une fois encore, le spectacle de ces hommes et de ces femmes amaigris, abattus, enchaînés et souvent malades me souleva le cœur. Je vis s'éloigner de moi cette cohorte misérable avec un certain sentiment de culpabilité. Durant les quelques moments que j'avais passés en leur compagnie en haute mer, je n'avais rien tenté pour les libérer.

Les yeux vides, les traits tirés, affamés ou mourants, ils progressèrent des cales de la frégate vers la terre ferme au rythme métallique et glaçant de leurs entraves, se déversant en un torrent courbé et hésitant vers leur prison nouvelle et définitive.

Caldeira et sa petite cour s'amusèrent à les comparer à des singes aux muscles atrophiés. Par intermittence, il accélérait leur progression, jusqu'à provoquer leur chute. Laquelle était inévitable, à cause des fers à leurs pieds. Alors, il les insultait avec délectation et faisait étalage de leur supposée bêtise.

L'une de ses victimes, un grand costaud au long visage barbu, lui fit l'affront de le fixer droit dans les yeux tandis qu'il se relevait. D'un air presque paisible, il semblait lui dire : « C'est tellement plus facile lorsque l'on se trouve du bon côté du fouet. » Sa silencieuse insolence lui valut une volée de coups, qui lui endommagèrent la peau.

Chapitre 15

Les poings serrés, j'assistai à ce nouvel acte de cruauté, pris entre l'envie de vomir et celle, plus impérieuse, de crever les deux yeux de Caldeira. Aliou, qui avait deviné ma colère, trouva un prétexte pour me détourner de cette scène.

— Aide-moi à porter ce tonneau, Nembo… C'est la réserve personnelle de tabac du capitaine. Je crois qu'il a demandé de la rapporter dans sa chambre.

Bientôt, le dernier esclave enchaîné quitta l'*Enguia Azul*. Aliou, Yeleen et moi restâmes en compagnie des deux marins chargés de notre surveillance. Lesquels trépignaient d'impatience de se joindre à leurs compagnons qui s'abreuvaient déjà de whiskey, quelque part dans une taverne du port.

Nous ne restâmes pas très longtemps dans les eaux de Charleston. Une fois nos cales remplies de nourriture, et surtout de plusieurs tonnes de café et de tabac, nous levâmes l'ancre. Le capitaine Peleiro semblait visiblement pressé de revoir Lisbonne.

Nous étions le 8 avril 1785. Cette longue traversée d'ouest en est allait nous prendre plusieurs mois.

Les semaines passèrent, entre les mille et un travaux à effectuer quotidiennement et les grandes vagues monotones de l'océan.

Mon existence s'était compliquée avec ce nouveau saut dans le temps. Attaché à un corps d'enfant, ma marge de manœuvre était extrêmement réduite. D'autant que j'appartenais désormais à un peuple qui n'avait pas même le droit à la parole. Chaque jour, Carlos Caldeira et ses comparses inventaient de nouveaux jeux cruels pour me tourner en ridicule, et mieux me réprimander par la suite.

Il était désormais bien inutile de me rapprocher de mon lieu de naissance. Qui pouvait bien m'attendre là-bas, à Theix, à part un nouveau trio de tueurs ? Je n'avais d'autre possibilité que celle de vivre ma vie, instant après instant, en espérant m'en tirer au mieux, et en priant pour ne pas me trouver séparé de Yeleen et d'Aliou. Car elles étaient devenues mon unique point d'ancrage.

Je cherchais désespérément à oublier Léa. Sans succès jusqu'ici. Mais étais-je également condamné à oublier ma vraie famille ? Trop d'années, trop de mystères et trop de kilomètres me séparaient d'eux. Ma mère, mon père, ma sœur. Leurs visages s'effaçaient peu à peu de ma mémoire. Et cela me rendait fou.

J'avais l'impression d'être devenu un grain de sable insignifiant qui échoue là où le porte le destin…

Ce sentiment d'impuissance me pesait de plus en plus. D'autant qu'un jour, fatalement, l'*Enguia Azul* finirait par repartir en Afrique. Et je ne voulais pas assister de nouveau au spectacle de ces êtres humains privés de nourriture, de soleil et de vie.

Un soir, alors que nous lavions la vaisselle côte à côte, je voulus confier mon sentiment de révolte à ma mère adoptive.

— Dis, Aliou, commençai-je, tu ne crois pas… qu'on devrait tenter, un jour, de filer de ce bateau ?

Elle poussa un profond soupir.

Chapitre 15

— Ce n'est pas la première fois que tu m'en parles, Nembo. Et ce n'est pas la première fois que je te réponds. Tous trois, nous ne partageons pas le sort des autres esclaves parce que feu mon mari a jadis sauvé la vie du capitaine Peleiro. Il s'est jeté entre un pirate et lui pour prendre une balle à sa place. Tu t'en souviens ? Je t'ai déjà raconté cette histoire…

Elle sortit brusquement les mains de l'eau et les leva au ciel.

— Non mais franchement, que lui est-il passé par la tête, à cet imbécile ?… Il disait toujours : « Il faut être meilleur que les autres. » D'accord, mais de là à sauver son bourreau lors d'un abordage… Mon pauvre Abasi… Évidemment, ce vilain capitaine s'en est tiré, et les pirates qui nous avaient attaqués ont finalement été chassés de l'*Enguia Azul*… Par respect pour le geste d'Abasi, le capitaine Peleiro nous a sorties, Yeleen et moi, de nos fers. Je suis parvenue à étendre cette faveur jusqu'à toi…

Aliou s'interrompit un bref instant et secoua la tête.

— Ah là là, je radote, reprit-elle. Combien de fois as-tu entendu cela, hein ?… Malgré le sacrifice d'Abasi, nous n'aurons rien de plus. Nous ne retournerons pas dans notre village. Nous resterons sur ce bateau à servir ces marins lors de leurs longs voyages.

Elle souleva une grande pile d'assiettes, la posa sur la table avec dextérité, puis replongea les mains dans l'eau savonneuse pour s'attaquer à un grand plat d'argent entaché de sauce.

— Je ne dis pas que le capitaine ne possède pas certains principes, poursuivit-elle, songeuse. Sans sa protection, plusieurs marins, dont cet ignoble Caldeira, nous auraient déjà fait passer par-dessus bord, juste pour s'amuser… Pour autant, il n'est pas la bonté même, mon chéri. Il ne nous laissera pas partir aussi facilement. S'il était quelqu'un de bon, crois-tu qu'il continuerait de s'enrichir en emprisonnant et en vendant les gens de notre peuple ?… Nous devons nous contenter de ce que nous avons ici. Nous devons bien travailler, nous montrer sages et très patients. Alors, peut-être qu'un jour, oui un jour, dans bien des années, le cœur du vieux Peleiro s'ouvrira.

Elle arrêta un instant de faire la vaisselle, et je vis dans ses yeux briller un espoir diffus. Un espoir qu'elle devait souvent s'obliger à faire taire. Mais qui ne la quittait pas.

Il me fut impossible de ne pas m'attacher à cette mère courageuse qui accomplissait mille efforts et sacrifiait sa dignité en silence pour assurer un avenir à ses enfants.

— Mais… insistai-je. Tu ne crois pas qu'on devrait au moins *essayer* de s'enfuir ? Quand nous atteindrons Lisbonne, par exemple.

Aliou me fit les gros yeux.

— Ne t'embarque pas dans ce genre de folie, Nembo. Et puis, franchement, où veux-tu que nous allions ? À Lisbonne, une petite famille d'Africains serait vite repérée ! Et si jamais nous faisons un seul pas de travers, Carlos Caldeira prendra un immense plaisir à nous exécuter ! Peut-être même que le capitaine Peleiro le regardera faire, sans rien dire !

Elle sortit définitivement les mains de la vaisselle, les essuya.

— Je ne risquerai jamais ta vie ni celle de Yeleen, tu m'entends, Nembo ? Alors je te conseillerai de faire de même… Ne me fais pas regretter de t'avoir sorti de cette cale puante et d'avoir fait de toi mon fils.

Là-dessus, elle me prit dans ses bras, me serra très fort et m'embrassa sur le front.

— Je sais que tu es un jeune garçon courageux, conclut-elle dans un murmure, mais je n'ai plus que Yeleen et toi au monde. Alors, sois raisonnable.

Plaqué une nouvelle fois contre son cœur de mère inquiète, je ne pus rien ajouter.

Chapitre 16

Les mois se succédèrent, interminables de monotonie à bord de l'*Enguia Azul*.

Nous essuyâmes une unique tempête, durant laquelle notre navire roula d'une vague à l'autre au gré d'un vent violent et capricieux. Une sorte de *Space Mountain* sans fin, où nous risquâmes notre vie à chaque rouleau. Je passai le plus clair de cet abominable épisode l'estomac entre les joues, la tête dans un seau, sous les sarcasmes de Caldeira et compagnie, bien sûr… mais également ceux de Yeleen. Laquelle ne semblait pas du tout affectée par nos circonvolutions maritimes.

— Nembo il est malaaade, Nembo y regrette la balaaaade, chantonnait-elle gaiement tandis que je vomissais les tripes que je n'avais plus dans le ventre depuis des heures.

Par chance, l'*Enguia Azul* se tira de ce mauvais pas. Et la monotonie de notre voyage reprit avec le calme bienvenu de ma digestion retrouvée.

Tous les jours, nous accomplissions nos tâches avec

le plus grand sérieux, tandis que Carlos Caldeira et ses marins favoris lambinaient au soleil. Le second du navire, sans doute épuisé par cette interminable traversée, finit par laisser passer plusieurs jours entre les différentes brimades qu'il me réservait.

Pourtant ni son relâchement ni le petit discours d'Aliou dans la cuisine n'étaient parvenus à émousser mon immense envie d'évasion.

Une fois arrivé à Lisbonne, je voulais tenter quelque chose. Dans ce scénario fantasmatique, je m'imaginais déjà libre comme l'air sur les routes du Portugal. Ensuite, il me faudrait tenter d'élucider le profond mystère de mes deux voyages dans le passé…

Les derniers jours de notre traversée, je voulus mettre au point un plan imparable, qui nous permettrait tous trois d'échapper à l'équipage de l'*Enguia Azul*. Malheureusement, je n'avais jamais mis les pieds à Lisbonne, je n'y connaissais aucune cachette, ni personne susceptible de nous aider.

À force de réfléchir et d'échafauder sans cesse un impossible plan d'action, il fut bientôt trop tard : un beau matin, le port de Lisbonne se dessina au bout d'une mer toujours aussi claire. J'étais ravi de retrouver enfin la terre ferme, bien sûr. Mais je ne possédais pas l'ombre de l'esquisse du commencement d'un plan.

— Qu'est-ce que tu as, Nembo ? me demanda Yeleen devant ma mine renfrognée. Tu n'es pas content de pouvoir te dégourdir enfin les jambes ?

— T'occupe, la crevette, lui répondis-je. C'est des affaires de grand, tu peux pas comprendre.

— N'importe quoi ! protesta-t-elle. Je te signale que

t'as à peine dix mois de plus que moi.

Elle ne pouvait pas se tromper davantage. J'avais une folle envie de le lui dire. À plusieurs reprises, d'ailleurs, j'avais failli avouer certaines choses à Aliou. Elle-même semblait s'étonner des réactions et des paroles plutôt matures d'un enfant qui était censé n'avoir vécu que neuf années. Jusqu'ici, cependant, j'étais parvenu à garder mon secret.

La somptueuse ville de Lisbonne s'offrit à mes yeux dans toute sa splendeur. Un océan de bâtiments clairs, tous plus éclatants les uns que les autres, resplendissait au soleil, auréolé d'une constellation de maisons colorées. Des centaines de toits orangés avaient envahi ce paysage étagé, parsemé de blanches églises, et surplombé par un imposant château flanqué de longs remparts.

J'avais déjà croisé ce bâtiment dans la chambre du capitaine, sur une vaste gravure en noir et blanc. Il s'agissait du Castelo de São Jorge.

Autour de nous, un nombre impressionnant de frégates, goélettes et vaisseaux de ligne se croisaient, toutes voiles dehors, en un subtil et savant ballet. Passagères du vent, ces innombrables embarcations qui glissaient, cerclées d'écume, sur un tapis d'un bleu profond témoignaient de la grandeur de la flotte portugaise, l'une des plus prestigieuses du monde en cette fin de XVIIIe siècle.

Sous un ciel sans nuage, notre *Anguille Bleue* se fraya un chemin parmi les trois-mâts, les frégates et les divers petits bâtiments qui naviguaient au large de l'immense débarcadère. Jamais je n'avais croisé pareil défilé de navires, gonflés parfois d'un si grand nombre de voiles qu'on les pensait prêts à s'envoler.

Tout impressionné qu'il fût de se trouver au cœur de cette foisonnante sarabande de bois ouvragé, de toile battante, de tuiles chaudes et de murs de lumière, mon œil de lycéen du XXIe siècle avait été attiré par les quelques bancs de sable aperçus un peu plus loin.

— Rho là là, c'te plaaage ! sifflai-je entre mes dents.

Un flot chaotique d'images de serviettes étalées sur le sable fin, de jeux d'eau dans les vagues et de filles en Bikini envahit mon cerveau d'adolescent qui aspirait, après tous ces mois de brossage, lessive, vaisselle et récurage, à une seule et unique chose : des vacances !

Très vite je secouai la tête, et ce maelström enchanteur mais absurde disparut avec mes fantasmes anachroniques dans les abîmes du temps.

Pas de tourisme pour toi, Yohann, désolé !...

Adieu station balnéaire, huile solaire et nageuses bronzées.

Et rebonjour Nembo, esclave minuscule dont le bien-être n'était pas et ne se trouverait jamais, jamais à l'ordre du jour.

Moins de vingt minutes plus tard, nous entrâmes dans l'imposant port de Lisbonne.

Des cordages avaient déjà été noués, et le capitaine ordonna de jeter l'ancre. Une petite foule de marins, de commerçants et de badauds arpentait les quais autour de l'*Enguia Azul*. Notre frégate allait décharger son imposante et précieuse cargaison.

— Je descends me restaurer à terre, annonça le capitaine Peleiro. Caldeira, veuillez superviser le débarquement des marchandises. Il me faudra aussi voir le gouverneur. Je reviendrai en fin d'après-midi. À tout à l'heure.

Carlos Caldeira, qui aurait bien voulu passer un peu de bon temps dans les rues de Lisbonne, insulta copieusement le capitaine lorsque celui-ci se trouva trop loin pour l'entendre.

— Ce vieux bouc, grommela-t-il, pourquoi faut-il toujours qu'il me confie l'*Enguia Azul* quand on est si proches des tavernes et des plus jolies filles du Portugal ?

D'une humeur massacrante, il s'employa à chercher des poux aux marins qui enroulaient les voiles ou qui transportaient les caisses, les sacs et les tonneaux. M'apercevant penché au-dessus de la rambarde du navire, il hurla aussitôt :

— Ramène tes fesses par ici, Nembo ! Si tu crois que tu vas gentiment fainéanter pendant que mes gars travaillent, tu te fourres le doigt dans l'œil jusqu'à l'épaule, *macaco* !

— Ne raconte pas n'importe quoi, intervint Aliou. Tu sais bien que Yeleen, Nembo et moi n'avons pas le droit de quitter l'*Enguia* sans l'accord du capitaine.

— Je me fiche carrément des interdictions de ce vieil empoté, s'emporta le Portugais. Tant qu'il n'est pas là, c'est moi qui commande. Demande à Nembo de descendre, ou je viens lui flanquer une correction dont il se souviendra jusqu'à sa mort.

Un peu affolée, Aliou me fit signe d'obéir. Je me trouvai bientôt à effectuer le travail d'un marin adulte, même si je n'en possédais ni la stature ni la force physique. Les caisses me paraissaient incroyablement vastes et lourdes. Parfois, je n'étais capable que de les pousser. Carlos Caldeira ne me lâchait pas du regard. Et, bien sûr, il ne m'aidait pas.

— Ne va pas me faire tomber l'un de ces trucs à la mer, aboya-t-il. Sinon tu auras tôt fait de rejoindre toi aussi les poissons.

Je redoublai d'effort pour accomplir ma part de travail. Par chance, je ne commis pas une seule erreur.

Plusieurs dizaines de voyages plus tard, je profitai d'un moment d'inattention de mon tortionnaire pour m'asseoir à même le sol et souffler un peu. Caldeira se trouvait en grande conversation avec un homme au teint pâle et aux cheveux roux, peut-être un Anglais, ou un Allemand.

Je m'adossai contre une caisse, puis savourai les délicieuses minutes que dura cette pause inattendue. La conversation entre Caldeira et l'individu s'éternisait. Mon bourreau ne me regardait pas. Pour lui, je ne semblais plus exister du tout. Peut-être me croyait-il de retour au bord de l'*Enguia Azul*. Peut-être m'avait-il oublié.

La possibilité d'une *liberté*, alors, m'apparut tcllc la plus belle des surprises.

Entre les tonneaux, les caisses et moi, pas un seul marin de mon équipage. Juste le port de Lisbonne. Et tout un dédale de rues qui me tendaient les bras, qui paraissaient m'inviter comme autant de chemins salvateurs.

Je brûlai d'y cavaler pour m'enfuir enfin, accélérer et disparaître à toutes jambes, quitter pour toujours cette lamentable vie d'esclave.

Chapitre 16

Maintenant. Tout de suite. Go !…

Sauf qu'Aliou et Yeleen se trouvaient encore à bord de notre navire. Et qu'après tous ces mois passés en leur compagnie il m'était devenu inconcevable de m'échapper sans elles.

Le plus discrètement possible, presque sur la pointe des pieds, je tournai les talons dans le but secret de les rejoindre et de leur faire entrevoir cette opportunité.

Mon regard, alors, croisa celui du rouquin qui s'entretenait avec Carlos Caldeira. Aucun doute : celui-ci me dévisageait. Faisant mine de ramasser une corde et de l'enrouler, je pestai intérieurement. Car Caldeira et lui marchèrent bientôt dans ma direction. La maigre chance de mettre le plus de distance possible entre l'*Enguia Azul* et moi venait de s'évanouir.

— Non, non, pas la peine d'insister, annonça Caldeira, alors à portée d'oreille. J'ai mes ordres : ce petit-ci n'est pas à vendre. Vous savez, depuis plusieurs années, le commerce des esclaves est interdit sur le sol portugais.

— Vous ne me comprenez pas, lui souffla l'étranger avec énergie. Je serai prêt à payer un excellent prix pour obtenir ce petit garçon. Que diriez-vous de dix mille réaux ?… Vingt mille, peut-être ?

Les deux hommes parlaient de moi ! Et Carlos Caldeira paraissait bien embêté.

— Écoutez, je… Seul le capitaine Peleiro pourrait vous répondre. En ce qui concerne ce petit…

— Votre capitaine n'entre pas en ligne de compte. Et si je vous dis cinquante mille, directement de ma main à la vôtre ?

L'individu détacha une bourse bombée de sa ceinture

qu'il fit tinter devant le nez du marin portugais.

Caldeira me jeta un regard calculateur par-dessus son épaule.

J'étais pétrifié : en soulevant l'un des pans de sa cape pour en détacher la bourse, le rouquin avait découvert une partie de son veston.

Sur celui-ci se trouvait brodée, en fil doré, une tête de loup.

Chapitre 17

— C'est pas vrai ! pestai-je.

Ces types finissaient toujours par connaître l'endroit où je devais débarquer. À croire qu'ils possédaient tous un sixième sens !

Si le loup m'avait débusqué, le vieillard et la femme grimaçante ne pouvaient se trouver loin. Je levai les yeux. Aliou avait passé une bonne partie de l'après-midi à surveiller mes allées et venues, et s'assurer que Carlos Caldeira ne me brimait pas trop. Malheureusement, on devait l'avoir appelée pour une nouvelle corvée à l'intérieur de l'*Enguia* car je ne la voyais plus. Si je ne voulais pas être vendu et tué ensuite, il me fallait absolument la rejoindre. Sans attendre, je détalai vers le navire.

— Nembo ! s'exclama Caldeira. Arrête-toi, moucheron !

Il n'était pas question que je lui obéisse car je savais déjà ce qu'il voulait faire de moi. Slalomant entre les marchandises, je me dirigeai aussi rapidement que possible vers la passerelle de l'*Enguia*.

— Figuio ! Cortez !… Stoppez-moi ce rat d'égout !

Deux marins costauds, qui ne faisaient pas partie des gens que j'appréciais, me barrèrent aussitôt la route.

— Aliou ! m'écriai-je en reculant. Aliou, au secours !

Les deux marins s'approchèrent de moi, menaçants. Dans mon dos, Caldeira arrivait, le loup à ses côtés. J'allais me trouver pris en tenailles. Je voulus sauter dans l'eau, les marins m'en empêchèrent. Paniqué, je choisis donc de me faufiler entre deux piles de caisses. Caldeira et les marins, trop imposants, furent incapables de me suivre.

— Viens ici, Nembo, viens ici ! éructa le Portugais. Pour une fois, tu vas me servir à quelque chose.

La tête du loup apparut à l'autre extrémité des colis empilés. Je ne pouvais fuir dans cette direction. Bientôt, Caldeira et ses compères entreprirent de déplacer les caisses pour me mettre la main dessus. Je choisis donc de grimper jusqu'au sommet de la plus haute pile, d'où je lançai un nouvel appel à l'aide.

— Aliouuuu, m'époumonai-je. Aliou, Caldeira veut me vendre !

Mais ma mère adoptive ne semblait pas m'entendre. Bientôt, les marins grimpèrent à leur tour. La tête échevelée de Yeleen apparut depuis le pont de l'*Enguia Azul.*

— Nembo, t'arrêtes un peu de crier comme ça ? Maman est occupée à éplucher des oignons, tu sais… Hé, mais qu'est-ce que tu fiches là-haut ?

Je n'eus pas le loisir de lui répondre : à cause du poids des marins, la pile de caisses chancela.

— Descendez, descendez, idiots ! cria Caldeira à ses hommes. Vous allez me…

Je sautai à terre à la dernière seconde. Dans un fracas épouvantable, les colis de bois s'effondrèrent sur Caldeira.

CHAPITRE 17

Les marins, déconfits, s'empressèrent de porter secours à leur chef assommé.

Le loup, quant à lui, ne me quittait pas d'un pouce.

— Viens par ici, petit singe, chuchota-t-il. Finalement, je vais peut-être t'obtenir gratuitement…

À mon grand regret, je fus obligé de m'éloigner davantage du navire. Je slalomai entre les tonneaux et les colis, espérant échapper à mon ennemi, pour ensuite revenir sur mes pas. Mais le loup était tenace. Bientôt, je fus obligé de filer vers une grande place de forme carrée, cernée de hautes arcades. L'endroit me parut fort joli… cependant je n'avais guère le temps de m'attarder sur les détails du paysage.

Il me fallut zigzaguer entre les passants, courir à perdre haleine. Juste derrière moi, le loup haletait. Mètre après mètre, il gagnait du terrain. Mes petites jambes n'étaient pas suffisamment développées pour espérer le distancer. Alors que je contournais une statue, une dame dodue d'une bonne soixantaine d'années, et vêtue d'une longue robe de soie mauve, s'avança vers moi.

— Tout doux, petit, tout doux…

Ses bras écartés laissèrent deviner une vaste broderie, qui représentait bien la femme grimaçante à laquelle je m'attendais.

Je voulus bifurquer abruptement, elle parvint à me saisir le bras. En un craquement, le vieux tissu dont j'étais vêtu se déchira. La dame, déséquilibrée, chuta fort peu élégamment sur les dalles de la place carrée. Je poursuivis ma course, le loup toujours sur mes talons.

J'empruntai un embranchement, puis un autre, puis un autre encore. J'avais conscience de me perdre peu à peu dans les méandres de Lisbonne, mais que pouvais-je bien faire d'autre ?

Quelques instants plus tard, je débouchai dans une longue ruelle déserte, complètement essoufflé, affolé de ne trouver aucun nouvel abri. Le loup n'était plus qu'à quelques enjambées de moi.

— Stop ! hurla-t-il. Arrête-toi, je suis armé.

Il ne mentait pas : arrêté à l'entrée de la ruelle, il jouait avec la lame d'un poignard.

Je savais pertinemment qu'il voudrait me tuer, quelle que soit ma réaction. Aussi repartis-je de plus belle en jetant mes dernières forces dans cette course.

Bientôt, le couteau fendit l'air.

Lancé avec puissance par la main du loup, il vint se ficher dans mon épaule. Je fus stoppé en plein élan, terrassé par la violence du coup.

En sautillant presque, le loup rejoignit bientôt mon corps immobilisé. Une grosse flaque de sang maculait le sol en dessous de moi. La lame était entrée profondément dans ma chair.

Je sentis mes maigres forces me quitter peu à peu. Fier de son tir, mon ennemi ricanait. Il se jeta bientôt sur mon dos de tout son poids. Puis il me maintint la tête au sol.

J'avais beau gémir, j'avais beau tenter de réagir, la douleur était trop forte, je n'étais plus en mesure de lutter. Sa force d'adulte entravait désormais mes pitoyables efforts d'enfant blessé.

La bouche quasiment collée à mon oreille, il me souffla :

— Je te tiens, cher Adversaire. Je t'ai reconnu, comme toi tu m'as reconnu… Maintenant, tout est fini.

Il ôta bientôt la lame de mon omoplate ; je me mis à

hurler. Le sang s'échappa deux fois plus vite de mes veines. Le loup approcha alors le couteau un peu trop près de mon visage. J'allais mourir pour la troisième fois.

Soudain, dans le silence de la ruelle, un coup de feu claqua.

L'arme blanche du loup, touchée par un projectile, voltigea quelques mètres en arrière.

Le rouquin, interloqué, se releva d'un bond.

De sous une arcade apparut une longue silhouette coiffée d'un immense chapeau et armée d'un fusil.

— Hé, ça va pas la tête ? s'emporta le loup. Qu'est-ce que vous faites ?

Le nouveau venu releva son couvre-chef. Je découvris un homme d'une cinquantaine d'années, les cheveux longs et gris, le visage sec, barré d'une double cicatrice. Il s'avança en prenant tout son temps, mais en boitant un peu. Cette démarche saccadée n'enlevait rien à son intimidante présence.

— De quoi vous vous mêlez ? écuma le loup. Ce petit nègre est à moi ! Je vous conseille de passer votre chemin, si vous n'voulez pas d'ennui.

— Des menaces ? demanda le balafré à mi-voix.

Aussitôt, il leva son arme. Puis, sans sommation, il tira dans la jambe du loup, qui s'effondra.

— Voilà ce que j'en fais, moi, de tes menaces... Edmundo Faia ne se laisse dicter sa conduite par personne, tiens-le toi pour dit !

En claudiquant, il contourna le loup qui gémissait de douleur. Puis il s'approcha de moi, et sa cape claquait au vent.

Le sang s'enfuyait par violents à-coups de ma blessure : je n'en avais plus pour très longtemps. Le dénommé

Edmundo se pencha alors au-dessus de moi. Il appliqua fortement la main sur mon épaule.

Cela devait sans doute faire très mal, mais je ne ressentais plus rien. Les couleurs de la ruelle se fondirent bientôt dans un tourbillon. Il y eut encore un ou deux battements de cils, puis je m'évanouis.

Chapitre 18

La vue ne me revint pas tout de suite. Mon corps fut transporté, secoué, retourné, frappé, frictionné, transpercé, tordu. Je sentis qu'on me soulevait, je me sentis partir, il me sembla voler, puis je fus comme bloqué, je flottai un instant, pour enfin redescendre, et ressentir une force invisible qui m'empêchait de respirer correctement.

Mes yeux finirent par s'ouvrir. Au bout d'un moment qui me parut une éternité, je repris enfin conscience. De mes bras, de mon torse, de mes jambes, de mon cou, de mon cerveau. Autour de moi, tout n'était qu'obscurité. Je flottai dans l'éther, à demi mangé par une ombre gigantesque dont je ne savais si elle m'avalait, ou bien si elle me recrachait. Le spectre de mon corps se dessina sur cette pénombre, blanc et translucide.

Je poussai un cri. À ce son, l'obscurité remua. Elle se fendit en deux, puis en quatre, puis en huit, puis en un nombre qu'il me fut impossible de déterminer. Je pus me relever. Je sentis le sol sous moi, je ne volais plus. La pénombre n'avait pas disparu, mais elle avait changé de forme. Elle s'était scindée en une ribambelle de silhouettes opaques, qui toutes m'épiaient.

— Qui êtes-vous ?... Qui êtes-vous ? demandai-je.

Chacune des silhouettes se fendit d'un rictus.

— Nous sommes toi, nous sommes toi bien sûr, répondirent, ensemble, toutes ces présences.

Baissant la tête, je regardai mes pieds. Ces personnages disaient la vérité : tous émanaient de moi. Sur le sol rocailleux, l'ombre de mon corps s'était divisée, pour donner naissance à des dizaines et des dizaines d'individus différents.

Encerclé par tous ces esprits, qui m'effrayaient mais qui pourtant étaient moi, je m'entendis clairement poser cette question :

— Qui suis-je ?... Qui suis-je réellement ?

L'une des ombres prit ma forme, celle de Yohann Massart. Puis elle me répondit :

— Je suis toi.

Aussitôt après, une deuxième ombre devint Karl Schnitzer. Celle-ci répéta :

— Je suis toi.

La troisième, comme je m'y attendais, ressemblait au petit Nembo.

— Je suis toi, dit-il.

Puis il y eut un brouhaha épouvantable, chacune des ombres criant à tue-tête.

— Je suis toi.

— Je suis toi.

— Je suis toi.

— Je suis toi.

— Je suis toi.

Chapitre 18

Toutes tournèrent, tournèrent, tournèrent de plus en plus vite, crièrent de plus en plus fort.

Je suis toi Je suis toi Je suis toi Je suis toi Je suis toi jesuistoijesuistoijesuistoijesuistoijesuistoijesuistoijesuistoi

Étourdi par tant de mouvement, accablé par ce brouhaha, je fermai les paupières, je me couvris les oreilles, je me mis à hurler à mon tour.

Une dernière ombre vint se planter droit devant mes yeux. Alors se dessina un visage dont j'aperçus très distinctement les traits. Et, dans un large sourire, un sourire qui me parut incroyablement provocateur, ce visage susurra :

— Tu-es-moi.

Par ces simples paroles, je sortis du cauchemar.

La partie supérieure de mon corps se dressa d'un bloc.

Je ne me trouvais pas debout, j'étais assis. Assis dans un vaste lit blanc, au milieu d'une pièce baignée par la lumière du soleil couchant. Par la fenêtre ouverte, je découvris un vert paysage de campagne : j'avais quitté Lisbonne.

Mes frêles mains d'ébène m'apprirent que j'habitais toujours le corps du petit Nembo.

Mon torse, couvert d'un épais bandage, me fit soudain souffrir. Je retombai mollement sur les épais oreillers trempés de sueur.

— Doucement… Doucement, dit une voix sur ma gauche. Tu n'es pas complètement tiré d'affaire. Même si, je l'avoue, tu reviens de très loin.

Sur une chaise, à mes côtés, se tenait l'homme balafré

et grisonnant qui m'avait tiré des griffes du loup. Je voulus parler, il m'en empêcha.

— Économise tes forces, petit, m'intima-t-il d'un geste vif. Tu as subi une vilaine blessure qui t'a mené au seuil de la mort. Par chance, je n'ai pas tout perdu de mes années de service en tant que chirurgien du roi.

Il avança la tête dans la lumière. Son expression sévère et son teint blafard faisaient ressortir la double cicatrice qui lui barrait le visage.

— Où… ? parvins-je tout juste à prononcer. Qui… ?

Ces simples mots, arrachés à mon corps affaibli, parurent drainer toutes mes forces.

— Tu es en sécurité, pas besoin d'en savoir davantage. Je m'appelle Edmundo Faia, et j'ai décidé de veiller sur toi… Dors encore un peu, tu en as besoin.

Je n'étais clairement pas en état de lutter car le sommeil s'emparait déjà de moi. Avant de sombrer, j'entendis encore l'homme murmurer.

— Tu as raconté un certain nombre de choses, dans ton sommeil. Si la moitié de celles-ci sont vraies, nous aurons bientôt une longue conversation, toi et moi.

Chapitre 19

Je fus assez vite capable de quitter le lit, de marcher, de mouvoir mon torse, mes bras et mon cou. Mais il m'était impossible d'effectuer chacune de ses simples opérations sans grimacer. Il me faudrait plusieurs mois pour complètement récupérer de ma blessure.

Mon profond dégoût pour les actes chirurgicaux m'empêcha de demander à mon bienfaiteur des détails sur l'opération qui m'avait sauvé la vie.

Une vilaine douleur persistait, si vive qu'elle me rappelait mon face-à-face avec le loup, dans chaque acte du quotidien.

Avant cela, j'étais resté inconscient durant plusieurs semaines. Edmundo Faia m'avait transporté, soigné, sauvé la vie.

— Des types te cherchaient, me raconta-t-il. Des types pas franchement commodes. Et comme tu t'en doutes, ils ne voulaient pas s'assurer de ton prompt rétablissement… J'ai dû te déplacer plusieurs fois pour éviter qu'ils ne nous tombent dessus. Évidemment, cela a retardé d'autant ta guérison… Dans ton malheur, tu es verni, tu sais ?

Personne ne connaît autant de bonnes cachettes que moi, à Lisbonne et aux environs. La maison de campagne où nous nous trouvons, par exemple… Elle appartient à une vieille dame qui passe la moitié de l'année hors de la région. Un endroit idéal pour dormir confortablement, pour peu que l'on sache crocheter une serrure.

Durant ma convalescence, l'*Enguia Azul* avait quitté le port. La frégate était repartie, emportant avec elle Aliou et Yeleen vers je ne savais quelle destination. Elles étaient ma seule famille à cette époque. J'éprouvais un horrible pincement au cœur à l'idée de ne plus jamais les revoir.

Car je ne me faisais guère d'illusion : jamais plus je ne me chamaillerais avec ma petite sœur sur le pont du navire, jamais plus je ne profiterais des largesses de celle que j'avais appelée maman.

Dans mon malheur, je ne me trouvais pas complètement isolé. Malgré ses manières brusques et son ton parfois cassant, Edmundo Faia s'occupait bien de moi. Révolté par les agissements du loup, qui avait planté un couteau dans le dos d'un enfant avant de vouloir le tuer, il était aussitôt intervenu.

La persistance de mes ennemis à me débusquer l'avait fortement intrigué, et renforcé sa détermination à me protéger. Désormais, il m'avait pris sous son aile. Une aile astucieuse, cuirassée de bon sens, habile au scalpel et au fil de fer, experte au fusil.

Nous en vînmes bientôt à discuter de la raison de ma présence ici. Pas celle du petit Nembo. Mais celle de Yohann Massart.

Il s'avéra que, gagné par la fièvre, j'avais raconté bien involontairement un certain nombre de mes secrets.

Chapitre 19

Edmundo Faia me posa quelques questions. Trop heureux de pouvoir enfin me confier pleinement, je lui racontai tout de ma vie de lycéen du XXIe siècle.

Je relatai en détail mon premier assassinat par trois personnes masquées, puis mon premier saut dans le temps, mon séjour dans les tranchées, ma fuite, ma rencontre avec le comte d'Auchevard, ma seconde mort, enfin mon arrivée sur l'*Enguia Azul*, dans la peau d'un jeune Africain... jusqu'à ma rencontre avec une nouvelle femme grimaçante et un nouveau loup. Je lui confiai la cruelle trahison de Léa, mon sentiment de me trouver déraciné. Je lui avouai la détresse, la solitude, la peur. Et toutes ces questions accumulées qui restaient sans aucune réponse.

Durant l'intégralité de mon récit, l'homme, les bras croisés, me scruta de son regard d'acier. Il me fut impossible de deviner quelle pensée frôlait son visage noué. Peut-être allait-il simplement me traiter de fou et me chasser de cette chambre, maintenant que j'allais mieux.

Enfin, il imprima à son bras un mouvement nerveux.

— Des réponses, tu en as déjà quelques-unes, commença-t-il. Tu sais qu'il y a trois *iluminados* qui t'attendent pour te faire la peau, et ce quelle que soit l'époque. Visiblement, ils n'apprécient pas que tu défies les lois de la mort et du temps. Ce qu'il faut, maintenant, c'est agir pour obtenir d'autres précisions de leur part. Tu ne trouveras pas, je pense, meilleure source d'information que ces trois assassins. Voici la clé de ta survie, fiston : tu dois anticiper les événements, et plus seulement les subir !

— Vous voulez dire que vous me croyez ? demandai-je, fébrile. Vous croyez à cette série de... de voyages à l'envers, avec mon esprit qui se projette soudain dans d'autres corps que le mien ?

Edmundo Faia haussa les épaules.

— Humfff, ce genre de considérations me dépasse un peu... Mais, pour faire simple, disons qu'au cours de ma longue existence j'ai déjà vécu d'autres phénomènes presque aussi étranges. Alors, un garçon qui vient du futur et qui voyage à rebours à chacune de ses morts... pourquoi pas ? Ton histoire m'intéresse, fiston.

En cet instant, je me trouvai débordant de reconnaissance. Après toutes ces péripéties, tous ces changements, tous ces meurtres, je n'étais plus seul, perdu dans le flot du temps. Cette fois, je possédais un allié qui avait accepté mes confidences. Plus question de me battre en solitaire. Car c'était bien de bataille qu'il s'agissait.

— Ces types t'ont toujours surpris, résuma Edmundo. Eh bien, il est temps que tu réagisses et que tu les surprennes à ton tour. Je n'ai jamais eu aucun doute là-dessus : pour moi, la meilleure des défenses, c'est l'attaque !

— Curieux qu'ils ne m'aient pas retrouvé ces dernières semaines, remarquai-je. Auparavant, ils n'ont eu aucun mal à localiser le train d'où j'étais descendu, ou le navire duquel je débarquais.

— Voilà encore un élément de réponse, analysa Edmundo. Leur faculté de pistage n'est pas absolue.

— J'y ai réfléchi. Peut-être que certains d'entre eux sont des devins... Ils connaîtraient une partie de l'avenir. Comme l'endroit ou la date exacte où nos chemins se croiseraient.... Mais ils n'avaient pas prévu que vous interviendriez.

Edmundo hocha la tête.

Chapitre 19

— Ou peut-être simplement que, en blessant celui que tu appelles le « loup », j'ai privé tes ennemis de celui qui possède le meilleur flair. Va savoir… C'est en tout cas un bon point pour toi… En revanche, il me faut t'annoncer une mauvaise nouvelle : tes adversaires sont bien plus nombreux que tu ne le crois.

Il me relata un épisode datant de trois semaines. Tandis qu'il soignait mon corps inconscient dans un appartement désert situé au centre de Lisbonne, une dame d'un certain âge – probablement celle qui avait déchiré ma chemise – avait donné l'assaut. Edmundo était parvenu à s'échapper en me transportant sur son épaule. Mais il lui avait fallu semer une bonne quinzaine de personnes sous les ordres de la dame.

— Comme je te l'ai dit, je connais Lisbonne et ses environs comme ma poche. Je sais où trouver certains raccourcis, inaccessibles à la plupart de mes concitoyens. Facile, quand on a les bonnes clés… Mais j'ai vraiment eu chaud aux fesses, ce soir-là. Tiens, regarde cette cicatrice sur le revers de ma main gauche. C'est cette vieille sorcière qui me l'a faite en me tirant dessus. *Velha louca !*

À cette époque, mes ennemis non plus n'étaient pas seuls : ils semblaient avoir embauché du renfort.

— Dommage que je ne sois plus en grâce à la cour, conclut-il. À une autre époque, je ne me serais pas privé pour demander directement la protection du roi. Malheureusement, je ne peux plus jouer cette carte. Ces jours-ci, le roi préférerait de beaucoup me voir pendu plutôt que de m'accorder une faveur !

Lorsque je voulus savoir ce qu'il entendait par là, il eut un geste brusque.

— Concentrons-nous sur *tes* problèmes, veux-tu ? Les miens me sont bien trop familiers, et cela me change les idées de les oublier un peu. Vraiment, tes adversaires sont de drôles d'oiseaux… À la mesure de tes mirobolantes aventures, devrais-je dire, *cuco pequeno* !

Je découvris plus précisément mon lieu de résidence : une ancienne fermette isolée à quelques heures de marche de Lisbonne. De ma fenêtre, le vent s'engouffrait dans les branches tordues des oliviers.

Bien entendu, je n'étais pas pressé de remettre les pieds en ville.

Chapitre 20

Au cours des semaines suivantes, Edmundo Faia s'occupa de ma rééducation. En un étonnant mélange de précision et de rudesse, il me réapprit à me déplacer, à utiliser mon bras et à soulever des objets sans souffrir le martyre.

Lorsque je pus enfin quitter la chambre et la terrasse, il m'emmena effectuer quelques pas, au soleil, dans la cour de la fermette.

Ces pas devinrent des cheminements. Ces cheminements devinrent de petites balades autour de la propriété et de ses vignes à l'abandon. Ces balades devinrent des marches dans la campagne portugaise, de plus en plus longues, de plus en plus soutenues.

La villa aux murs jaunes, située au creux d'une colline et entourée de verdure, ne se remarquait que si l'on déambulait de longues minutes le long d'un chemin sinueux. Il fallait encore contourner un imposant massif d'eucalyptus et d'amandiers, et dépasser une petite muraille de chênes-lièges, pour en apercevoir les contours. Nous ne rencontrions jamais personne : Edmundo s'en était assuré.

— Un petit Africain en liberté ne passerait pas inaperçu, ici, dit-il. Et la nouvelle de ta présence amènerait directement nos ennemis dans notre tanière. J'ai choisi cet endroit avec soin. Mais il faut rester prudent !

Aussi m'avait-il formellement interdit de m'aventurer seul sur les sentiers alentour lors de ses fréquentes absences. Car Edmundo partait très souvent, de longues heures durant, pour ne revenir qu'à la nuit tombée. De ses expéditions, il rapportait de quoi nous nourrir, et quelques nouvelles de Lisbonne. Mais il se montrait plutôt avare en détails.

« Il y avait du monde en ville » et « Impossible de trouver quoi que ce soit sur tes ennemis aujourd'hui » étaient ses réponses les plus fréquentes. Avec lui, le marché était toujours « l'ombre de ce qu'il avait été jadis » et les poissons qu'il achetait « pas assez frais » à son goût.

Malgré mes incessantes questions, je n'obtenais guère mieux que ces quelques phrases lapidaires, avant qu'il ne grommelle :

— Tout ceci n'est pas très intéressant... Finis plutôt ton assiette, *e depressa !*... Je n'ai pas dépensé tous ces réaux pour nourrir les sangliers.

Il avait l'habitude d'entrer et sortir d'une pièce sans bruit, telle une ombre qui glisse et ne trahit sa présence qu'au tout dernier moment, lorsqu'elle vous fait face pour vous tirer dessus. Son visage balafré surgi de nulle part me faisait souvent sursauter. Cela paraissait l'amuser et l'ennuyer à la fois. Tout discret qu'il fût, on ne pouvait ignorer sa présence magnétique, ses manières bourrues et ses démonstrations d'agilité entrecoupées de profonds silences.

Lorsque Edmundo prenait la parole, il allait toujours à l'essentiel, sans fioriture ni circonvolution. Il savait écouter, se taire, réfléchir sans débattre inutilement.

Résolu à déterrer les secrets de mes ennemis, il ne posait pas beaucoup de questions. Juste assez pour savoir où chercher. De même, il ne s'intéressait pas vraiment à l'époque futuriste d'où je venais.

— Ce temps-là n'est pas le mien, résumait-il. Ces inventions dont tu me parles, je n'y entends… rien de rien ! Et puis, je préfère vivre ma vie, à mon époque… C'est déjà suffisamment compliqué comme ça !

Tout en nettoyant son fusil, il ajoutait :

— En ce qui te concerne, c'est une autre histoire : tu remontes le courant, des chasseurs à tes trousses. Voilà qui n'est pas naturel, pas du tout… Cela, j'aimerais bien le comprendre.

Une fois que je fus remis d'aplomb, Edmundo insista pour me donner quelques leçons de tir au pistolet et de combat au couteau.

— Avec les *iluminados* qui te pourchassent, tu dois absolument apprendre à te battre. Que tu le veuilles ou non, le conflit viendra à toi. Cela aussi, il faut l'anticiper.

Les séances d'entraînement qui s'ensuivirent devinrent très vite les moments les plus exténuants de mon existence.

Mon expérience de l'arme blanche était jusque-là similaire à celle que je possédais des armes à feu : de longs après-midi mollement assis sur le canapé, la manette de jeu entre les mains, appuyant sur des boutons de couleur dans l'espoir de neutraliser des ennemis aussi inoffensifs que virtuels. La pire blessure que je risquais alors était une foulure du pouce, la plus grande fatigue se résumait à de profonds bâillements, prélude à une sieste en cours de partie, la console en mode « pause ».

Avec Edmundo, rien de tout cela : blessures, coupures, frustrations et courbatures firent bientôt partie de mon quotidien.

Chaque séance débutait par d'interminables exercices d'échauffement.

— Tes muscles sont ceux d'un petit garçon travailleur, analysait-il. Mais tes réflexes ne rivaliseraient pas avec ceux de ma défunte grand-mère arthritique ! À croire que tu n'as jamais fait d'activités physiques de toute ta vie !

Mon professeur de basket, que j'avais trouvé jusqu'ici tyrannique, était dépassé de cent coudées. J'eus beau prétexter que j'étais épuisé, blessé, en convalescence, fragile, que je voulais arrêter, que je voulais m'allonger, que j'allais mourir dans la seconde, rien ne semblait émouvoir Edmundo. Lequel me lançait :

— Et ce sont ces pitoyables excuses que tu donneras à tes ennemis quand ils fondront sur toi pour te perforer de nouveau le thorax, *estupido* ?

D'un coup de pied dont la violence n'avait rien à envier aux gestes affectueux de Caldeira, il m'intimait l'ordre de me relever, de poursuivre, de terminer.

Car il n'existait aucune tâche, selon lui, qui n'était valable si on ne la menait à terme.

Chirurgien de formation, mais guerrier dans l'âme, il savait parfaitement jusqu'à quel point pousser l'effort sans entraver ma totale guérison. Ce qui ne me laissait aucune marge de manœuvre, aucun moyen de lui mentir sur mon état ou de tirer au flanc.

J'appris tout du maniement du couteau : la façon de le tenir, de le présenter à un adversaire, le placement des pieds, du corps, comment fendre l'air de sa lame, comment effleurer un objet sans le découper, comment pointer et ressortir, comment blesser, sectionner, trancher sans jamais le perdre des mains.

Puis il y eut tous les exercices de tir. Sur une cible d'abord, sur de grands troncs d'arbres, sur des objets, des pots en terre cuite, des assiettes, des carrés de paille.

Ces leçons quotidiennes, où plus d'une fois je m'égratignai et me sectionnai presque un doigt, me firent cent fois haïr Edmundo Faia, sa sévérité et son manque de pitié. Combien je regrettai, alors, la tendresse et les douces réprimandes d'Aliou !

J'en vins à souhaiter qu'Edmundo attrape la grippe, la diarrhée, le typhus, n'importe quoi, du moment qu'il me laissât enfin en paix. J'en vins même à l'imaginer soudain surpris, vaincu et enfin silencieux, le poignard planté entre ses yeux gris, à la jonction de ses deux immondes cicatrices.

À côté de ces éprouvantes sessions, les leçons de tir à l'arme à feu, de nettoyage du canon et de maniement de la poudre m'apparurent presque comme une récréation. Peut-être aussi parce que je m'y montrai un peu plus doué.

Mon acharnement à ne pas céder, ma capacité à ressentir ses injures comme des encouragements, l'esprit combatif que j'avais acquis en somme au sein de mon club de basket-ball, me permirent cependant d'évoluer.

Et ces efforts me valurent ce qui se rapprochait le plus, chez Edmundo Faia, d'un compliment.

— Je suis dur avec toi, c'est vrai, mais tu avances sur ton chemin de croix, *menino*. Un peu empoté, oh oui !... Mais je sais que tu m'écoutes et que tu veux bien faire. Cela pourrait se révéler salvateur pour toi.

À ma propre surprise, toutes ces épreuves me rapprochèrent de mon rude professeur. Il bougonnait toujours autant, mais il se décrispait beaucoup plus souvent. Il lui arrivait de plaisanter, de me donner des coups de coude complices lorsqu'il me servait du vin qui « n'était pas pour mon âge ». Et surtout, il s'était mis à sourire. Un peu maladroitement. Comme une grimace un peu plus agréable que les autres. Un peu comme s'il avait oublié ce que cette expression du visage signifiait, entre relâchement et confiance.

Il m'appelait « *cuco* » ou « *menino* ». Parfois aussi, il me nommait « Yohann ». Et de ce détail, mais qui signifiait tout pour moi, je lui fus infiniment reconnaissant.

Pour autant, l'énigme que constituait cette mince et sèche silhouette balafrée demeura entière. Et il me fut impossible de cerner distinctement le passé d'Edmundo Faia. Car, depuis les quelques informations lâchées au tout début de notre rencontre, il se confiait extrêmement peu.

Ancien chirurgien royal fâché avec tous ses anciens amis, la vie avait fait de lui un paria boiteux et balafré, un combattant implacable, un grand voyageur solitaire qui ne pouvait cependant passer un trop long moment sans voir Lisbonne, enfin un crocheteur de serrures hors pair vivant désormais chez les gens... quand ceux-ci ne s'y trouvaient pas.

Chapitre 20

Comment un homme ayant côtoyé la noblesse en était arrivé à vivre ainsi, en marge de la société, je l'ignorais. Chaque fois que je voulais en savoir un peu plus, il éludait la question, changeait brusquement de sujet. Il regrettait clairement d'avoir évoqué son passé de chirurgien royal en ma présence.

Un jour, devant mon insistance, il s'emporta :

— J'aurais mieux fait de me mordre la langue plutôt que de te parler de ça ! Veux-tu bien te mêler de tes affaires, *cuco pequeno* ? Ce n'est pas parce que je t'accorde mon aide qu'il me faut te confier les tréfonds de mon âme. Mon parcours ne regarde que moi. Alors apprends un peu à rester à ta place, ou alors je change d'avis et je te laisse te faire trouer la peau par tes trois meilleurs amis !

Après cette réplique, il ne me vint même plus à l'idée de le lancer sur le sujet.

Chapitre 21

Les semaines se succédaient, suite sans fin d'exercices physiques, de lancers de couteau, de tirs au pistolet, de remarques cassantes d'Edmundo, et de longs épisodes de solitude lors de ses absences.

Ma retraite forcée à la campagne, de pénible, devint insupportable. Quasiment remis d'aplomb, je trépignai de ne pouvoir un peu mieux découvrir le Portugal du XVIIIe siècle. Je faillis plusieurs fois désobéir et quitter la villa une fois mon nouvel ami parti. D'autant que son abominable caractère et les règles qu'ils me fixaient sans cesse commençaient à me casser sérieusement les pieds. Je ne comptais pas partir très longtemps, bien sûr. Juste de quoi prendre un bon bol d'air pour me changer les idées. Car mes mauvaises pensées tournaient en rond dans ma tête dès lors que je me trouvais seul.

La perte d'Aliou et de Yeleen, l'insurmontable distance qui me séparait de mon époque, de ma sœur, de mes parents et de mes amis, enfin les sempiternelles questions autour des agissements et des sentiments véritables de Léa me plombaient le moral, autant qu'elles m'apparaissaient sans réponses.

Léa, Léa, Léa…

Ses cheveux roux, ses lèvres, ses jambes. Et surtout, le goût de sa peau. Sa peau si douce que, malgré les siècles et la distance, il m'était impossible d'oublier.

Et puis nos fous rires devant les tics de notre prof d'histoire-géo. Et puis nos promenades main dans la main dans le jardin public où nous nous embrassions. Et puis le pistolet d'argent braqué sur moi, comme le plus brutal des actes de rupture.

Moi qui n'avais jamais été très doué en dessin, j'en étais venu à dessiner son portrait en cachette. Moi qui écrivais plutôt mal, je lui composais des poèmes, la nuit venue, qui parlaient de son charmant visage et de la cicatrice indélébile qu'imprimait son absence dans mon cœur.

Je revivais sans cesse mon exécution, sa cruauté de poupée de cuir, la balle traîtresse logée dans ma poitrine.

Il me semblait la voir apparaître, la nuit. J'avais l'impression qu'elle avait soudain glissé dans la pénombre, qu'elle se trouvait là, au pied de mon lit, en train de m'observer, en train de me juger, l'arme de nouveau levée sur moi. Pour m'assassiner, encore et toujours. Et sans le moindre regret.

Je me réveillai au creux de la nuit, en nage, des larmes plein les yeux.

Je n'en pouvais plus. Je devenais timbré.

Sans l'entraînement intensif d'Edmundo, sans cette fatigue physique qui m'abrutissait et me forçait à dormir, je crois bien que j'en eusse perdu la raison.

J'avais juste besoin de changement.

CHAPITRE 21

— J'en peux plus de cet isolement à la campagne ! m'exclamai-je à voix haute, dans le secret de ma chambre. Toutes ces semaines sans voir personne, c'est juste infernal !

Mon envie d'escapade devint bientôt un besoin vital, une urgence. Je ne pouvais plus rester là, sous peine de déraper complètement et d'écrire un roman entier à la gloire du spectre sublime et meurtrier de Léa.

Un matin, la tentation fut trop forte. Edmundo s'était éclipsé pendant mon sommeil, me laissant par écrit les tâches ménagères et les exercices sportifs du jour.

— Il commence à me gaver, le vieux ! me révoltai-je. Je n'ai pas cinq ans, oh !... Vieux timbré !

Habitué à s'adresser à un jeune enfant, Edmundo oubliait sans doute l'adolescent que j'étais. Piqué au vif, je déchirai le morceau de papier. Puis j'enfilai un pantalon, et je me jetai presque à l'extérieur.

Je marchai une petite heure sur l'un des sentiers caillouteux empruntés à de nombreuses reprises avec Edmundo. Puis je m'en éloignai pour m'enfoncer dans le paysage vallonné en direction de la mer.

Je ne m'étais encore jamais aventuré aussi loin de la villa.

Traversant un champ, j'aperçus au loin une silhouette accroupie. Instinctivement, je me rapprochai des oliviers avoisinants pour m'y cacher. Le paysan, en train de cueillir je ne savais quoi, ne m'avait pas vu. Je pressai le pas en souhaitant – une fois n'est pas coutume ! – me faire encore plus petit que je ne l'étais.

Plus je progressais vers la mer, et plus le danger d'être vu devint grand. Je le sentais, tel un frisson malsain qui montait le long de ma colonne vertébrale pour me prendre à la gorge. Edmundo n'avait eu de cesse de me le répéter :

— Si tu es repéré, petit, il te faudra décamper. Car peu de gens laisseront s'exprimer le petit Africain que tu es. Bien évidemment, tu es libre de ne pas écouter mes recommandations. Une nuit en prison te tentera peut-être… Et ce ne serait que le début de tes ennuis, crois-moi !

Sa voix résonna mille fois dans ma tête tandis que le détour d'un chemin me révélait une dame en longue robe et tablier blanc qui frottait son linge dans une bassine, un homme à chapeau de paille en train de scier les branches d'un arbre, ou encore un couple d'enfants qui jouait à cache-cache, à quelques mètres de moi.

Aucun d'eux, je pense, n'aperçut la mince silhouette sombre qui longeait les buissons en tremblant de tous ses membres. Je finis par me dire que j'aurais dû rester à la villa. J'aurais dû tranquillement laver le sol, nettoyer la table du petit déjeuner, me remettre à mes exercices quotidiens, plutôt que de provoquer inutilement le danger. Pour autant, je ne pus me résoudre à rebrousser chemin. Quelque chose m'en empêchait. Une force plus grande que moi, qui riait au visage de l'imprudence et qui me poussait en avant, toujours un peu plus loin vers le rivage ensoleillé. Cette force avait pour nom liberté.

Obligé de subir le régime militaire d'Edmundo Faia, obligé à vivre en esclave sur un négrier, obligé de fuir à travers le temps trois adversaires assoiffés de sang, obligé d'oublier Léa, j'avais, depuis de longs mois, été privé de tout esprit de décision. Aussi me fut-il impossible de résister à cette sensation grisante de faire les choses par moi-même. Sans que quiconque ne me l'ait au préalable ordonné.

Le chemin sur lequel je m'étais engagé fit un coude. Après une pente, il s'enfonça sinueusement entre les vignes.

Alors apparut la mer. Vaste, superbe, parsemée de quelques silhouettes bordées de voiles et de vagues. Et puis, au bout de ces bateaux, un petit village.

Je n'en vis pas grand-chose. Juste quelques touches colorées et tuilées, posées ensemble autour d'une crique qui me parut merveilleuse. Un débarcadère de très modeste taille accueillait les quelques navires qui revenaient déjà de leur matinée de pêche. Dans le port, en contrebas, de toutes petites fourmis humaines s'agitaient autour des embarcations. La vie du petit village foisonnait à l'approche de midi. J'imaginais sans peine les couverts sortis, les tables mises, le pichet rempli de l'eau sortie du puits. Et les poissons fraîchement achetés, sardines, rouget, turbot, autour desquels s'agiteraient bientôt les fourchettes.

Cette vision lointaine d'un petit port de pêche me suffit. De mon observatoire, je surveillai un bon moment les allées et venues de ses habitants avec délectation. Je me nourris des cris des mouettes et m'emplis les poumons de l'air du large. À lentes respirations bénéfiques.

Alors, au bout de quelques dizaines de minutes, je quittai l'endroit et me résolus à rejoindre ma retraite. Je n'étais pas resté très longtemps et je n'avais rien observé d'extraordinaire. Mais cela m'avait amplement suffi. La perspective d'un *ailleurs* et du déroulement *paisible* d'autres vies m'avaient aéré l'esprit. Elles étaient les seules choses dont j'avais besoin. En entamant le chemin à l'envers, je me mis à sourire. Ainsi, il était encore possible de vivre sans se cacher, se battre et fuir.

— Ça ne va pas se produire aujourd'hui, dis-je pour moi-même. Mais je compte bien retrouver une vie, comme celle de ces pêcheurs.

Je hochai la tête, l'esprit vissé sur cette pensée, ce but à atteindre dans les jours, les mois, les siècles à venir. À venir… ou passés.

Je ne savais ni *où* ni *quand* me mènerait la folle expérience que j'étais en train de vivre. Je ne connaissais pas encore la place qui serait la mienne dans le grand ordre des choses. Mais je la trouverais.

Chapitre 22

Je revins à la villa vers le milieu de l'après-midi. En chemin, je n'avais croisé que deux personnes : un vieux bonhomme qui faisait la sieste au soleil, le visage enfoui dans son chapeau. Et le même paysan aperçu quelques heures plus tôt, qui maintenant labourait la terre, trop occupé pour me remarquer.

Lorsque enfin apparut le massif d'eucalyptus et d'amandiers, mon corps fourbu par cette longue marche se décrispa d'un coup. Dépassant les chênes-lièges, je ralliai le porche jaune de la villa. La fenêtre de ma chambre était grande ouverte. J'avais pris l'habitude d'escalader un muret et de m'y engouffrer plutôt que d'utiliser la porte.

En quelques sauts, j'atterris dans mon lit. Avec une seule et unique envie : m'y engouffrer pour déjà y entamer ma nuit. Je n'avais pas fait le ménage ? La belle affaire ! Edmundo râlerait peut-être, cela ne m'affectait absolument pas !

La tête enfoncée dans le moelleux édredon, je revis en imagination le petit port de pêche qui m'avait fait tant de bien. Je ramenai sur moi le drap, puis fermai les yeux. Le sommeil viendrait dans les secondes suivantes, je le sentais.

Sauf qu'un bruit sourd et lointain me perturba. Suivi d'un autre, un peu plus net. Intrigué, je me dressai sur un coude, l'oreille aux aguets. Edmundo était déjà rentré ?

Peut-être ne s'était-il absenté que quelques heures, peut-être s'était-il inquiété de mon absence et marchait-il de long en large, imaginant je ne savais quel scénario catastrophe à mon sujet.

Bientôt, je secouai la tête. Si Edmundo avait repéré mon absence, il ne serait pas resté au milieu de la propriété à faire les cents pas. Il se serait aussitôt élancé en claudiquant sur les chemins. Il se serait activé dans un long grommellement pour me retrouver. Il aurait retourné chaque feuille de chaque buisson afin de tirer mes oreilles coupables.

Alors, quel était ce bruit ?

Je bondis hors du lit. Je progressai sur la pointe des pieds. Puis j'entrebâillai la porte, et mon corps se pétrifia sur place.

Devant moi, un homme inconnu. Vêtu d'un long manteau gris et coiffé d'un tricorne, il attendait quelque chose, de dos, les poings sur les hanches. À l'arrière-plan, deux autres silhouettes s'affairaient. Elles ouvraient les portes, allaient et venaient dans tous les sens. Soudain, la voix de l'homme résonna.

— Eh bien, dépêchez-vous un peu… Nous n'avons pas toute la journée !

« Ils ont découvert ma cachette, songeai-je. Le loup s'est remis de ses blessures, et ils sont venus me faire la peau ! »

Chapitre 22

Je refermai la porte le plus discrètement possible. Encore plus discrètement, je donnai un tour de clé. Puis je tournai les talons et, d'un mouvement vif, escaladai la table de chevet pour me hisser à la fenêtre. J'allais ressortir par où j'étais entré. Je passai la tête par l'ouverture… mais je la baissai aussitôt : sous le porche était apparu un individu chauve, affublé d'un pantalon court et d'une chemise déformée par un ventre opulent. Il s'épongeait le front à cause de la chaleur.

Impossible de sortir, j'étais cerné !

Telle une araignée glissant du mur, je revins sur le lit, réfléchis un moment, ouvris la table de chevet pour m'emparer d'un poignard que j'y avais caché.

Brusquement, la poignée de porte de ma chambre se mit à bouger.

— Hé, c'est fermé à clé, ici ! s'exclama une voix agacée… Vous avez de quoi ouvrir ?

Il y eut une discussion étouffée que je ne compris pas.

J'hésitai encore, entre me glisser sous le lit et filer tout de même par la fenêtre, mais armé cette fois. Lorsque résonna, de l'autre côté de la porte, le timbre de voix très reconnaissable d'Edmundo Faia.

— Eh bien, *senhores*, que faites-vous ici ?

Il y eut un silence.

— Excusez-moi… À qui avons-nous l'honneur ?

— Zacharias Quinta, prétendit Edmundo. Ancien capitaine de la Garde royale. Puis-je savoir pourquoi vous mettez l'hacienda sens dessus dessous et fouillez dans mes affaires ? Dame Léonilde vous a sûrement informé que son vieil ami logeait chez elle durant cette quinzaine, pas vrai ?

— Non… Non, dame Léonilde ne nous a rien dit de tel… Posséderiez-vous quelque document qui étaierait vos dires, ou bien… ?

— Parbleu, monsieur ! Mettriez-vous en doute la parole d'un homme de mon rang ? Faudra-t-il que je vous prouve ma bonne foi en vous produisant les lettres enflammées que dame Léonilde et moi-même nous échangeâmes au temps jadis, et qui demeurent jusqu'à ce jour contre mon cœur ?

Un nouveau silence gêné. Je ne sus si je devais prendre peur ou exploser de rire devant le mensonge d'Edmundo.

— Non, capitaine… Bien sûr que non… Cela ne sera pas nécessaire. Capitaine, nous sommes désolés… Dame Léonilde a insisté pour que nous venions lui chercher un bibelot qu'elle tient absolument à offrir à sa petite-nièce pour son quatorzième anniversaire. La date approche, et elle ne sait plus du tout où elle l'a rangé.

— Un objet ? Et de quel objet s'agit-il ?…

— Il s'agit euh… d'un euh… d'un pot en macramé.

— Un pot en macramé ? se moqua mon ami. Et vous êtes venus tous les quatre des environs de Porto pour mettre la main sur un seul pot en macramé ?… La drôle d'histoire que voilà ! Ne seriez-vous pas plutôt des brigands, venus ici dérober les biens de ma chère amie ?

— Mais non, voyons, non !… Je m'appelle Matheus. Je suis au service de dame Léonilde depuis cinq ans. Elle avait omis de nous parler de votre présence ici… Et, de même, elle a absolument insisté pour que nous nous rendions tous les quatre dans son hacienda afin de chercher le cadeau pour sa petite-nièce. Vous savez, elle perd un peu la tête, ces derniers temps…

Chapitre 22

La conversation se poursuivit un instant.

Les quatre hommes étaient confus. Je les avais pris pour mes adversaires, à tort. Malgré leur gêne, ils questionnèrent discrètement Edmundo, mais mon ami ne se démonta pas. Il prétendit jusqu'au bout être Zacharias Quinta, militaire à la retraite, ancien amant de dame Léonilde. Laquelle l'avait invité, en son absence et en souvenir de leur passion commune, à séjourner dans sa demeure lors de son voyage à la campagne. Ce rôle lui convenait comme un gant.

Finalement, le pot en macramé fut retrouvé, les hommes s'excusèrent encore, et ils filèrent à bord d'une carriole sans doute parquée dans la cour arrière de la villa, car je ne l'avais pas vue.

— C'est bon, Yohann, tu peux sortir de ta chambre, me dit Edmundo, qui avait deviné où je me cachais.

Les bras croisés, il me toisa, une lueur amusée dans l'œil.

— À mon humble avis, ces quatre zigotos se sont effectivement trouvés au service de dame Léonilde… Mais ils devaient profiter de son absence pour dérober quelques biens. Bah ! Nous ne saurons jamais le fin mot de cette histoire, qu'importe !… Maintenant, il nous faut filer, *meneno* ! Rassemble tes affaires, nous ne pouvons plus rester ici.

En moins de dix minutes, nous fûmes prêts. D'un pas alerte, nous franchîmes pour la dernière fois la porte de l'hacienda. L'endroit était devenu trop dangereux, plus question de s'y attarder. Déjà, Edmundo savait où nous allions dormir ce soir.

— Je possède les clés d'une masure, située dans une

petite ville qui jouxte Lisbonne. Elle est à l'abandon depuis plusieurs années, nous devrons nous en contenter. L'ancien propriétaire est décédé sans laisser d'héritiers. Je crois me souvenir qu'elle possède une cave bien fournie que personne n'a encore eu l'idée de mettre à sac. Pas même moi !

Quelques heures plus tard, la nuit était déjà tombée. Nous nous trouvions dans un petit salon décoré d'épaisses guirlandes tissées par les araignées, accoudés à une table bancale cernée de quelques chaises poussiéreuses. Nos silhouettes se découpaient dans la lumière vacillante des bougies. Edmundo nous avait servi du vin, et il achevait un saucisson acheté l'après-midi même. Au-dessus de notre tête, un nouveau toit. Et autour de nous, une demi-douzaine de bouteilles provenant d'une cave qui en contenait trente fois plus.

— Qu'est-ce que je t'avais dit ? Il y a de quoi se rincer le gosier, ici !

En guise de lit, nous allions dormir sur d'épaisses paillasses. Cela suffirait amplement.

— Un pot en macramé, non mais franchement ! se moqua Edmundo. Ces apprentis-cambrioleurs ne possèdent aucune imagination ! Si tu avais vu leur tête lorsque j'ai fait allusion à une liaison entre dame Léonilde et moi ! Cette femme approche les quatre-vingt-dix printemps…

La boisson coula un peu plus que d'habitude, et le paysage de notre nouveau logis se mit à tourner, tourner…

Avant que je ne m'endorme sous l'effet de cet alcool très peu conseillé pour un enfant de mon âge, Edmundo, vraiment aviné, me gratifia d'une claque sur l'épaule.

Chapitre 22

— Tu sais quoi, mon bon Yohann ?... Nous sommes pareils, toi et moi. C'est pour ça que je t'aime bien ! Tu es un *cuco pequeno*, et moi un *cuco velho*. Deux oiseaux perdus mais débrouillards, et qui font leur nid dans la maison des autres car nous avons perdu celle que nous appelions foyer.

Ce furent les dernières paroles que je pus entendre cette nuit-là. Soulagé, pour une fois, de ne pas avoir été débusqué par mes ennemis, sonné par le vin, je m'endormis d'un coup.

Au réveil, une migraine atroce me fit jurer de ne plus jamais recommencer à boire la moindre goutte d'alcool.

La masure dans laquelle nous avions élu domicile n'était pas très confortable, mais suffisamment isolée pour que je ne coure aucun risque. À condition, bien entendu, que je n'en franchisse pas le seuil. Le jardin entouré de hautes palissades se montra suffisamment spacieux pour que nous puissions poursuivre nos séances d'entraînement.

J'entrevis de nouveau se profiler la routine des échauffements physiques, des exercices de tir et des lancers de couteau. Avec, par intermittences, le visage fantomatique de Léa. Comme une malédiction à laquelle je ne pouvais échapper...

Un soir, pourtant, tout changea.

Coiffé de son large chapeau marron, Edmundo revint avec une demi-grimace – ce qui, le concernant, correspondait à un sourire radieux.

— Prépare-toi, Yohann, me dit-il. Tu vas être heureux : nous retournons à Lisbonne.

— Ah bon ? m'étonnai-je. Vous n'arrêtez pas de me répéter que c'est beaucoup trop risqué.

— Tu ne peux pas rester caché toute ta vie ! s'exclama-t-il. Que t'ai-je dit cent fois ? Il te faut réagir, et an-ti-ci-per… Ces derniers temps, j'ai effectué quelques petites recherches en ville. Elles se sont avérées fructueuses… Ce soir, toi et moi, nous allons piéger l'un de tes poursuivants.

Chapitre 23

Les étoiles scintillaient dans le ciel sans nuage de Lisbonne. Depuis près d'une heure, Edmundo et moi parcourions les allées pentues de la ville. Malgré l'obscurité ambiante, je pus ainsi admirer de longues ruelles tortueuses, de vastes bâtiments fleuris et tout un tas d'intrigants passages qui se perdaient dans la nuit.

Mon guide ne m'avait pas menti : il connaissait l'endroit comme sa poche. Seul, je me serais vite perdu dans le dédale de chemins étroits et d'escaliers interminables qui s'engouffraient au cœur de la ville, sinuaient à travers les balcons et les fenêtres closes, disparaissaient dans l'obscurité pour aussitôt ressurgir au faîte d'une colline bardée de pierre, nous offrant une vue imprenable sur les quartiers constellés de lumières, en contrebas.

Nous marchions d'un bon pas. Edmundo, taciturne comme à son habitude, claudiquait le nez en l'air, avec la grâce fauve d'un félin blessé mais tenace. Je le suivais comme je le pouvais, mes petites jambes battant le pavé, lui demandant souvent de m'attendre lorsqu'un trop grand nombre de marches me faisait perdre le souffle.

Pour ne pas attirer l'attention, j'avais été affublé d'un petit chapeau gris et d'une écharpe qui me couvrait la majeure partie du visage. Mes mains étaient gantées, et je suais comme un bœuf. Tout cela ne m'aidait guère à suivre le rythme effréné imposé par mon ami. Mon calvaire prit une nouvelle forme lorsque Edmundo me désigna une petite bâtisse couleur parme, construite sur trois étages. D'un bond, il empoigna une rambarde, puis se hissa sur le balcon.

— Hé, mais… Qu'est-ce que vous faites ?

— Ce que je fais ?… Ça se voit bien, non, *meneno* ! J'escalade ce bâtiment. Allez, suis-moi !

Tandis que je peinais à sauter de la rambarde au balcon, Edmundo, sans un regard en arrière, quittait déjà la structure de fer forgé pour s'agripper à une saillie du mur, en direction du deuxième étage.

« Ce type est complètement fou », songeai-je en grimpant à mon tour sur l'îlot de fer. Il me fallut solliciter tous mes muscles pour emprunter le même chemin que lui, au mépris de tout ce que mes parents m'avaient un jour appris sur la prudence et la mesure. Mes mains gantées agrippèrent la saillie du mur, mes pieds se calèrent contre la paroi, je parvins à progresser. Un faux mouvement, et je tombais dans le vide. Cela ne semblait pas émouvoir Edmundo, dont la cape claquait au vent tandis que, déjà, il atteignait le toit.

Quelques dangereux instants plus tard, je l'avais rejoint. Je voulais lui demander de ne surtout, surtout jamais recommencer cela.

— É… écoutez, Edmundo, commençai-je en haletant.

Chapitre 23

J'avoue que... je suis... pas le dernier à apprécier un trip à la Batman et Robin version portugaise. Mais j'aimerais... franchement... que la prochaine fois...

— *Silêncio !* me coupa-t-il dans un souffle. Tu vas nous faire repérer.

Sans ménagement, il m'entraîna à terre, et nous nous trouvâmes bientôt côte à côte, à plat ventre sur le toit. Alors, il m'indiqua un vaste immeuble blanc, situé juste en face de nous. Le bâtiment n'était pas plus joli que les dizaines et les dizaines d'autres immeubles croisés cette nuit-là, mais il se trouvait bordé d'une large cour sur laquelle stationnaient différents attelages. Edmundo me désigna le plus luxueux d'entre eux, tiré par deux superbes chevaux noirs.

— Ce carrosse appartient à la baronne de Palencia. C'est elle, notre gibier... Tu vois les fenêtres éclairées, au premier étage ? Il s'agit d'un salon privé. Plusieurs nobles et hauts bourgeois de Lisbonne y ont leurs habitudes. Ils viennent ici pour discuter, passer du bon temps... Quelque part parmi eux se trouve la baronne. Du moins, je l'espère.

Edmundo m'expliqua que la baronne de Palencia était une dame très influente, venue d'Espagne quelques mois auparavant. Elle portait toujours une étrange cape, à l'intérieur de laquelle un visage grimaçant avait été brodé. Depuis ma disparition, elle dépensait son argent sans compter dans l'espoir de retrouver le petit Nembo. L'image de la dame âgée qui avait déchiré ma chemise le jour de mon débarquement me revint brièvement en tête.

Nous restâmes un long moment perchés sur notre toit, à surveiller le carrosse. Dans l'immeuble d'en face, les gens riaient, buvaient, quelqu'un jouait du clavecin. Je faillis m'endormir plusieurs fois. Soudain, Edmundo me fila un grand coup de coude dans les côtes : un petit groupe avait quitté l'immeuble pour se diriger vers le carrosse.

— Ah, c'est bien notre veine ! pesta Edmundo. La baronne de Palencia n'y est pas ! Regarde ce grand dadais, suivi de ses serviteurs. Il s'agit du fils de notre cible. Qui a dû emprunter le véhicule de sa mère. Bon, tant pis… Tu connais le dicton ? Faute de grives, on mange des merles ! N'oublie surtout pas ton rôle, *cuco pequeno.*

Il se leva d'un bloc. D'une souplesse et d'une agilité phénoménales malgré sa jambe boiteuse, il se trouva au bas de l'immeuble en quelques sauts. J'attendis qu'Edmundo plonge dans les ombres, puis je me mis à crier. La première chose qui me passa par la tête fut :

— Ohéééé ! Ohééé, les gros nazes emplumés !

Cette distraction fonctionna parfaitement. Attirés par le bruit, les six hommes qui constituaient le groupe levèrent le nez. Dans leur dos surgit Edmundo Faia. En à peine trois secondes, il assomma les deux premiers en utilisant la crosse de son fusil. Puis il se précipita sur le troisième, l'attrapa par le cou et lui fit percuter la roue du carrosse. Le quatrième, affolé, chercha son revolver en reculant. De sa main gauche, Edmundo lui envoya un poignard. L'arme vint se ficher dans son épaule. Edmundo avala alors les quelques mètres qui le séparaient du laquais et lui décocha un coup de poing en plein visage. Comme ses acolytes, celui-ci perdit bientôt conscience. Ne restait plus que le fils de la baronne de Palencia, lequel s'était réfugié dans le carrosse en pleurnichant.

Chapitre 23

— Au secours ! Au secours ! Que me voulez-vous ? Je… Je vous donne ma bourse. Ma chevalière d'or, si vous le voulez !

— Tu vas te taire un peu, la poule d'eau ? Ton argent ne m'intéresse pas. En revanche, ce que tu as dans la caboche, oui !

Je ne sus jamais si Edmundo avait également assommé l'homme, ou si celui-ci, gagné par la peur, s'était évanoui. Comme convenu, je rejoignis mon ami tandis qu'il hissait la victime sur son épaule. Avant que les cinq serviteurs ne reprennent connaissance, nous nous étions enfoncés dans la nuit.

Moins d'une demi-heure plus tard, nous nous tenions dans une cave déserte dont la serrure n'avait pas résisté plus de quinze secondes face aux crochetages experts d'Edmundo.

Mon ami avait saucissonné le fils de la baronne et l'avait placé tête en bas, juste au-dessus d'un tisonnier.

— Quelque chose me dit que le nobliau va cracher fissa tout ce qu'il sait sur tes ennemis, me confia-t-il dans une grimace enjouée.

Devant mon air un peu affolé, il ajouta :

— Ne t'en fais pas, il s'agit juste d'une mise en scène. La torture, c'est pas vraiment mon truc…

Tout en prononçant ces paroles, il gratta l'une de ses cicatrices d'une main nerveuse. Devant son expression extrêmement crispée, je faillis lui demander si lui-même n'avait pas jadis subi le même sort. Juste après avoir été chassé des faveurs du roi, peut-être ? Sachant, par habitude, qu'il ne me révélerait rien, je choisis un autre sujet.

— Au fait, et si la baronne avait été présente… Vous ne croyez pas qu'elle m'aurait repéré ?

— J'étais prêt à courir le risque, m'avoua Edmundo. Ainsi, nous aurions su si seul le loup peut flairer ta piste. Tu ne m'en veux pas, j'espère ?… Ah, notre client se réveille.

Aussitôt que le fils de la baronne comprit où il se trouvait, il se mit à paniquer. Il cria, jura, se tortilla, nous supplia, nous menaça.

Puis, lorsque le tisonnier s'approcha un peu trop près de sa joue, il accepta sans cérémonie de répondre à nos questions.

— Qui est vraiment ta mère ? commença Edmundo. Je sais que votre famille est espagnole. Qu'êtes-vous donc venus faire à Lisbonne ?

— Ma… ma mère est un peu illuminée, pleurnicha l'homme entravé. Nous avons quitté précipitamment Madrid à cause d'une missive qu'elle a reçue il y a plusieurs mois. Je ne sais pas du tout ce que ce message contenait… Ma mère est tellement mystérieuse !

— Ne me prends pas pour un imbécile, rugit Edmundo. Tu sais tout de même ce qu'elle est venue chercher ici !

Le jeune noble ne quittait pas le tisonnier des yeux.

— Eh bien oui, oui, monsieur… Elle a vaguement parlé d'une mission à accomplir. D'un inconnu qu'elle veut tuer. Elle veut le supprimer, elle le hait alors qu'elle avoue ne l'avoir jamais vu. C'est insensé, n'est-ce pas ? Et maintenant… maintenant, elle dilapide notre fortune, juste pour mettre la main sur un enfant nègre. (Il me désigna d'un mouvement de menton...) Un garçon comme toi, en somme. Est-ce… Est-ce toi qu'elle cherche ainsi, petit ?

Mon déguisement ne l'avait guère trompé. Je me mis à frissonner.

— C'est nous qui posons les questions, rappela sèchement Edmundo. Apparemment, ta mère est très amie avec un grand rouquin anglais aux dents un peu longues. Que sais-tu sur lui ?

— Il s'appelle Andrew Flemming. C'est un marchand de bateaux, ou quelque chose comme ça… Lorsque nous habitions à Madrid, je ne l'ai vu que deux ou trois fois en dix ans. Mais, depuis que nous sommes à Lisbonne, ma mère lui rend visite quasiment tous les jours. Lui, et quelques autres… Ils appartiennent tous aux Enfants de Polaris.

— Hein ? Les Enfants de quoi ? intervins-je. De quoi vous parlez, là ?

Le prisonnier eut un moment d'hésitation.

— Réponds au gamin, lui intima Edmundo.

— Les… Les Enfants de Polaris. C'est une organisation secrète… Ma mère les fréquente depuis longtemps. Visiblement, ils se sont donné rendez-vous ici, à Lisbonne. Je suis désolé, ma mère me cache tant de choses… Je n'en sais pas beaucoup plus. Je ne fais pas partie de ces tarés, moi ! Encore heureux !

Sans un mot, Edmundo approcha de nouveau le tisonnier. Le débit du prisonnier s'accéléra.

— Je… Je sais juste qu'ils se réunissent souvent dans le quartier sud de la ville. Dans les sous-sols d'un bâtiment, juste en face de la basilique de l'Étoile. Ma mère y a entreposé toutes les archives des Enfants de Polaris. Elle est secrétaire de l'ordre, ou quelque chose comme ça… Bon, s'il… s'il vous plaît… maintenant, si vous pouviez poser ce tisonnier, cela me rend nerveux… Vous… vous n'allez pas me tuer, hein ?

— On verra bien, claqua Edmundo de son air le plus revêche. Pour le moment, j'y réfléchis encore.

La couleur de l'homme passa de rouge vif à blanc cassé, tirant sur le vert pomme.

— Je… Je vous ai dit tout ce que je savais, je vous le jure ! S'il vous plaît… s'il vous plaît… Laissez-moi partir d'ici !

Nous quittâmes la cave, laissant le pauvre bougre à son angoisse.

— Je le libérerai un peu plus tard, révéla Edmundo sur le pas de la porte. Pour l'instant, je ne voudrais surtout pas qu'il prévienne ces mystérieux « Enfants de Polaris ». Finalement, on a bien fait d'attraper cet oiseau-là. Il nous a appris quelques détails bien utiles… Je te parie ma jambe encore valide que la baronne se serait montrée beaucoup moins loquace que lui.

— Et maintenant ? demandai-je. On fait quoi ?

— La solution de prudence serait de nous renseigner davantage sur cette société secrète avant d'agir. Ceci dit…

— Les archives, l'interrompis-je. Si les Enfants de Polaris ont pris des notes, ça peut sacrément nous aider à comprendre leurs motivations. Edmundo, ça ne vous dirait pas de nous rendre directement à l'adresse indiquée ? Pour une fois que nous pouvons devancer notre ennemi.

Chapitre 23

Edmundo vissa son large chapeau sur sa tête balafrée.

— Tu lis dans mes pensées, petit. À croire que mes leçons sur l'anticipation ont porté leurs fruits… Allez, hop, direction la basilique de l'Étoile !

Chapitre 24

Situé à deux pas de la basilique de l'Étoile, le repaire des Enfants de Polaris fut assez facile à localiser. Il s'agissait du seul endroit du quartier gardé par deux personnes armées.

Les deux hommes avaient reçu la visite d'un livreur, ce qui avait trahi leur présence.

— Hé hé, regarde ! Ils se sont fait apporter une petite bouteille par le restaurateur du coin, m'indiqua Edmundo dans un souffle. De quoi rendre la nuit moins monotone.

Deux solutions s'offraient à nous : soit neutraliser les sentinelles, soit nous aventurer dans les hauteurs. Edmundo choisit l'option la plus discrète. Nous escaladâmes donc la façade d'un immeuble voisin, puis passâmes de toit en toit jusqu'au bâtiment surveillé.

À ce petit jeu, je me trouvais moins doué qu'Edmundo. Et je finis par croire qu'il avait passé sa vie entière à cavaler ainsi, sur les hauteurs de la ville. Mais, peu à peu, ma peur du vide s'estompa. Je devais, pour cela, remercier mes ascensions occasionnelles vers la vigie de l'*Enguia Azul.*

Avec d'infinies précautions, nous descendîmes le long d'un mur, juste au-dessus du nez des deux hommes, car leur discussion avec le livreur s'éternisait. Edmundo se posa sur un balcon du deuxième étage, dans un souffle. Je doutai sérieusement de ma capacité à me montrer aussi discret. Je pris néanmoins une inspiration. C'est alors que l'un des trois hommes s'exclama :

— Hé, regardez un peu ça !

Mon sang se glaça, je me figeai contre le mur.

— Oh mais, dis donc, c'est une bague en argent. Ne me dis pas que…

— Eh si, je vais demander à Isabella de m'épouser. Elle ne se doute de rien, je suis en train de m'attacher les services d'un violoniste pour qu'il m'accompagne en musique.

— Un violoniste ? Oh, oh, t'es vraiment amoureux, toi !

« Fausse alerte ! » songeai-je en terminant sans encombre ma descente jusque sur le balcon. Je m'étais montré presque aussi silencieux qu'Edmundo. Je voulus obtenir de sa part quelque signe de fierté, comme un hochement de tête satisfait. Mais déjà il crochetait la fenêtre derrière nous. Un *clic* plus tard, il me fit signe de le suivre. Puis il referma délicatement la fenêtre.

Edmundo sortit alors un petit bougeoir de l'une de ses vastes poches. À l'aide de son briquet à amadou, il l'alluma. Nous venions de pénétrer dans un riche salon, recouvert de tapis coûteux.

— On a eu chaud aux fesses, chuchota-t-il. Heureusement, ces types sont plus occupés par leur bouteille et leurs affaires galantes que par la propriété qu'ils sont censés surveiller. Tu as entendu ça ? Un violoniste ! Non mais, ce que nous font faire les femmes !

Chapitre 24

— Ce qu'elles nous font tout court, ajoutai-je en songeant à Léa, et à la balle qu'elle m'avait tirée en pleine poitrine.

Edmundo me jeta un regard en coin.

— Oh, toi, tu n'es pas remis de cette rousse assassine, *certo* ? C'est pour cela que je t'entends griffonner la nuit, quand tu devrais te reposer en vue de ton entraînement ?

— Humf… grommelai-je.

Mon ami était bien trop perspicace ! Gêné, je ne voulais pas m'étendre sur le sujet.

Edmundo s'arrêta un moment. Ses yeux gris brillèrent d'une lueur inédite. Si je n'avais pas mieux connu ce vieux solitaire bourru, j'aurais alors juré qu'il faisait preuve de nostalgie.

— Ah, les amours naissantes… soupira-t-il.

Ses yeux scintillèrent davantage. Puis il eut soudain un geste agacé, un peu comme s'il avait voulu chasser un insecte invisible.

— Bien, bien… Concentrons-nous sur notre mission.

Le luxueux salon ne présentait aucun intérêt pour nous. Nous le quittâmes bien vite pour évoluer sans un bruit d'une pièce à l'autre. Nous étions à la recherche d'une bibliothèque, d'un secrétaire ou même d'une malle ; n'importe quel meuble susceptible de renfermer des documents écrits. Nous ne trouvâmes à cet étage qu'une série de chambres à coucher sans occupants, ainsi qu'un défilé de placards à moitié vides.

L'escalier qui nous mena au premier étage grinçait un peu. Sur le palier, un cadre doré attira mon attention.

— Edmundo, regardez !

L'homme balafré pencha la tête de côté.

La gravure encadrée représentait trois personnages. L'un d'eux était un vieillard vêtu d'une toge blanche, le deuxième, une femme armée qui tirait la langue. Le troisième était uniquement vêtu d'un pagne et possédait une sombre tête de loup. Derrière ce trio avait été dessiné une petite foule de silhouettes munies de lances et d'épées. Certains parmi ces personnages n'étaient clairement pas humains.

— Voici donc tes ennemis et leurs suivants. Et tu as vu cette sorte d'auréole lumineuse, placée au-dessus de leurs têtes ? À croire que tes adversaires se prennent pour des saints…

Un examen minutieux des pièces attenantes au palier ne nous amena rien de plus. Les salons se succédaient, abondamment meublés, mais sans réelle personnalité.

— Personne n'habite vraiment ici, remarqua Edmundo. S'il n'y avait pas les deux crétins à l'entrée, je me servirais bien de cet endroit comme d'un nouveau pied-à-terre. On passe au rez-de-chaussée ?

Les sentinelles discutaient encore avec leur ami, à l'extérieur. Par la porte entrebâillée nous parvinrent leurs rires. Prêts à tout, nous quittâmes très vite le vestibule.

Edmundo ralluma le chandelier qu'il avait soufflé dans l'escalier. Cette fois, deux pièces retinrent notre attention : une bibliothèque bien fournie, puis un bureau impeccablement rangé. La bibliothèque comptait un nombre impressionnant d'ouvrages de littérature. Le bureau était désespérément dépourvu de documents écrits. Edmundo soupira.

— Si tu n'avais pas remarqué le cadre au premier étage, je t'aurais dit que nous nous sommes trompés d'endroit.

Chapitre 24

Les auteurs présents sur ces étagères sont intéressants. Camões, Gregório de Matos, Montemayor… Rien que des pointures !… Mais ces ouvrages ne possèdent aucun rapport avec ce que nous sommes venus chercher ici.

— Si la maison appartient à la baronne, elle s'en sert uniquement comme lieu de réunion, analysai-je. En revanche, je ne vois pas bien où elle et ses amis se rencontrent et discutent, parce que…

Mon regard s'était posé sur un bibelot un peu étrange : une silhouette décharnée, en bronze, vêtue d'une longue cape et armée d'une faux. Poussé par une intuition, je touchai la petite faux : celle-ci s'abattit brusquement sur le bureau.

Aussitôt, le pan de mur situé juste derrière nous se mit à coulisser dans un silence presque parfait. Un escalier apparut, qui s'enfonçait dans les profondeurs de la bâtisse.

— Waho, vous avez vu ? m'exclamai-je. Comme quoi, ce genre de trucs n'existe pas que dans les films !

— Hmmm, dans les quoi ?

— Euh… Laissez tomber…

— J'ai bien fait de t'emmener avec moi, fiston, chuchota mon ami. Tu remarques tout ce qui échappe à mes yeux fatigués…

Ensemble, Edmundo et moi nous engageâmes dans le passage secret.

Chapitre 25

Nous parvînmes à refermer la cloison coulissante derrière nous presque entièrement. L'escalier déboucha sur un petit couloir souterrain. Celui-ci menait à une unique porte de bois sur laquelle avait été dessinée une grande étoile bleue. Edmundo s'empressa de crocheter la serrure verrouillée.

Quelques déclics plus tard, nous explorâmes une vaste salle habillée de sombres tentures. Une multitude de chaises avaient été disposées le long des murs. Sur une longue marche trônaient trois fauteuils.

— La voilà, notre salle de réunion, annonçai-je.

Sur chacune des chaises avait été sculpté un visage différent, humain ou animal. Approchant la bougie de l'un des fauteuils, Edmundo y découvrit une tête de loup. Sans surprise, les deux autres sièges en velours nous révélèrent un vieillard et une femme grimaçante.

— C'est ici que s'assoient tes « amis » lorsqu'ils débattent de ton sort, plaisanta le Portugais sur un ton lugubre. Maintenant, si nous pouvions mettre la main sur ces fichues archives…

En soulevant les tentures, nous découvrîmes deux autres portes fermées à double tour. Edmundo vint à bout de ce nouvel obstacle en moins de quinze secondes. Cette fois, la surprise fut totale. Nous nous attendions à mettre la main sur des documents écrits. Au lieu de cela, nous pénétrâmes dans un petit musée.

Quelques statues trônaient au centre de cette salle richement décorée, et les murs étaient couverts de gravures et de tapisseries. Sur la plupart d'entre elles, on reconnaissait l'homme-loup, le vieillard, la femme grimaçante. Ceux-ci côtoyaient d'autres personnages tout aussi inquiétants : créature bleuâtre portant une coiffe surmontée de crânes, femme aux cheveux bruns tressés à l'apparence guerrière, silhouettes décharnées, monstres aux yeux globuleux. Souvent, un squelette armé d'une longue faux chevauchait à leurs côtés, ou au-dessus d'eux. On distinguait parfois un groupe de personnages moribonds qui rampaient à leurs pieds.

— Incroyable… Incroyable, murmura Edmundo. Il y a ici des gravures et des sculptures provenant des quatre coins du monde. Afrique. Asie. Amériques… Si cette collection appartient à la baronne, non seulement cela en dit long sur l'étendue de ses richesses, mais en plus elle a dû arriver à Lisbonne en convoi ! À moins, bien entendu, que tous les membres de cette belle association aient rapporté leur petite pièce…

Chacune de ces œuvres présentait la même mise en scène macabre. Je pointai du doigt les squelettes, mais aussi les monstres, les guerriers, les femmes inquiétantes.

— C'est… C'est la Mort, balbutiai-je. Tout ça, c'est la Mort !

Chapitre 25

Les premiers morceaux du puzzle se mirent en place dans mon esprit. Cette stèle d'origine égyptienne. Cette tapisserie mettant en scène une femme à cinq paires de bras. Cette statue évoquant un Dieu grec.

— *Nossa*, mais tu as raison ! s'exclama mon compagnon en se passant nerveusement la main sur ses cicatrices. Je ne suis pas un spécialiste en mythologie étrangère, cependant cela saute aux yeux... Tous ces personnages paraissent liés à la Mort.

— Anubis ! m'écriai-je. Le dieu égyptien, là sur la stèle, je le reconnais... Edmundo, je me suis trompé ! Je croyais être poursuivi par un loup... En fait, c'est un chacal. C'est Anubis, le dieu à tête de chacal ! Si je me souviens bien de mes cours de sixième, il a pour rôle de guider les défunts dans l'au-delà.

Edmundo Faia plissa les yeux, puis il bondit jusqu'à la statue grecque.

— Alors, cette statue, ce serait... Hadès, bien sûr. Le dieu des enfers, dans la mythologie grecque.

Je ne connaissais pas la divinité qu'était censée représenter la femme grimaçante. Examinant les vieilles tapisseries sur lesquelles elle figurait, Edmundo émit l'hypothèse qu'il s'agissait peut-être de Kālī, une déesse indienne représentant le pouvoir de la destruction.

— Tu serais donc pourchassé par trois représentations anciennes de la Mort, conclut Edmundo... Plutôt logique, vu que ces types cherchent sans cesse à te supprimer.

— Anubis, Hadès, Kālī, répétai-je. Sans compter tous les autres, qui apparemment se trouvent sous leurs ordres. Mais pourquoi moi ? Qu'est-ce que j'ai de si spécial ?

Edmundo me fusilla presque de ses yeux clairs.

— À ton avis ? Tu en connais beaucoup, toi, des gens qui au lieu de mourir voyagent dans le passé ?

Je restai bouche bée. Au pas de course, nous gagnâmes la seconde porte. Lorsque celle-ci céda, Edmundo poussa un cri de victoire : sur une haute étagère avaient été entassés ouvrages reliés, carnets jaunis et parchemins enroulés. Chacun de ces documents possédait une étoile bleue, marque distinctive des Enfants de Polaris.

À cet instant me revint un détail de mon ancienne vie, un détail concernant Léa. D'aussi loin que je me souvenais, elle avait toujours porté un pendentif argenté. Un pendentif dont le motif central était une étoile bleue. Devais-je en conclure qu'elle avait toujours fait partie des Enfants de Polaris et qu'elle n'était devenue ma petite amie que pour m'approcher, et ensuite me tuer ?

Le cœur serré, je chassai cette horrible pensée et saisis un premier document. Celui-ci se trouvait rédigé dans une langue qui m'était inconnue. Passant d'un livre à l'autre, je finis par tomber sur le petit carnet noirci d'un chroniqueur français, qui ne signait que de ses initiales : *P.A.* L'écriture calligraphiée de cet auteur rendait ses phrases quasiment illisibles.

— Pfff, trop galère ! m'exclamai-je. Je ne comprends pas un mot sur dix, et pourtant c'est ma langue maternelle. Vous avez plus de chance que moi, Edmundo ?

Devant lui était ouvert un épais volume dont il tournait frénétiquement les pages.

— Ceci est un traité, en latin, sur les bienfaits de la mort… Les passages que j'ai lus rabâchent tous la même chose : chacun naît, vit, puis meurt. Quiconque troublerait ces lois immuables devrait se trouver puni…

Ça te rappelle quelque chose ?

— Vous voulez dire que ces cinglés m'assassinent pour l'unique raison que je ne meurs pas vraiment ? Mais… euh… comment ils peuvent savoir ce genre de choses ?

Edmundo agita amplement les deux mains.

— Certains éléments majeurs nous échappent encore… Il nous faut feuilleter le plus grand nombre de documents possible. Après, nous tenterons une synthèse. Profitons de cette mine de renseignements, *cuco pequeno !*

Durant les heures suivantes, Edmundo se révéla beaucoup plus efficace que moi. Extrêmement cultivé, il parvint à traduire des pages entières rédigées en grec, en portugais, en espagnol, en anglais, en latin. De mon côté, si je parlais le portugais couramment, je ne savais pas du tout le lire. Sans doute parce que le petit Nembo ne l'avait jamais appris. Cela me surprit beaucoup, mais je fus en revanche capable de déchiffrer un ouvrage italien intitulé *Fondation et Principes des Enfants de Polaris.* Cette faculté devait sans doute me venir de Karl Schnitzer.

Nous n'avions pas touché au dixième des documents rassemblés dans la salle. Néanmoins, nous convînmes que l'heure de la synthèse était venue.

— D'après ce bouquin, résumai-je en le refermant, les Enfants de Polaris tirent leur nom de l'étoile polaire.

— J'ai lu ça sur l'un des parchemins, acquiesça Edmundo. Celle-ci symboliserait un cap qu'ils doivent tenir coûte que coûte. Un peu comme les marins, qui se repèrent à cet astre pour arriver à bon port.

— Visiblement, l'ordre existe depuis plusieurs centaines d'années. Ses membres aiment à discuter philosophie, sens de la vie, etc. Mais leur but principal est bel et bien de faire respecter l'ordre des choses. Ils répètent en effet que personne, en aucun cas, n'est censé braver la mort… S'ils en viennent à rencontrer ce qu'ils appellent une « âme transgressive », ils se transforment alors en exécuteurs et doivent la supprimer sans attendre. Bon, visiblement, c'est ce que je suis… une « âme transgressive »…

— Tu es pire que cela, m'assura très sérieusement Edmundo. Car non seulement tu échappes au trépas, mais en plus tu parcours le temps dans le sens inverse ! Regarde, c'est écrit sur ce feuillet, en latin… « Il remonte sans cesse le courant et le modifie, quand celui-ci ne doit couler que dans une seule direction… » Ils connaissent déjà la façon dont tu te déplaces, Yohann !… Pour eux, tu es une aberration absolue. Tu sais comment ils te nomment ? L'Adversaire. Avec un A majuscule. En gros, ils te considèrent comme leur pire ennemi.

Je fronçai les sourcils.

— L'Adversaire ?… Attendez, je ne comprends pas… Encore une fois, comment peuvent-ils connaître le futur ? Comment savent-ils qu'un lycéen du XXIe siècle va atterrir à leur époque en squattant le corps d'un petit Africain ?

— D'après ce que j'ai lu, ils ignorent tout de ton XXIe siècle, fiston… Mais ils t'ont déjà rencontré par le passé. Je viens justement de lire le compte rendu d'une confrontation entre les Enfants de Polaris et l'Adversaire. Celle-ci a eu lieu au pied du Tāj Mahal.

— Le Tāj machin ? Euh, c'est pas un truc en Russie, ça ?

— Le Tāj Mahal est le plus célèbre mausolée d'Inde, rectifia mon ami. Regarde : celui qui a rédigé ce compte rendu s'est même fendu d'un croquis…

CHAPITRE 25

— Hein ? Quoi ? Mais je n'ai jamais foutu les pieds en Inde !

— Réfléchis, fiston ! m'intima Edmundo. Tu te déplaces dans le temps à rebours. Peut-être que tu vas continuer ainsi un petit moment… D'après ce document, la confrontation au pied du Tāj Mahal a eu lieu en septembre 1757. Y'a pas si longtemps… Ce passé est donc ton futur.

Cette fois, je me pris la tête entre les mains.

— Vous voulez dire qu'à ma prochaine mort j'atterrirai en Inde ?

— Cela paraît logique, mais qu'est-ce que j'en sais ?… Tu te rends compte de ce que tout cela veut dire, j'espère ?

Il me montra l'étendue des documents que nous n'avions pas encore compulsés.

— Ça veut dire, tentai-je, que je vais pouvoir anticiper ?

— Exactement, sourit presque Edmundo. Il doit y avoir, quelque part dans ces écrits, le détail de toutes tes confrontations avec tes ennemis. Il te serait très utile de les connaître, tu ne crois pas ? Ainsi, tu pourrais peut-être éviter d'être continuellement assassiné, et enfin couler une vie paisible… Du moins, je l'espère pour toi.

J'ouvris la bouche, car une drôle de pensée venait de me traverser l'esprit. Je ne pus malheureusement la formuler.

De la pièce d'à côté nous parvinrent des bruits de pas.

Chapitre 26

Nous tendîmes l'oreille : aucun doute, la salle de réunion était en train de se remplir. Très vite, des dizaines de voix s'entremêlèrent. Les chaises et les fauteuils raclèrent le sol. Les Enfants de Polaris arrivaient en masse, ils se déversaient par les portes du passage secret tandis que nous nous trouvions dans une impasse ! À trois contre deux, nous possédions peut-être une petite chance. Mais face à un groupe entier de fanatiques, que valaient les ruses d'un guerrier boiteux et les cabrioles d'un enfant africain ?

L'angoisse me prit d'un coup à la gorge. Edmundo dut le deviner car il grimaça, puis chuchota d'une voix presque inaudible :

— Désolé, *cuco pequeno.* Je crois bien que je viens de te jeter tout droit dans la gueule du loup. Enfin, du chacal, plutôt…

Je haussai les épaules, essayant de montrer que je prenais la situation avec philosophie. En réalité, je tremblais de tous mes membres.

À travers la mince cloison de bois, les sons nous parvinrent très distinctement.

— Mes chers compagnons célestes, commença la voix chevrotante d'un vieil homme, vous êtes venus très nombreux, et je vous en remercie… Vous savez pourquoi nous sommes ici. L'Adversaire rôde toujours aux environs de Lisbonne.

« L'Adversaire »… Ils parlaient de moi. Savoir qu'une salle entière de personnes déterminées à me faire disparaître me mit extrêmement mal à l'aise. Pour sortir de la salle des archives, nous devions impérativement passer par la pièce où tous mes ennemis avaient débarqué. Il n'existait aucune autre solution. Réprimant mon angoisse, je serrai les poings.

— Certains parmi vous ont parcouru des milliers de lieues pour nous rejoindre, continua l'orateur. Nous les remercions d'avoir répondu à l'appel de Polaris et leur souhaitons la bienvenue. Dame Kālī, veuillez résumer pour eux notre situation.

— Le contact avec l'Adversaire a été établi il y a près d'un mois, dit une voix qui devait très probablement appartenir à la baronne de Palencia. Suite à l'Émergence, le seigneur Anubis et moi-même avons été les premiers à nous ruer sur notre cible. Hélas, celle-ci a bénéficié d'une aide extérieure qu'il nous aurait été difficile de prévoir. Un certain Edmundo Faia, ancien chirurgien du roi et désormais recherché pour haute trahison, est venu secourir l'Adversaire. En parvenant à nous le dissimuler complètement.

Je me mis à réfléchir à toute vitesse. En quelques mots, la baronne venait de résumer mon débarquement à Lisbonne, la course-poursuite qui s'en était suivie, et l'intervention de mon ami, qui s'était nommé devant celui que l'on appelait « Anubis ». Qu'est-ce qu'était « l'Émergence » ? Je l'ignorais encore… Au passage, je notai qu'Edmundo se trouvait bel et bien menacé par les autorités du pays. La baronne poursuivit :

— Même s'il est encore alité, les jours d'Anubis ne sont plus en danger. Notre meilleur pisteur reste donc sur la touche. Néanmoins, les derniers relevés psychiques ne trompent pas. Le seigneur Hadès va d'ailleurs vous le confirmer.

— La méditation que je viens d'effectuer s'est avérée fructueuse, enchaîna le vieil homme. La signature psychique de l'Adversaire, si elle est restée longtemps diffuse, est en train de retrouver toute sa vigueur. D'après mes estimations, il n'a jamais quitté la région. Bientôt, dame Kālī et moi-même serons en mesure de le localiser plus précisément… Oui, seigneur Ah Puch ? Vous avez une question ?

Une voix un peu nasillarde retentit dans la salle. Je ne l'entendis pas bien car elle était trop éloignée.

— Je suis d'accord avec votre analyse, mon cher ami, reprit le vieillard après quelques secondes. C'est sans doute à cause de ses propres blessures que l'Adversaire nous a échappé. Son corps et son esprit affaiblis lui ont permis de se fondre dans le décor. Mais notre antagoniste se fait de plus en plus visible, de jour en jour. Nous avons même la sensation qu'il s'est très récemment rapproché de nous. Bientôt, nos méditations porteront leurs fruits, et l'Adversaire deviendra de nouveau aussi détectable qu'un phare en pleine nuit…

Les informations s'enchaînaient à un rythme effréné. Si je ne saisissais pas tous les termes employés, je comprenais en revanche le sens global de ce compte rendu. Mes jours d'inconscience m'avaient provisoirement mis à l'abri des Enfants de Polaris. Malheureusement, ceux-ci n'allaient pas tarder à ressentir de nouveau ma présence. Ils en profiteraient, alors, pour me traquer impitoyablement.

Je profitai de cette pause pour murmurer à mon ami :

— Vous aviez raison : Anubis est apparemment celui qui possède le meilleur flair.

— Oui, répondit Edmundo dans une moue. Pour te détecter, les deux autres doivent apparemment se mettre en état de transe, se concentrer… C'est une chance pour nous qu'Anubis se trouve encore en convalescence. Sinon il aurait déjà précipité toutes ces charmantes personnes à sa suite, tout droit dans cette salle des archives !

De l'autre côté de la porte, les Enfants de Polaris se lancèrent dans un descriptif de leurs dernières recherches. Puis une certaine « dame Héla » raconta son voyage depuis le Grand Nord.

Edmundo me flanqua un coup de coude.

— Je crois qu'on en sait assez pour aujourd'hui. Prenons deux ou trois livres, et sortons.

— Sortir ? m'étonnai-je. Mais… par où ?

— Les rideaux, me rappela-t-il. Ils dissimulent notre porte. Protégés par eux, nous pourrons longer le mur… et peut-être atteindre la sortie.

La manœuvre semblait risquée, mais elle était notre seule chance de survie. Nous ne pouvions attendre qu'un des membres de l'ordre s'aventure de notre côté du mur et donne l'alarme. Avec d'infinies précautions, Edmundo ouvrit la porte. Puis nous nous glissâmes dans la salle aux mille dangers. Les rideaux n'étaient distants des murs que de quelques dizaines de centimètres. Il allait falloir progresser prudemment.

Dame Héla parlait maintenant de son arrivée à Lisbonne et des doutes qui l'avaient assaillie lorsqu'elle avait appris que l'Adversaire – autrement dit moi – n'était encore qu'un enfant. Le seigneur Hadès la recadra aussitôt.

— L'Adversaire est l'Adversaire, énonça-t-il. Ne vous laissez surtout pas duper par son enveloppe. Rappelez-vous que le plus fourbe des serpents est toujours capable de se faire passer pour un agneau.

Révolté par ces paroles, j'avais presque envie de sortir de ma cachette pour clamer mon innocence. Qu'avais-je donc fait à ces gens, à part périr sous leurs coups ? Edmundo devina mon trouble car il me pressa l'épaule. La fine douleur qui s'ensuivit me ramena à la raison.

Se déplacer ainsi derrière les longs rideaux relevait de l'exercice de contorsion. Petit à petit, nous gagnions du terrain, mais notre marche en crabe allait encore durer quelques dangereuses minutes. Un jour, entre les rideaux, me fit bientôt apercevoir l'homme assis dans le fauteuil d'Hadès. Étrangement, la tête ridée et chauve de ce vieil homme me rappelait quelqu'un. Mal à l'aise, je me pressai encore un peu plus et faillis trébucher. Cette fois, Edmundo me soutint, m'empêcha de tomber.

Les rideaux bougèrent un peu, Edmundo et moi retînmes notre souffle.

Heureusement, tous les visages s'étaient tournés vers un certain Yanluowang. Nous l'avions échappé belle !

Sur les derniers mètres, la sueur coulait abondamment dans mon dos. Je crus que jamais nous n'allions sortir de cette maudite pièce. Puis, en un tournemain, nous atteignîmes et ouvrîmes la porte de sortie. Dans la faible lumière dispensée par les bougies, personne ne faisait attention à nous. Bientôt se dessina le couloir souterrain, paysage de notre délivrance.

Edmundo s'y engagea le premier. Une grosse masse sombre lui tomba alors dessus.

Un couteau vint s'enfoncer entre ses omoplates pour en ressortir, ensanglanté.

Devant mes yeux effarés, mon ami chuta lourdement sur le sol. Son vaste chapeau vint rouler jusque sur les pieds d'un grand rouquin couvert de bandages, au sourire carnassier.

— Vous voilà donc, tous les deux, grogna Anubis. Votre odeur fétide m'a tiré du lit.

Chapitre 27

Anubis tendit son couteau. Je l'évitai *in extremis* d'un bond sur le côté.

— Un à terre, l'autre à suivre, feula-t-il. Je vais enfin pouvoir finir le travail entamé il y a quelques mois…

Il s'attendait à tomber sur une proie facile. Mais entre nos deux affrontements j'avais reçu quelques leçons de combat de la part d'Edmundo. Mon instructeur m'avait même préparé à ce cas de figure très précis.

— Si jamais le grand rouquin repointe le bout de son museau, m'avait-il dit, tu sais déjà où le frapper. En plein sur son genou gauche, à l'endroit exact où je lui ai tiré dessus.

Évitant de nouveau sa lame, je me lançai sur son genou, le pied en avant. Il y eut un craquement, et Anubis hurla.

— Qu'est-ce donc que ce remue-ménage ? dit la voix d'Hadès depuis la salle de réunion.

Je sautai par-dessus Anubis, qui geignait à terre.

— Edmundo ! Edmundo ! criai-je.

À mon immense soulagement, mon ami était en train de se relever. Un filet de sang s'échappait de sa bouche, et une vilaine tache pourpre maculait sa chemise. Malgré cela, il était vivant.

— Bouge de là, *meneno*, m'ordonna-t-il tout en brandissant son fusil.

Je lui obéis.

Edmundo tira alors sur Anubis, dont le corps fut projeté en arrière.

Dans sa chute, le grand rouquin déchira l'un des rideaux, qui tomba sur les personnes les plus proches. On entendit ensuite une longue plainte.

— Vont y réfléchir à deux fois avant de franchir la porte, analysa-t-il en désignant l'escalier. Dépêche-toi, fiston.

Je gravis les marches quatre à quatre. Edmundo avait du mal à me suivre. Je passai par la porte secrète et débouchai dans le bureau. Puis j'attendis Edmundo quelques trop longues secondes. Une traînée de sang maculait les marches qu'il venait de quitter. Un rictus de douleur étirait son visage balafré. Derrière lui, les Enfants de Polaris s'approchaient dangereusement.

— Mais qu'est-ce que tu fiches ? jappa-t-il. Tu vois bien que je suis un poids !… File d'ici !

Je voulus gagner le hall. Malheureusement, quatre gardes, alertés par le remue-ménage, me repérèrent aussitôt.

— L'Adversaire ! cria l'un d'eux en me désignant.

Aussitôt, ils dégainèrent leur pistolet. Je fis demi-tour et filai vers l'escalier. Sur le seuil du bureau, Edmundo, extrêmement pâle, était en train de charger une seconde salve de plomb. La tache pourpre sur sa chemise avait doublé de surface.

— Avalez-moi un peu ça, charognards !

Mon ami recula légèrement sous la puissance de son arme. J'eus à peine le temps de l'avertir.

— Le chemin est coupé ! Edmundo, qu'est-ce qu'on va...

— Par les toits ! souffla-t-il.

Cette fois, il me poussa en avant. Nous allions devoir emprunter le chemin par lequel nous étions arrivés. À ce détail près que plusieurs dizaines d'hommes et de femmes se trouvaient désormais à nos trousses.

Je parvins au deuxième étage avec une confortable avance. M'engageant dans le salon, je me postai derrière une longue table en chêne. J'avais l'intention de bloquer la porte pour nous faire gagner quelques secondes. Mais, coincé dans le corps d'un enfant de neuf ans, je ne possédais pas la force physique suffisante pour accomplir seul cette simple action. J'entendis Edmundo pousser une chaise dans l'escalier pour retarder un peu nos ennemis. Enfin, il arriva.

— Par ici ! criai-je. Venez m'aider !

Il me repéra aussitôt et bondit pour me prêter main-forte. À cet instant précis, sur le palier, quelqu'un tira. Dans une explosion rouge, Edmundo reçut une balle de plomb.

— NOOOOON ! hurlai-je.

Mon ami fit trois pas en arrière, puis tomba à genoux. Gagné par l'énergie du désespoir, je réussis l'impossible. Une force venue de je ne savais où me permit de déplacer seul la lourde table de chêne et de bloquer la porte.

Catastrophé, je me précipitai alors vers Edmundo. D'un geste brusque, celui-ci me repoussa.

— Pas encore mort, grogna-t-il. Pas question de tomber sans me battre !

Le sang coulait abondamment de ses deux blessures, mais il avait décidé de ne plus s'en soucier. À notre porte, la meute grognait et poussait. Je soutins Edmundo, voulus l'amener vers le balcon. Le Portugais me résista.

— J'aurai p… pas la force de passer par là, cracha-t-il. Vas-y, toi… Et n'oublie pas ceci. En… espérant qu'ils te seront utiles.

Il me tendit les carnets qu'il avait subtilisés dans la salle des archives. Puis il entreprit de recharger son fusil.

— Edmundo, vous pouvez pas rester ici ! protestai-je. Vous devez venir avec moi ! Qu'est-ce que je vais faire, tout seul, si vous…

— Pas de sentimentalisme, fiston ! grogna-t-il d'une voix un peu plus rauque que d'habitude. Tout louveteau doit… un jour ou l'autre… apprendre seul à mordre et à griffer.

Il me repoussa, mais ce geste parut l'épuiser car il s'adossa à une paroi pour ne pas chanceler. La porte du salon fut bientôt martelée de coups : elle n'allait pas tarder à céder.

La gorge serrée, je regardai fixement mon ami tandis qu'il peinait à recharger son arme. Dans la précipitation, il me fut impossible de trouver les mots justes pour lui dire combien ces quelques mois en sa compagnie m'avaient apporté, et combien j'étais fier de le connaître.

— Edmundo… commençai-je d'une voix tremblante.

— Décarre de cette… pièce, tête de mûle ! Tu ne veux quand même pas que je claque ici pour rien ?

Chapitre 27

Les larmes au bord des yeux, je finis par lui obéir et commençai à grimper. Lorsque j'eus quasiment atteint le toit, la voix du Portugais retentit encore une fois.

— Hé, *cuco pequeno !*... L'histoire de... de « haute trahison » dont tu as entendu parler tout à l'heure...

Je jetai un regard par-dessus mon épaule. Pour la première fois depuis que je l'avais rencontré, je vis clairement Edmundo sourire.

— C'est la reine, enchaîna-t-il. J'ai un peu... fricoté avec elle... Tu ne t'y attendais pas, hein ?

Je voulus lui répondre quelque chose, n'importe quoi, malheureusement l'émotion qui m'étreignait le cœur m'en empêcha.

— Ce que nous font faire les femmes... conclut-il, rêveur.

Cette fois, sa tête disparut complètement. Je me trouvai parfaitement tétanisé. En dessous de moi, il y eut un coup de feu. Suivi d'un grand fracas.

— Dame Kālī ! cria quelqu'un. Elle est touchée !

— Attrapez-le !

Puis ce fut un concert de poudre et de bruit, qui se conclut par une explosion de verre brisé, au loin.

Je finis par secouer la tête, et me remuer. Je n'osai imaginer quel drame se déroulait à l'étage inférieur. Je stoppai net l'imagination morbide qui me laissait craindre le pire. Car si mon ami en était venu à se sacrifier, il ne fallait pas, en effet, que ses efforts aient été vains. Mais peut-être que, par chance ou par extrême roublardise, il avait sauté par la fenêtre et s'en était miraculeusement sorti...

Les carnets qu'il m'avait confiés dans ma besace, j'atteignis enfin le sommet du toit, prêt à disparaître dans la nuit. Je voulais trouver un endroit pour étudier ces écrits. Les analyser très attentivement. Puis en tirer les renseignements utiles qui me permettraient d'« anticiper »... Et peut-être, pourquoi pas, de devancer et de vaincre mes ennemis.

Ce moment de fol espoir tourna court, hélas.

Car au sommet du toit m'attendait une personne armée.

— Désolé pour toi, cher Adversaire, dit la voix chevrotante d'Hadès. Il existait un plus court chemin pour accéder au toit. Ah !... Il y a bien longtemps que je ne t'avais rencontré.

La lune éclairait le visage du vieil homme tandis qu'il me visait de son pistolet. Je me souvins de l'endroit où j'avais croisé ces traits pour la première fois.

— Le comte d'Auchevard, murmurai-je.

— Pierre d'Auchevard, oui... Ainsi, tu te souviens de moi ?... Je croyais que tu remontais le temps...

Il ne s'agissait pas vraiment de l'homme que j'avais rencontré au XXe siècle. Le regard, la forme du menton, les sourcils étaient identiques. Mais le visage me parut plus long, barré de rides. Et la couleur des yeux était différente.

— Vous êtes son ancêtre, devinai-je.

— Ah, j'y suis, fit Hadès. Tu as sans doute rencontré mon descendant... Mmmh, cela m'emplit de fierté.

D'une ouverture située au milieu du toit apparurent trois, puis cinq autres personnes. Je fus bientôt encerclé.

Sans cérémonie, l'ancêtre du comte d'Auchevard me mit en joue.

Mais il n'était plus question que je me laisse faire.

Chapitre 27

Pas après avoir rencontré Edmundo Faia.

Dans un cri de rage, je fonçai vers Hadès. Qui tira.

La balle dut me toucher quelque part car je ressentis une douleur familière. Pour autant, elle ne me stoppa pas. Je découvris bientôt les traits effarés de mon ennemi lorsque je parvins à l'entraîner au milieu du ciel avec moi, une lame logée entre ses côtes.

Nous décollâmes tous deux du toit sous le regard impuissant des autres Enfants de Polaris.

Ses yeux dans les miens exprimèrent un mélange d'incompréhension, de surprise, de peur.

Oui, cet homme avait peur de moi, jusqu'au plus profond de ses os. Cela ne faisait pas l'ombre d'un doute.

Les étoiles défilèrent à vitesse supersonique dans le ciel sans nuage du Portugal.

Le sol et la mort m'attendaient quelques dizaines de mètres plus bas.

Cette fois, pourtant, tout enfant que j'étais, j'entraînais avec moi l'un de mes principaux adversaires.

CHAPITRE 28

La vie du petit Nembo s'arrêta malheureusement à l'instant précis où je percutai le pavé de Lisbonne.

Je vécus cette perte comme un direct au ventre, un coup d'une abominable violence, qui vous coupe le souffle, vous retourne l'estomac et vous écrase le cœur. La plus noire des obscurités enveloppa le petit Africain tombé. Jamais Nembo ne se trouverait de nouveau serré par les bras de Yeleen ou d'Aliou. Et jamais je ne saurais ce qu'il était advenu de mon mentor et ami, Edmundo Faia.

Bientôt, je fus englouti, je sombrai au milieu du néant. Mon existence se liquéfia, elle se désagrégea, je la vis fondre et se décomposer en un milliard d'infimes particules qui ne s'organiseraient plus en cette configuration précise.

Le spectre de la Mort avait empli tout l'espace.

Comme je m'y attendais maintenant, une nouvelle vie lui succéda aussitôt.

Il faisait jour. J'étais debout.

Mon esprit légèrement embrumé par ma tragique

disparition et ma soudaine résurrection se comportait comme l'objectif d'une caméra qui cherche à faire le point sur un paysage inconnu.

Une tache azur, vert et blanc se forma dans un flou artistique. Puis elle se mit en mouvement pour s'organiser en un millier de petits détails qui en soulignaient la très réelle majesté.

Jamais encore mes yeux ne s'étaient posés sur un endroit aussi grandiose.

Devant moi apparut un somptueux mausolée blanc doté d'un immense dôme, flanqué de quatre minarets. Une longue voie d'eau menait à ce bâtiment immaculé entouré de somptueux jardins, et qui se découpait dans toute la splendeur d'un ciel infiniment bleu.

Je reconnus le Tāj Mahal, en tout point identique au croquis que m'avait indiqué Edmundo moins d'une heure auparavant.

Mon cerveau, qui commençait à s'habituer à ces brusques arrachements, ces apparitions instantanées et ce fréquent *jetlag temporel*, s'emballa aussitôt.

Je recoupai les éléments de cette vision enchanteresse avec ceux découverts dans le repaire de mes ennemis.

J'étais donc arrivé en Inde. Probablement vers 1757. D'après le compte rendu de la salle des archives, mon affrontement avec les Enfants de Polaris s'était déroulé au mois de septembre.

Je pris brusquement conscience, non pas de l'endroit où j'avais atterri, mais de ce que j'étais en train de *faire*.

Mes longs cheveux noirs volaient au vent. Je jetai un coup d'œil à ma main gauche. Celle-ci se trouvait crispée sur une lame légèrement courbée qui avait déjà servi.

Chapitre 28

Ma peau était ambrée, j'avais les pieds et le torse nus. Quelques blessures récentes barraient mes jambes et ma poitrine.

« Je suis en train de me battre », songeai-je.

Alors, je les vis.

Au détour d'un bosquet surgit un petit groupe d'hommes et de femmes armés. Chacun d'eux portait un médaillon d'argent. Sur l'un de ces médaillons brillait la tête de Kālī.

La transition n'aurait pu se révéler plus brutale : je venais de quitter une bataille… pour aussitôt en livrer une autre !

Pas de pause casse-croûte pour Yohann, le voyageur temporel sans corps fixe !

Visiblement, la femme grimaçante et moi avions déjà croisé le fer : son épaule bronzée et nue se trouvait zébrée d'une estafilade sanguinolente. Une cascade de longs cheveux ondulés encadrait la parfaite harmonie de son visage. Un petit nez rond, des lèvres ourlées et d'interminables cils jouxtaient les puits sans fond que dessinaient ses superbes yeux noirs.

L'apparente sérénité de son expression contrastait avec la froide détermination de son regard.

Ambidextre, elle portait deux épées.

Curieusement, je ne cherchais pas à fuir. Tout dans mon corps et mon esprit me poussait au combat. À ma propre surprise, je me dirigeai vers la belle Kālī et la masse de mes cruels adversaires d'un pas décidé.

— Tu as déjà vaincu l'escouade de Februa et tué la représentante d'Anubis, m'annonça l'incarnation de la déesse hindoue en levant l'une de ses lames. Mais je ne me laisserai pas défaire aussi facilement.

Dans d'autres circonstances, et si j'étais parvenu à surmonter ma maladive timidité, j'aurais peut-être invité cette fille à boire un verre en la dévorant des yeux. De quoi, peut-être, oublier enfin Léa…

Au lieu de cela, il me faudrait sans doute la tuer.

— Désolé, hasardai-je, mais quelque chose me dit que c'est vous qui avez commencé la bataille… Je suppose qu'on ne peut même pas tenter d'en discuter ?

Pour toute réponse, Kālī effectua un geste sec. Aussitôt, ses subordonnés se jetèrent sur moi.

Je ne ressentais aucune peur.

Mes bras et mes jambes se lancèrent en un ballet compliqué.

Avec aisance, je déjouai chacune de leurs attaques, parai leurs coups de mon épée, en désarmai plusieurs, en blessai la plupart. Le sang se répandait dans le ciel en sillons esthétiques et effrayants. Aucun de mes coups n'était gratuit : je savais parfaitement où viser pour faire mal, mais sans provoquer de souffrance inutile.

Aucun doute : j'avais atterri dans la peau d'un genre très particulier d'artiste. Un redoutable danseur virtuose, en train d'exécuter une chorégraphie violente mais calculée, et qu'il connaissait par cœur.

J'enchaînai les cabrioles aériennes, les roulades au sol, les passes d'armes fatales. Parfois les lames ennemies entaillaient légèrement ma peau. Ces blessures n'étaient que broutilles comparées à celles plus définitives que j'infligeais.

Mes prouesses ne venaient pas de mon apprentissage auprès d'Edmundo. Elles étaient l'émanation de ce corps indien d'une étonnante souplesse et d'une phénoménale habilité.

Pour la première fois, je sentais mon corps et mon esprit en parfaite adéquation. Je n'avais plus seulement accès à des habitudes de langage, comme lorsque j'avais parlé allemand au XXe siècle, puis portugais encore récemment. Cette fois, je me trouvais en symbiose avec une sorte de mémoire corporelle, surprenant réservoir de mouvements complexes acquis sans même les avoir appris.

Des douze personnes qui venaient de se jeter sur moi, bientôt plus une seule ne fut capable de tenir sur ses jambes. Et la grande majorité d'entre elles ne respirait plus.

Kālī me toisa du haut de sa vénéneuse beauté.

— Tu es toujours aussi impressionnant, l'Adversaire. Mais il faudra faire beaucoup mieux que cela si tu souhaites me survivre.

Sans attendre davantage, elle passa à l'assaut. Mes muscles se tendirent, prêts au choc. Pourtant rien n'aurait pu me préparer au martèllement continu des deux armes blanches contre mon unique épée. Je me trouvai bientôt déséquilibré, débordé, repoussé dans mes retranchements.

Je dégringolai à plusieurs reprises, le long d'une butte, dans une fontaine, au pied d'un escalier. Chaque fois, je ne me sortais qu'*in extremis* de cette situation qui mettait sans cesse ma vie en péril. Une entaille au biceps droit me fit presque lâcher mon arme. Un coup porté à la main gauche faillit me coûter trois doigts. Une longue balafre au front fit surgir un rideau de sang qui m'obligea à fermer brièvement les yeux.

Quelle différence avec tous ces assaillants qui n'avaient

été pour moi que des fétus de paille faciles à faucher !

L'éblouissante dextérité et la rage sans bornes de mon ennemie n'avaient d'égales que son élégance naturelle. Seule ma propre dextérité me permit de survivre contre cette parfaite démonstration d'escrime.

Car moi aussi je touchais, feintais, frappais, fendais, bousculais, blessais. Kālī mordit plusieurs fois la poussière. Tout aussi vite, elle se relevait.

Tout se passait beaucoup trop rapidement pour que je puisse analyser cette expérience unique, et qui dépassait les mots.

Bientôt vint l'heure du verdict.

Au terme d'un incroyable enchaînement de coups, nous nous retrouvâmes face à face, en nage et à bout de souffle, nos lames symétriquement levées et nos deux corps respirant à l'unisson.

Nos yeux s'étaient compris et, malgré notre haine mutuelle, nous ressentîmes un profond respect l'un envers l'autre.

Nous étions de force égale.

Pour l'heure, il était impossible de deviner qui de nous deux allait l'emporter.

Tout à coup, dans mon dos, *il* arriva.

Quelque part au-dessus de mon épaule gauche, son arme siffla. Je dus m'abaisser : l'équilibre était rompu. Je n'avais plus contre moi un seul, mais deux ennemis déterminés. Un salto arrière me permit de ne pas me retrouver pris en tenailles. Je pus alors poser le regard sur le nouveau venu… et le reconnaître, malgré la différence d'âge.

Aux côtés de Kālī se tenait Hadès. Il s'agissait d'une version plus jeune de Pierre d'Auchevard, cet homme qui allait succomber avec le petit Nembo à Lisbonne, quelque trente ans plus tard.

— Comte d'Auchevard, siffla Kālī, presque méprisante, je ne vous ai pas donné l'autorisation de vous immiscer dans mon duel !

— Je me vois obligé de vous rappeler que ceci n'est *pas* un duel, chère amie.

— J'aurais préféré m'en occuper seule…

Hadès secoua la tête.

— Vu comment notre homme s'est occupé d'Anubis, je préfère ne plus prendre aucun risque. Ce n'est pas comme si ses capacités divinatoires ont permis au grand Chacal de prévoir sa propre disparition…

Kālī soupira, mais elle n'objecta plus rien.

— Abattons-le ensemble, voulez-vous ?

Aucun répit pour moi, et pas la moindre seconde pour observer de nouveau le Tāj Mahal, qui n'était plus qu'un point indistinct dans un paysage en perpétuel mouvement.

Dans une même impulsion, les deux épéistes frappèrent. Mais ils se gênaient davantage qu'ils ne se complétaient. En réalité, chacun d'eux possédait trop de personnalité pour céder la place à l'autre.

Un geste brusque d'Hadès bouscula Kālī, qui pesta et chercha un appui. Profitant de cette mauvaise synchronisation, je me glissai sur le côté, puis taclai la déesse. Elle tomba lourdement sur le dos. D'un coup de pied bien dosé, j'envoyai voler ses deux armes au loin. Et, sans aucune galanterie, je lui assénai un second coup en pleine tête, qui apparemment la sonna.

Hadès voulut me déborder. Je roulai au sol, attrapant

au passage une poignée de terre. Puis je me relevai face à lui et, tandis qu'il me chargeait encore, je lui soufflai la poussière au visage. L'homme, aveuglé, pleura bien malgré lui, et manqua son coup. Je le blessai alors au ventre et lui fit lâcher son arme avec facilité. Il s'écroula maladroitement, à genoux, protégeant son visage de ses seules mains.

Une telle occasion ne se présenterait pas de sitôt : il me fallait l'achever. J'étais victorieux, j'allais mettre un point final à son existence. Mais quelque chose retint mon épée.

— Dame Balliane ! appela le comte d'Auchevard, les yeux fermés. À moi !

Il venait de révéler la véritable identité de Kālī.

— Ba… Balliane ? répétai-je, médusé.

Ce nom de famille était celui de Léa. À bien y réfléchir, la représentante de Kālī lui ressemblait beaucoup. Un peu comme si ma petite amie s'était coiffée d'une perruque brune et qu'elle avait troqué son teint de blanche Européenne contre la peau cuivrée d'une actrice de Bollywood.

Une Léa version indienne, en somme…

Le moment de trouble qui s'ensuivit me fut fatal.

Au travers de mon torse jaillit bientôt l'épée d'Hadès ramassée par Kālī. Un raclement d'horreur s'échappa de ma gorge.

La belle épéiste imprima à l'arme un mouvement qui me déchiqueta les poumons et qui me laissa exsangue.

— C'est un coup peu honorable, avoua-t-elle. Pourtant, Hadès a entièrement raison : il ne s'agit pas d'un duel. Mais d'une *exécution.*

Mon visage s'affaissa sur la terre d'Inde. La blanche

silhouette du Tāj Mahal, improbable et majestueuse, tangua et s'imprima pour toujours à l'intérieur de mes yeux écarquillés.

La lame fut retirée de mon torse. Puis de nouveau s'abattit. Sur mon cou cette fois.

Mon passage en ce temps n'avait pas duré plus de dix inoubliables et sanglantes minutes.

Chapitre 29

Le réveil suivant se révéla extrêmement difficile. J'avais l'impression de me trouver à moitié conscient, encore plongé dans un mauvais rêve dont je ne parvenais pas vraiment à sortir.

Pour autant, je ne me débattais pas. Mon esprit me parut pâteux, mon corps horriblement lourd. Comme si j'avais passé une nuit glaciale dans les tranchées, un peu comme si j'avais partagé un peu trop de vin avec Edmundo, comme si j'avais dansé toute la nuit avec Léa, et que mes excès devaient tous se payer au matin. Était-ce là l'effet de deux morts consécutives, à si peu d'intervalle ?

Le moment de flou artistique cette fois s'éternisa.

L'azur indien sans nuage s'était mué en un camaïeu persistant de rose dont il m'était impossible de cerner les contours. Je m'éveillai doucement, lentement, entièrement enveloppé de ce tableau abstrait qui était, pour l'heure, mon unique horizon.

Je tentai un mouvement de tête. Loin, très loin de moi répondit un muscle. Un muscle situé quelque part dans mon cou. Sa présence ne faisait aucun doute : je le sentis presque vibrer sous mon appel.

Mais il ne bougea pas.

Je persistai, mon esprit dans un étau commandant à ce muscle rebelle de sortir de sa torpeur, de passer à l'action et de faire ce pour quoi il avait été conçu.

Le résultat que j'obtins me rappela les quelques fois où j'avais été dépêché en urgence par maman pour réveiller ma grande sœur, qui n'avait pas encore émergé de son immense couette bombée. Montant à l'échelle du lit superposé, je l'appelais, la secouais, remuais le lit de toutes mes forces. Sans obtenir aucun résultat. Pas un remous. Pas même un grognement.

Si mon père ne s'en mêlait pas, n'arrachait pas l'édredon et ne tirait pas de force ma sœur du lit, elle ne se réveillait pas. Un véritable gisant, bon à remiser dans une chapelle obscure jusqu'à la fin des temps. À part, bien entendu, si nous sortions l'artillerie lourde. Spray d'eau minérale, vaporisateur, verre à dents rempli. Un matin, nous avions même failli dérouler le tuyau d'arrosage. Objet qui m'eût été bien utile dans le cas présent. Car ce sale cabochard de muscle du cou refusait obstinément toute interaction avec moi. Il ne daignait toujours pas répondre, se complaisant mollement dans sa confortable apathie.

L'interminable tache rose et abstraite qui m'environnait se montrait tout aussi têtue. Pas question pour elle de s'arranger en une forêt équatoriale, une cité d'Europe de l'est ou un cirque romain laissé à l'abandon. L'inactivité ambiante partait de mon corps anesthésié pour contaminer le paysage en gestation, et se répandre dans l'infini des roses dilués les uns dans les autres.

Chapitre 29

Je finis par me poser cette question : étais-je seulement humain ?

Et si, pour une fois, j'étais devenu un animal, une plante oscillant au vent, le caillou d'un chemin ?

Non. Il y avait, quelque part à une grande distance de mon âme, un cœur que je sentais battre. Peu à peu, en me concentrant, je finis par m'y accrocher, puis bientôt sentis ma propre respiration. Et tous les os de mon corps. Et la solitude. Et le froid.

Au-dessus de ma tête, l'aurore s'était emparée du ciel, par-delà un ensemble de montagnes verdoyantes, perdues dans une brume d'une grande densité. Il n'y avait aucune trace de civilisation alentour. Assis en tailleur, j'entendais se manifester par petites touches successives tous les bruits de la nature qui s'éveillait.

Je sentis le souffle du vent qui glissait sur ma nuque, s'engouffrait entre les pans de mes habits et se répandait en mille courants pour faire osciller les branches des arbres. Je discernai les chants des oiseaux qui s'exprimaient, discutaient et voletaient par dizaines au fond de leurs cachettes de feuillages et de bois. Je saisis le clapotis de l'eau limpide s'organisant en remous tourbillonnants, se brisant en gouttelettes transparentes sur les pierres polies et se réunissant en un flot plus turbulent encore pour se jeter au bas d'une colline.

Je tentai de me lever. Je fus aussitôt pris d'un vertige terrible, ainsi que d'indescriptibles douleurs irradiant le long de mon dos, de mes bras et de mes jambes, jusqu'aux articulations des doigts et jusqu'aux jointures des orteils.

— Aïe ! criai-je tandis que mes muscles endoloris s'étiraient.

Le simple fait de me lever me demanda un effort surhumain. Il me fallut puiser au plus profond de moi-même pour effectuer ce simple geste : déplier les jambes, pousser sur mes pieds et propulser mon torse de quelques centimètres vers le haut.

J'avais l'impression d'avoir soulevé un colosse de pierre de plusieurs centaines de kilos.

Enfin debout, je voulus m'approcher du rebord de la montagne sur laquelle je me trouvai posté. Je perçus alors l'extrême difficulté que représentait le déplacement de ce nouveau corps. Mes membres étaient ankylosés, mes vertèbres craquaient, la douleur résonnait jusque dans mes os. Je n'avais qu'une seule envie : me rasseoir. Mais plier de nouveau les jambes jusqu'à atteindre le sol en sens inverse me parut une tâche insurmontable. Le dos voûté, la tête rentrée dans les épaules, j'enjambai un bâton cabossé, puis progressai de deux pas douloureux jusqu'à une large pierre incurvée qui me servit de siège inconfortable mais bienvenu.

J'avisai alors mes mains. Celles-ci me semblèrent maigres, noueuses, décharnées. Et par-dessus tout, extrêmement ridées. Un cours d'eau s'écoulait juste à côté de moi. Rassemblant tout mon courage, je me levai de nouveau, affrontai les douleurs persistantes qui attaquaient mes membres et ma colonne vertébrale pour effectuer quatre épouvantables pas de plus. Il me fallut encore incliner le bassin, me tordre en avant, laborieusement faire jouer mes muscles fatigués pour ne pas tomber face contre terre.

Au terme d'une multitude d'angoissantes précautions et d'innombrables tests douloureux visant à mieux cerner les limites de mon antique carcasse, je réussis l'impossible : je posai les genoux à terre et me penchai au-dessus de l'onde.

Mon nouveau visage m'apparut.

Coiffé d'un drôle de chapeau vert et noir, je possédais un faciès asiatique. Deux yeux sombres scintillaient parmi un océan de rides au-dessus d'un menton tremblotant. Mes oreilles décollées, à moitié recroquevillées, me donnaient un air comique. Mon cou était semblable à un tronc d'arbre particulièrement noueux. Mes rares cheveux étaient blancs, tirant sur le jaune. J'estimai mon âge entre quatre-vingt-dix et trois cent cinquante ans.

— Mais qu'est-ce que je fiche dans la peau de ce vieux croulant ? m'écriai-je avec une expression de dégoût.

Ma voix elle-même m'insupportait. Nasillarde, un peu chevrotante, elle trahissait mon grand âge et mes capacités physiques limitées.

Un ancêtre, maintenant ? C'était bien ma veine !…

Où et quand avais-je donc atterri, cette fois ?

Chapitre 30

Le jour s'était levé, chassant les teintes rosacées de l'aurore au profit d'un soleil blanc qui s'ébrouait encore dans la grisaille de la brume. L'astre habillait les montagnes de sa lumière diffuse, il en révélait les contours rocailleux, parés de leurs guirlandes d'arbrisseaux et de leur tapis de verdure. Les monts abrupts émergeaient du brouillard et se dressaient de toute leur imposante majesté, sentinelles millénaires entre lesquelles voletaient habilement les hirondelles et les grues.

Comme d'habitude, tout était allé trop vite. Edmundo, méchamment blessé, avait couvert ma fuite. Nembo était mort en sautant du toit avec Hadès. Enfin, ma dernière incarnation avait été décapitée par Kālī. Je n'avais pas vraiment eu le temps de respirer, ni de profiter des incroyables capacités physiques de mon avatar hindou. Et maintenant, j'étais un vieil Asiatique tout moisi, incapable d'enchaîner trois pas sans brailler sous la souffrance. Quelle torture !…

— Pour une fois que j'avais un corps musclé et super agile, il a fallu que je me fasse trucider tout de suite ! déplorai-je de mon ignoble voix cassée. Je n'ai même pas connu le nom de cet Indien !

Une cruelle pensée me traversa l'esprit. Je me souvins parfaitement avoir été sur le point d'éliminer Pierre d'Auchevard dès 1757. Mais il avait soudain prononcé le nom de famille de Léa.

Léa, ma Léa…

Jusque-là, j'avais navigué, à son égard, entre la totale incompréhension de son geste meurtrier et (je l'avoue !) le doute raisonnable d'avoir tout fantasmé. Mais la représentante de Kālī que je venais de quitter était une Balliane, elle aussi. Une lointaine ancêtre de Léa, dont la descendance, au XXIe siècle, en conservait les traits européanisés. Ce qui tendait à prouver que ma petite amie faisait également partie des Enfants de Polaris à mon époque. Ce qui m'amenait à penser qu'elle ne m'avait jamais – jamais ! – vraiment aimé.

Mon cœur avait de nouveau explosé en 1757, et pas uniquement sous sa forme physique. L'épouvantable révélation de la nature véritable de Léa m'avait tout simplement paralysé, ma main était restée en suspens.

Que se serait-il donc passé si j'avais été au bout de mon geste, face à Pierre d'Auchevard ?… Peut-être aurais-je changé le passé. Peut-être aurai-je sauvé la vie d'Edmundo Faia et du petit Nembo. Privés d'un de leurs leaders, les Enfants de Polaris auraient-ils ensuite été capables de localiser et de supprimer Karl Schnitzer au XXe siècle ? Mon imagination s'emballa, déplaçant mentalement la cascade de dominos qui menait jusqu'à ma propre existence. Et si Karl Schnitzer n'avait pas été repéré, est-ce que moi, Yohann Massart, j'aurais pu aussi m'en tirer ?

Une chose me parut certaine : sans moi, le guerrier indien que j'avais brièvement incarné ne se serait pas arrêté à l'évocation du nom de famille de Léa. Peut-être avais-je débarqué en septembre 1757, à l'origine, pour sauver sa vie. Et, avant lui, celle de Nembo et de Karl Schnitzer. Si tel était le cas, j'avais lamentablement échoué.

— Et me voilà maintenant dans la peau d'un vieux Chinois qui ne peut pas se déplacer de dix mètres sans craquer de partout ! dis-je encore, dépité.

Un vieux Chinois ? Ou bien… ?

Un effroyable doute m'envahit. Revenu en position assise, je soulevai la vaste tunique vert amande dans laquelle je me trouvais enveloppé.

Mon corps entier était aussi ridé que mon visage, bien sûr… mais là n'était pas le détail le plus *significatif*.

Je ne possédais aucun sous-vêtement. Aussi ma nudité m'apparut-elle dès lors que je défis les derniers pans de mon habit.

Et là, surprise totale…

Entre mes jambes, rien !

Rien, ou presque… À la place des attributs masculins, une fente.

J'y plongeai la main, palpai cette absence un petit moment. Pour vivement la retirer l'instant d'après, comme si je venais de me brûler au contact de charbons ardents.

Je venais de toucher un sexe de femme.

Mon visage fripé rougit jusqu'à la pointe de ses oreilles ratatinées. Et, sous le poids de ce changement radical, je tombai à la renverse. N'osant même pas songer au bon millier d'efforts qu'il me faudrait fournir pour me relever de nouveau.

J'étais une femme… OK…

Une vieille Chinoise… OK…

Une très, très vieille Chinoise, même…

La gêne que je venais de ressentir au contact de mon entrejambe était compréhensible : j'avais l'impression d'avoir manqué de respect à cette aïeule que j'incarnais en la dénudant et en effleurant ses parties intimes.

Oui, mais cette aïeule, c'était moi… Au même titre que j'avais été Karl, Nembo, et cet Indien sans nom… Homme, femme, quelle différence, finalement ?… Je savais que l'un valait bien l'autre. Je connaissais même davantage de femmes admirables que d'hommes pouvant susciter le respect. Pour autant, l'idée de m'être métamorphosé en personne du sexe opposé me mettait mal à l'aise. Parce que j'étais un garçon. Parce que j'avais toujours été un garçon. Et ce, malgré mes différentes morts et mes sauts à répétition dans le temps.

— Respire, Yohann… Respire, dis-je à voix haute. D'accord, tu es une femme. Une femme très âgée, en plus. Mais ça va bien se passer, t'inquiète… Enfin, *bien se passer*, je me comprends… Tu finiras quand même abattu par tes ennemis d'une balle de revolver, ou d'une lame en pleine poitrine…

Subitement, le vent qui sillonnait mon corps me fit reprendre conscience de mon état.

— Eh mais… Je suis à poil, moi !

Chapitre 30

Que penserait un promeneur s'il tombait nez à nez avec une ancêtre allongée dans l'herbe, la vulve à l'air ? D'un mouvement sec, je redressai le buste. Regrettant aussitôt la brusquerie de cet élan, qui avait fait s'entrechoquer mes vertèbres usagées.

— Ah… Ça fait maaaaal, couinai-je.

À gestes beaucoup plus mesurés, je me rhabillai. Ou plutôt, *tentai* de me rhabiller. Car jamais de ma vie je n'avais enfilé de kimono. Tandis que je peinais à organiser les pans du tissu vert en une structure stable et qui me couvrait grossièrement le corps, je notai dans un coin de mon esprit ce fait curieux. En 1757, j'avais eu accès à toutes les techniques de combat de mon hôte indien. Mais, à cette nouvelle époque, je ne savais même pas agencer cette saleté de kimono !

Épuisé par tous les gestes superflus et maladroits que j'avais dû effectuer, je repris mon souffle, contemplant mon œuvre.

L'ancêtre était empaquetée, voilà.

Les pans de la tunique étaient ramenés n'importe comment, sans harmonie, dans une asymétrie totale. Les bourrelets de tissu dépassaient de part et d'autre de la ceinture que j'avais fini par nouer sur le côté, ne parvenant pas à atteindre mon dos. L'ensemble devait sembler inesthétique au possible, mais au moins j'étais vêtu.

Un immense paquet-cadeau très, très moche, aux jambes tordues et fripées. Si le ridicule pouvait tuer, je serais de nouveau mort dans la seconde.

— Allez, y a pas… Quand faut y aller, faut y aller !

Joignant le geste à la parole, je me remis debout. Comme je m'y attendais, chaque articulation de mon corps perclus d'arthrite me fit douloureusement sentir sa présence lorsque je tentai de m'éloigner de la rivière pour m'engager sur une pente à flanc de montagne.

— Eh, mais c'est super pentu, ici !

Les hautes herbes et la mousse recouvraient les pierres de toutes tailles qui composaient ce versant auréolé de brume. Quelque trente mètres plus bas, un petit sentier sinueux, à peine dessiné, serpentait parmi de grands arbres filiformes que j'identifiai comme des bambous. La vieillarde que j'incarnais avait eu l'idée saugrenue, à son âge, d'entreprendre une grimpette nocturne pour s'asseoir en tailleur dans les hautes altitudes. À croire que cette ancêtre au corps à moitié brisé ne possédait pas, non plus, toute sa tête. Comment j'allais bien pouvoir redescendre, moi ?

L'humidité de l'air matinal paraissait s'immiscer sous chaque pore de ma peau pour vicieusement alourdir mon squelette déformé. Au premier pas vers l'abîme caillouteux, ma cheville pleine d'arthrose me fit tellement souffrir que je m'attendis à la voir se déboîter toute seule.

Chacun des pas suivants fut encore pire que celui-ci.

Chapitre 31

La descente ne se révéla pas seulement douloureuse, mais aussi et surtout longue, longue, très longue. Horriblement, odieusement, épouvantablement longue.

Chaque mouvement, chaque prise devait être mûrement réfléchi, sous peine de solliciter un muscle un peu trop fatigué. Alors, j'aurais trébuché, chuté dans le vide, puis je me serais écrasé comme une crêpe, quelques centaines de mètres plus bas.

Il n'y avait pas seulement l'accablement physique. Chaque étape présentait la même torture mentale : il me fallait sans cesse prendre mon mal en patience et accepter de parcourir en plusieurs dizaines de minutes une distance que j'aurais mis quelques secondes à peine à franchir si je m'étais trouvé dans mon propre corps. Conscient de ces différences entre ce que j'avais été et ce que j'étais devenu, je redoublai sans cesse de prudence pour ne pas disparaître aussi vite qu'était mort l'Indien.

Si les Enfants de Polaris m'avaient déjà repéré et observaient ma pitoyable descente depuis le pied de la montagne, ils devaient se payer une joyeuse tranche de rigolade ! Je les imaginais, tous les trois, la femme grimaçante, le vieillard et le chacal, tranquillement assis côte à côte sur un banc de bois, spectateurs privilégiés en train de savourer un sandwich, se passant la gourde d'eau et riant aux éclats. Peut-être même échangeaient-ils quelques billets en misant sur ma probable et très prochaine dégringolade tout au fond d'un ravin.

— Je te parie qu'elle se rompra le cou avant même que l'une de nos lames ne l'effleure !

— Trop facile !... Moi, je te parie plutôt qu'elle ne fait même pas dix mètres !

— Tenu !... En tout cas, regardez comme elle est mignonne, enrubannée dans son espèce de tunique chiffonnée.

— Rôh, oui... On dirait un grand paquet-cadeau, qui vient directement à nous pour se faire charcuter. On n'a même plus à se déplacer, dis !

Il me semblait presque entendre leurs moqueries fendre la brume pour résonner et ricocher entre les monts.

Mille fois, je m'attendis à ce que mes ennemis n'en puissent plus d'attendre, viennent tout de même jusqu'à moi et me transpercent de leurs épées d'un air supérieur.

— Pfff, de toute façon, ça ne tardera pas, maugréai-je dans mon vieux menton. Ils finiront bien par pointer leur museau. Au moment où je m'y attendrai le moins, bien entendu ! Et, vu mon état actuel, je serai bien incapable de leur asséner même une pichenette !

Chapitre 31

J'aurais voulu sentir dans le corps de cette vieille Chinoise une fibre occulte, mystérieuse et magique ; une ressource d'énergie inépuisable qui l'aurait tout à coup transformée en dame samouraï capable de batailler et d'enchaîner les cabrioles malgré son grand âge. Malheureusement, la pauvre bougresse paraissait autant douée pour les arts martiaux et la sorcellerie que je l'étais en géographie.

Et puis, je ne me trouvais pas dans un film de sabre ou dans un manga : dans la réalité, les vieilles dames sont juste des vieilles dames. Pas des magiciennes implacables capables de foudroyer leurs musculeux adversaires d'un unique coup de bâton enchanté.

Un bâton…

Cette nécessité m'apparut comme une évidence, au beau milieu de mon calvaire. Pour continuer à progresser, il me fallait absolument un bâton, qui me servirait de canne sur laquelle appuyer mes doigts gourds. Il y avait bien un morceau de bois tout cabossé que j'avais enjambé lorsque je m'étais éveillé au sommet de la montagne. Sans doute celui-ci m'avait-il servi de soutien lors de mon ascension. Et, comme un imbécile – ou plutôt, comme *une vieille* imbécile –, je l'avais oublié.

Telle une tortue mollassonne, je sollicitai de nouveau les muscles de mon cou pour poser un regard en arrière. Mes yeux vitreux s'écarquillèrent en considérant la distance déjà parcourue depuis le sommet du mont. Je n'avais certes progressé que de quelques dizaines de mètres, mais je ne me voyais ab-so-lu-ment pas rebrousser chemin pour chercher cette fichue canne et, une fois arrivé en haut, recommencer toute la descente. Et, bien entendu, aucun arbuste alentour pour m'en fabriquer une nouvelle !

Mes lèvres fripées proférèrent un juron. Il me faudrait encore compter sur mes seules jambes un petit moment, au risque de me rompre les os.

La première futaie de bambous n'était encore qu'un objectif au fin fond de l'horizon, un élément du panorama que je ne pensais même pas encore atteindre en rêve.

Un peu plus accessible, mais loin, très loin, siii loin (à une vingtaine de mètres, donc) s'élançait un arbrisseau dont une des branches pourrait peut-être faire mon bonheur. Il me fallait prendre mon mal en patience, remettre la machine grippée en marche, et puis *roulez vieillesse !*

À une allure trépidante de sept-virgule-cinq mètres à l'heure, l'antique mémé-locomotive dévala la distance qui la séparait d'une première touffe d'herbe qu'elle évita soigneusement, de peur que ne s'y cache un caillou mal intentionné déterminé à la faire dérailler. Elle entama un long virage entre cette touffe d'herbe suspecte et une partie beaucoup plus fréquentable de la voie, en s'apprêtant à reprendre le fil tumultueux de sa course folle. Mais horreur ! Un scarabée énorme comme un pétale de cerisier déboula sur la gauche d'une aspérité rocheuse et traîtresse. Chamboulée par la brusque arrivée de l'assaillant, mémé-locomotive tressaillit de tous ses membres-wagons. Allait-elle s'arrêter ? Allait-elle déclarer forfait ? Allait-elle percuter l'insecte de plein fouet et se trouver projetée, par la phénoménale violence du choc, dans les fourrés en contrebas ? Suspens, chers amis, suspens ! *La suite au prochain épisode...*

Ainsi passèrent les interminables minutes, puis les insupportables heures, qui me virent enjamber les obstacles les plus minuscules, redouter les difficultés les plus improbables, craindre à chaque frémissement d'herbe pour ma vie.

Mon esprit, tantôt concentré, tantôt las de ce parcours du combattant sans gloire, analysait tous les dangers potentiels du paysage, ou au contraire s'en amusait en inventant des quinzaines de scénarios-catastrophes, tous plus délirants les uns que les autres. Je cherchai un long moment la façon d'appuyer ma main noueuse sur une pierre moussue et glissante sans me briser le poignet. J'entamai une guerre psychologique avec une insolente cigale, qui paraissait attendre mon anéantissement programmé et ne daignait pas baisser ses fines antennes face à mon regard désapprobateur. Je fis la course avec un escargot bien gras, à la coquille hypnotique et déconcertante, lequel traîna à ma hauteur longtemps, pour me narguer, avant de m'épuiser de toute son affolante fougue.

Mon chemin de croix se poursuivit ainsi, entre périls réels et inventés, entre rires esquissés et larmes véritables.

Pour autant, les difficultés que recelait le paysage étaient parfois incontestables. Elles ne se résumaient pas à de petites distances qu'il fallait parcourir entre un massif épineux et quelques pousses de magnolias.

Il fallait, à certains moments, s'engager sur des espaces caillouteux quasiment organisés à la verticale, s'assurer constamment de ses prises et garder les muscles tendus pour progresser. Lors de ces traversées précises, l'idée ne me venait même pas de me moquer de la « mémé-locomotive » que j'étais devenue. Car même le Yohann très alerte du XXIe siècle était alors en mesure de plonger dans le vide. Aux commandes de l'aïeule asiatique, la difficulté se trouvait multipliée par cent. Et chaque petit mouvement à même la paroi rocheuse mobilisait toute mon attention.

Même si je ne possédais pas de couteau, je me fabriquai une canne de fortune avec l'arbrisseau repéré plus tôt. Cela m'offrit une halte bienvenue. En vérité, je n'aurais su continuer sans m'asseoir un moment. Il me fallait reposer mes articulations surmenées.

Pourtant, je soupirai. Je ne me trouvais pas au bout de mes peines, loin de là. Aucune trace de civilisation, en effet, ne s'offrait encore à mon regard. Et je concevais mal de passer la nuit sur un quelconque tapis de mousse, sous peine que la vieille Chinoise ne s'y endorme pour toujours.

Je n'avais pas encore quitté la montagne, mais au moins la pente devenait douce. Je n'aurais plus à jouer les alpinistes casse-cou du quatrième âge !

— Allons, courage ! La nuit n'est pas encore là, il faut en profiter.

Un sifflement plus prononcé que les autres me fit songer à un hurlement. Je me mis à trembler, tel un épouvantail dont les abattis s'entrechoquaient. Il me sembla reconnaître le cri d'un loup.

Pas l'avatar d'Anubis, non… Mais de véritables loups,

attirés par l'odeur de ma vieille viande, certes dure sous la dent… mais qui constituait une proie facile, car incapable de se défendre ou même de fuir.

Franchement, il ne manquait plus que ça !

Chapitre 32

Tandis que je progressais à travers la forêt de bambous, la lumière du soleil déclinant filtrait en un subtil découpage de rideaux étincelants, qui me frôlaient à tour de rôle. Les ombres des arbres projetées sur le chemin striaient le trajet de zones claires et obscures.

La nuit n'était pas encore là… mais le crépuscule arriverait bientôt. Depuis mon entrée dans le bois, je n'avais entendu aucun autre hurlement de loup.

Tout était calme, paisible, comme en repos. Même les oiseaux s'étaient faits plus discrets, plus flegmatiques. Un peu comme s'ils se préparaient déjà à la sérénité de la nuit.

Peut-être avais-je simplement imaginé les loups. Peut-être le vent s'était-il engouffré dans quelque passage qui avait déformé son souffle posé en un hurlement tourmenté.

Mais peut-être aussi que les oiseaux et tous les animaux de la forêt à l'unisson avaient trouvé plus sage de se montrer presque invisibles. Justement parce qu'ils avaient senti la présence rapprochée de ces prédateurs.

Mon cheminement n'était toujours pas celui d'un cheval lancé au triple galop. Certainement pas celui d'un lièvre apeuré. Et pas même encore celui d'un serpent qui ondule doucement pour rejoindre sa proie. Cependant, sous le coup de l'adrénaline sans doute, j'avançai un peu plus vite que précédemment. Le fait que je ne risquais plus de basculer au fin fond de la vallée au moindre faux pas devait aider, aussi.

D'un autre côté, je sentais la fatigue s'accumuler à chaque mouvement supplémentaire. Il me restait à espérer que le point de rupture ne se trouvait pas à portée de rhumatisme. Car de nouveaux embarras étaient venus s'ajouter à mon supplice.

Je n'étais plus simplement fourbu : j'avais faim, j'avais soif, je voulais dormir. Passé plusieurs fois près d'un ruisseau, je n'avais pas songé à me désaltérer. Ayant presque touché un buisson contenant d'appétissantes baies, je ne les avais pas goûtées. Et puis, je ne pouvais certainement pas m'allonger. Pas encore…

Cerise sur ce vilain gâteau, mes idées fantaisistes de « mémé-locomotive » inventées en début de parcours avaient cédé la place à des pensées beaucoup plus sombres.

En boucle dans mon esprit tournaient le visage de Léa la rouquine et celui de son ancêtre hindoue du XVIIIe siècle, et je me perdais en suppositions. Jamais je n'aurais imaginé qu'une partie de sa famille était originaire d'un pays si lointain. Jamais je n'aurais pu concevoir qu'elle appartenait à une organisation secrète dont j'étais le principal ennemi. Jamais je n'avais pensé que ses baisers si tendres n'étaient qu'une façade, un piège implacable tendu depuis des générations, avant même notre naissance à tous deux, et qui attendait le moment propice pour se refermer sur moi.

Léa avait-elle endossé son rôle à contrecœur ? Avait-elle douté ? S'était-elle opposée à ses parents et à son héritage, prise entre son devoir d'exécutrice et des sentiments qu'elle avait – peut-être – effectivement ressentis malgré elle, en jouant le jeu ?

Non, non, non… Elle m'avait tué. Elle n'avait pas hésité à appuyer sur la détente. Influencée par la présence d'Anubis et d'Hadès, sans doute… Mais elle aurait pu refuser. Elle aurait pu s'abstenir. Si elle avait éprouvé de véritables sentiments pour moi, elle n'aurait pas mis fin à mes jours.

À sa place, jamais, jamais je n'aurais pu l'exécuter. J'aurais trouvé un moyen de la prévenir, un moyen de la sauver.

Parce que je l'aimais, moi !

Ma peine se trouvait, ce soir de calvaire, accrue encore par toutes ces disparitions successives qui jalonnaient mon parcours. Mes parents, ma famille, Yeleen, Aliou… Sans doute à cause de sa mort toute récente, et parce qu'il avait été l'unique allié à qui je m'étais totalement confié, Edmundo Faia me manquait plus atrocement encore. À son contact, j'avais tellement appris !… Sa froide détermination, ses ressources inespérées, son talent d'enquêteur… Tout cela m'avait été fort utile pour progresser dans la connaissance de mes ennemis. Éclairé par ses lumières, j'avais appris à me battre et à surprendre ceux qui me traquaient, tout en perçant leurs secrets.

Sa voix bourrue et malicieuse résonna à mes tympans comme s'il s'était trouvé à mes côtés dans cette vaste forêt de bambous.

« Tu n'es pas au bout de tes peines, pas vrai, *cuco pequeno ?* »

Tel était mon lot : me trouver séparé des gens auxquels je m'accrochais. Car oui, j'étais de nouveau seul.

Tourmenté par ces mornes réflexions, j'en avais, à certains instants, oublié jusqu'à ma peur des loups. Et quelle ne fut pas ma surprise lorsqu'au détour du chemin s'éclaircit soudain la masse des tiges feuillues pour révéler une petite rizière.

Quelques douloureux pas encore, et je sortais totalement du bois.

Incroyable, j'étais encore entier ! Mes membres endoloris n'avaient pas cédé, et aucun animal sauvage n'était venu planter ses dents pour allègrement lacérer mes mollets ridés.

Petite victoire supplémentaire : malgré ce que j'avais imaginé, aucun Anubis, aucun Hadès, aucune Kālī ne m'attendait pour me trouer la peau. Peut-être aurais-je droit à quelques heures de répit… et à un lit pas trop inconfortable.

— Je me demande cette fois lequel des trois va me débusquer en premier, prononçai-je. Hé, peut-être que je suis trop éloigné d'eux pour qu'ils puissent me localiser !

Cette pensée me fit presque sourire. Une sinistre intuition m'indiquait qu'il n'existait sur ce globe pas un seul endroit où j'aurais pu me cacher pour leur échapper durablement.

Les derniers mètres de mon chemin de croix m'amenèrent le long de quelques cultures immergées. Une rizière, je m'en doutais, mais peut-être aussi d'autres plantations que je ne connaissais pas. Il y avait encore, attenant à ces parcelles, un petit jardin potager plutôt bien entretenu.

Depuis la sortie de la forêt, j'avais repéré une unique habitation, vers laquelle je me dirigeai. Cette masure au toit tressé, à moitié mangée par la végétation, paraissait émerger d'une seconde futaie de bambous. Elle était visiblement déserte.

— À tous les coups, je suis arrivé chez moi, ronchonnai-je. C'est bien ma veine : cette vieille Chinoise est une ermite, ou quelque chose comme ça… Ça va être pratique pour parler à des gens et découvrir en quelle année je suis !

Cette vilaine intuition était contrebalancée par l'immense satisfaction d'avoir atteint mon but malgré les mille et un périls disséminés sur mon chemin. Jamais je n'aurais songé souffrir autant en parcourant une route finalement déserte. Complètement vidé, j'avais l'impression d'avoir réalisé un marathon de basket, accompli un match de tennis en cinq sets, exécuté la pleine batterie des exercices proposés par Edmundo, enchaîné sans discontinuer séances de tirs au pistolet puis au couteau, enfin chargé et déchargé les lourdes caisses de l'*Enguia Azul* tout en étant roué de coups par l'abominable Caldeira.

Affamé, assoiffé, exsangue… Enfin, enfin, ENFIN, j'allais pouvoir me reposer.

Je franchis le seuil de la petite habitation. Les portes coulissantes que j'actionnai me révélèrent de petites pièces rectangulaires, quasiment dépourvues de mobilier. Il y avait une cuisine et quelques réserves de nourriture savamment ordonnées. Je plongeai presque la tête entière dans un seau d'eau fraîche posé à terre, et dont je bus une partie sans cérémonie, à longues gorgées bienfaisantes. Puis je me jetai sur un petit bol contenant des légumes verts et blancs qu'il me fut impossible d'identifier autant à la forme qu'au goût.

Jamais, pourtant, je ne m'étais autant régalé !

Considérant depuis une fenêtre le mont que j'avais mis une journée entière à descendre, je le trouvai soudain grotesque. Ridiculement petit, si d'aventure on le comparait aux imposantes montagnes qui l'environnaient et qui désormais disparaissaient dans la nuit constellée d'étoiles.

Mais loin de moi l'idée de minimiser mon exploit ! Toute aïeule que j'étais, j'avais accompli une véritable performance dont je pouvais me vanter. Ou plutôt… dont *je pourrais* me vanter, si par chance quelqu'un venait à s'aventurer dans cette zone perdue au fin fond de ce que j'imaginais être la Chine.

Un dernier craquement d'os, un dernier effort, encore !

L'obscurité étant tombée, j'avais allumé une bougie. À la recherche d'un lit, je finis par déboucher dans une pièce qui, contrairement au reste de la maison, abritait un véritable capharnaüm de papiers, rouleaux, parchemins et notes éparses. Ceux-ci couvraient le sol, ainsi qu'une partie des murs. Nombre d'entre eux se trouvaient annotés, soulignés, entourés. Certains dessins, au mur, paraissaient représenter non seulement mes trois adversaires principaux… mais aussi leurs nombreux alliés. Dessinés dans un style différent, asiatique… Pourtant, leur identité ne faisait aucun doute.

À cet endroit avaient été entassés presque autant de documents que dans la petite bibliothèque lisbonnaise des Enfants de Polaris. Des décennies et des décennies de recherches, rassemblées ici par la vieille ancêtre que j'incarnais.

Chapitre 32

— Tout ceci doit être… excessivement intéressant, commentai-je.

Puis, sans cérémonie, je fermai la porte sans même être entré dans la pièce et tournai les talons.

Trouvant enfin le futon posé à terre dans la pièce adjacente, je m'agenouillai et m'étalai à plat ventre dans un râle de satisfaction absolue.

Les vieux papiers de l'ancêtre pouvaient bien attendre jusqu'à demain. Pour le moment, dodo !

— ZZZZZZZZZZZZZZZZZZZZZZZZZZZZZZZ…

Chapitre 33

Lorsque j'émergeai enfin du plus profond des sommeils, les rayons du soleil caressaient les innombrables plis de mon visage. Ils devaient le parcourir depuis longtemps déjà, car la lumière se faisait déclinante. J'avais dormi près de vingt-quatre heures.

Satisfait de cette très longue nuit, je voulus m'étirer comme un chat, en profitant encore un peu du confort de mon couchage et en jouissant de mon dynamisme retrouvé.

Oui mais voilà... Aussi pénible qu'avait été mon périple, du sommet du mont jusqu'à ma masure isolée, le réveil se révéla dix fois pire. J'avais poussé mon ancestrale carcasse jusqu'à ses extrêmes limites. Une nuit et un jour entiers de moelleuse immobilité n'allaient certainement pas suffire à effacer cela. À cet âge, le moindre excès pouvait laisser de très lourdes séquelles. Peut-être même ne m'en remettrais-je jamais !

— Ooooh, purée sa mèèèère !

Les larmes vinrent s'accumuler au bord de mes paupières tandis que mes membres, qui n'étaient plus qu'une grosse plaie cruelle, craquelaient comme des brindilles sur le point d'éclater au sein d'un brasier. Perclus d'arthrite, de rhumatisme, de courbatures, de froissements musculaires, de structure osseuse fêlée ou brisée à plusieurs endroits peut-être, je me mis à pleurer de douleur. Et même ces sanglots furent des coups de poignard dans ma poitrine oppressée, dans ma cage thoracique comprimée, dans mes poumons ratatinés, dans mes côtes déformées.

Incapable du moindre geste, privé même du salut d'un cri, l'expression de ma douleur mourut dans ma gorge tremblante et sèche. Ma respiration se fit rauque, mauvaise, chargée de bile et d'une trop grande acidité. Je poussai un râle plaintif et moribond, un insupportable bruit que je suspectais être la manifestation de ma mort imminente. Je n'osai plus bouger le moindre muscle, je n'osai plus rien tenter.

J'allais juste agoniser un moment avant de rendre cette vieille âme de la façon la moins glorieuse possible, allongé sur le dos, mes yeux devenant vitreux, le cœur ralentissant petit à petit…

Jusqu'à cesser tout à fait de battre.

Mais tandis que je commençais à tenir de façon très convaincante mon rôle de futur cadavre, une drôle de sensation monta de mon bassin. Une sensation sourde, moins douloureuse que celle qui s'était emparée de chaque autre partie de mon corps, mais une sensation tout aussi désagréable, car…

— C'te haine… J'ai trop envie de pisser ! grinçai-je.

J'avais dormi près de vingt-quatre heures. J'avais énormément bu la veille au soir. Ma vessie se trouvait donc sur le point d'exploser.

Chapitre 33

Alors, je me rendis compte que je n'étais pas du tout en train de mourir. Alors, je compris que ce sort funeste m'eût plutôt arrangé, car il m'eût permis d'abandonner cette épave pour aussitôt retrouver un vaisseau beaucoup plus jeune et musculeux.

Mais l'heure ultime de la vieille Asiatique fripée comme une noix géante n'était pas encore venue. En réalité, celle-ci possédait des ressources physiques assez impressionnantes, compte tenu de son âge de dinosaure. Car bientôt, horrifié à l'idée de maculer mon lit, je me trouvai assis, puis debout, et enfin je trottinai jusqu'à un petit coin au-dehors qui servait de latrines.

J'avais eu mal, certes. Mais rien d'insurmontable. Et désormais je me tenais accroupi – toujours – tandis que ma vessie de momie desséchée se vidait, se vidait, en passant par un orifice que je n'osai même pas regarder tant cette situation me gênait. Et je ne vous parle pas des bruits parasites, trahisons d'un corps usé dont on ne contrôle plus tous les relâchements.

Bref, passons les détails. Je me trouvai soulagé, maintenant. Soulagé, debout, et tout à fait vivant.

À pas toujours aussi douloureux, mais mes pieds se posant sans trop d'embarras l'un devant l'autre, je revins à la cuisine, où je dénichai cette fois un peu de viande séchée et où je fis cuire du riz.

D'où venait le riz, je pouvais le deviner... Mais cette viande ?... Je n'avais aperçu aucun animal de ferme et j'imaginais mal ma squelettique incarnation tirer au fusil la perdrix, ou courser le lapereau dans les collines. Peut-être n'étais-je pas totalement coupé du monde, finalement...

— Bon, je verrai bien, entonnai-je.

Et, me souvenant du petit trésor de rouleaux et de notes aperçu la veille, je retournai dans cette pièce que je ne pouvais décemment appeler bureau, mais plutôt placard-géant-à-capharnaüm-avec-une-table-ensevelie-tout-en-dessous.

L'obscurité avait de nouveau gagné mon logis. Je saisis une bougie, l'allumai et me penchai sur tous ces écrits.

L'un d'eux, en particulier, attira mon attention. Il ne me fallut aucun effort pour déchiffrer les idéogrammes et les drôles de caractères tracés à l'encre noire. Comme d'habitude, si les souvenirs de mes vies antérieures m'étaient totalement étrangers, en revanche la zone de leur cerveau abritant la lecture et le langage se trouvait parfaitement accessible.

Lentement, je fis pivoter le document que j'avais choisi. Il s'agissait d'un très long rouleau qui portait ce titre : *Recherches sur les Cycles de Vie et de Mort, dix-septième partie.*

— « Voici ce qu'au sujet des Cycles de Vie et de Mort l'on peut avancer, lus-je à voix haute. On trouvera d'importants indices dans les pages du Bhagavad-Gîta, l'un des ouvrages les plus intéressants de la religion hindouiste. Il y est écrit que "l'âme incarnée rejette les vieux corps et en revêt de nouveaux, comme un homme échange un vêtement usé contre un neuf". Ces théories, d'après mes recherches, seraient plus proches de la réalité que nos propres principes bouddhistes. »

Je secouai la tête car je n'y comprenais pas grand-chose. Hindouisme, bouddhisme… Ces deux religions m'étaient quasiment inconnues.

Chapitre 33

Depuis que j'avais commencé mon voyage à travers les siècles – je m'en rendais bien compte ! –, mon esprit avait évolué. Mes réflexions d'adolescent du XXIe siècle s'estompaient peu à peu pour se fondre dans les expériences des personnes que j'étais devenu à d'autres époques. J'avais ainsi été soldat, déserteur, voyageur, esclave, garçon à tout faire, marin, apprenti-guerrier, enquêteur, assassin acrobate, et maintenant érudite. J'avais été un adolescent, un adulte, un enfant, un athlète, une vieille femme. De sorte que je finissais, parfois, par avoir quelque doute sur mon âge. Un peu comme un acteur qui interprète son personnage de façon si convaincante qu'il se laisse lui-même contaminer par des pensées qui n'auraient pas été à la base les siennes.

Je m'exprimais encore, la plupart du temps, comme un jeune homme de mon époque. Mais mes yeux analysaient parfois les choses comme un garçon devenu soudain adulte, comme un gamin d'une autre ethnie, comme une vieille femme désabusée et physiquement abattue. Sans compter ces petites capacités mentales ou corporelles auxquelles j'avais parfois accès. Comme la façon de se battre d'un gymnaste indien, la connaissance de la langue allemande ou l'aisance pour déchiffrer ces idéogrammes qui dansaient maintenant devant moi.

Ces considérations en tête, je compulsai d'autres pages à la lumière vacillante de la bougie. Visiblement, l'archaïque Chinoise qui résidait ici était totalement passionnée par ce sujet très particulier : la réincarnation. Quelques écrits, rédigés à la première personne, expliquaient vaguement comment elle avait constitué son impressionnante collection de rouleaux et parchemins.

À ce que j'en compris, elle avait, dans sa jeunesse, énormément voyagé. De ses lointaines expéditions, elle avait amassé une incroyable quantité d'informations, pris autant de notes qu'elle le pouvait, parfois acheté d'antiques ouvrages à des prix exorbitants. À partir de ceux qu'elle jugeait les plus importants, elle avait écrit des kilomètres et des kilomètres de textes.

Je retins mon souffle. Dans cette pièce s'étalaient le savoir et les recherches de toute une vie.

Je ne sus combien d'heures je restai ainsi plongé dans cette mine d'informations malgré ma grande fatigue et mes abominables rhumatismes. Assis sur un simple coussin, je passai d'un document à l'autre, captivé par le sujet.

J'appris que, selon la religion hindouiste, l'âme finissait par quitter notre corps, mais demeurait sur la Terre pour débuter une autre existence, dans un autre corps.

Selon certaines théories, la somme de nos actes déterminait la nature de notre vie suivante. Les hindous employaient, pour en parler, le terme de « karma ». Si nous avions bien agi et que nous possédions un bon karma, l'existence suivante se révélerait paisible. Si nous avions mal agi, en revanche, notre mauvais karma nous dirigeait vers une vie beaucoup plus difficile.

Au terme d'un long cycle de morts et de renaissances, l'âme finissait par acquérir une immense sagesse, et enfin quittait la Terre pour un monde meilleur.

Bien entendu, tout cela me fit réfléchir à ma propre situation. Que pouvait bien lier, en effet, une vieille ascète chinoise avec un guerrier Indien de 1757, un petit Africain de 1785, un soldat allemand de la Première Guerre mondiale et un adolescent de mon époque ?

Chapitre 33

Pourquoi *cet* Indien, *cet* Africain, *cet* Allemand, *cette* Chinoise en particulier ? Et Pourquoi *moi* ?…

Et si tout ceci possédait un sens ? Et si toutes ces vies que j'avais vécues se trouvaient effectivement liées entre elles… par un cycle de réincarnations ?

D'après ce que je venais de lire, au cours de ce long processus, notre âme habitait parfois un animal, un végétal… Si j'avais été un blaireau, une perdrix, un buisson de chardons ou je ne savais quoi d'autre encore, je n'en possédais aucun souvenir.

— Peut-être simplement parce que l'animal ou le végétal n'ont pas vraiment conscience de leur condition, songeai-je.

L'idée selon laquelle mon itinéraire ne devait rien au hasard me fit frémir, car elle emballait mon imagination. Alors, il était possible de vivre au-delà des limites de sa simple vie ?…

Mais pourquoi, alors, m'étais-je soudain mis à voyager à l'envers ?

Soulevant un nouveau mont de paperasse, je finis par tomber sur un livre à couverture de cuir, lequel présentait un symbole qui ne m'était pas inconnu : une petite étoile bleue. Le feuilletant, je découvris qu'il parlait, comme je l'avais deviné, des Enfants de Polaris.

Je croisai les bras. Voilà qui était extrêmement troublant.

Ainsi, l'ancêtre chinoise ne s'intéressait pas seulement à un phénomène qui me concernait peut-être – la réincarnation –, mais elle s'était également documentée sur mes adversaires. Peu à peu, les ultimes doutes qui avaient persisté se dissipèrent : nos existences, celle de l'ermite et la mienne, se trouvaient effectivement liées.

— Cela paraît logique, en fait… analysai-je. Alors, est-ce que je suis maintenant au bout du voyage ? Ou bien… ?

J'ouvris le livre surmonté de l'étoile. Et, en quelques minutes, j'en appris davantage sur les Enfants de Polaris que dans mes quatre autres vies.

CHAPITRE 34

La femme que j'incarnais se nommait Izumi Yamasato. Contrairement à ce que j'avais cru, elle n'était pas chinoise... mais japonaise ! Sa passion pour la réincarnation et son intérêt pour les Enfants de Polaris possédaient une seule et même origine. Quelque cinquante ans plus tôt, elle avait été approchée par une petite escouade de mes ennemis. Ceux-ci la soupçonnaient de « servir de réceptacle à la conscience de l'Adversaire ».

Après l'avoir capturée, questionnée et même torturée, ils avaient fini par reconnaître leur erreur, puis l'avaient relâchée. Les Enfants de Polaris ne s'étaient pas vraiment trompés, bien sûr, puisque j'avais fini par débarquer dans l'esprit de la Japonaise. Avec un bon demi-siècle de retard, tout de même.

Traumatisée par cette expérience, la jeune Izumi s'était renseignée sur ces « dangereux personnages qui s'appelaient, entre eux, par des noms de divinités ». Bien vite, dans ses recherches, le nom de « l'Adversaire » était apparu. Cet être qui transgressait les lois de la Mort et du temps était présenté, par les Enfants de Polaris, comme une âme capable de se « réincarner à l'envers ». Et donc une « abomination de la nature » qu'il fallait « absolument éliminer ».

Izumi, qui, à l'époque, n'y connaissait rien en réincarnations, s'était penchée sur le sujet, histoire de se forger sa propre opinion. Jamais elle ne se serait doutée que ces interrogations et ces recherches allaient lui prendre toute une vie.

De loin en loin, elle suivait l'évolution des Enfants de Polaris. Discrète, débrouillarde et rusée, elle apprit bientôt tout de leurs croyances, de leurs codes et de leur fonctionnement, sans plus jamais attirer leur attention. De ces découvertes était né ce volume relié surmonté d'une étoile bleue, véritable mine d'informations.

Au fur et à mesure de ma lecture, un phénomène particulièrement étrange se produisit. Bientôt remontèrent plusieurs images assez vagues, et même certaines visions un peu plus nettes.

Je me vis beaucoup plus jeune, j'étais une femme fine et sportive, simplement munie de mon baluchon, déambulant parmi les rizières sous un soleil de plomb. Puis je me trouvais sur un bateau, une longue embarcation de bois au sein d'une mer démontée. Devant moi une vague immense s'abattait, emmenant la majeure partie de l'équipage, qui hurlait. L'instant d'après, je me courbais au sol devant le souverain d'un lointain pays d'Occident.

Ces images éparses s'accompagnaient de bruits, d'odeurs, de sensations, et même de sentiments que mon corps avait déjà éprouvés. Ceux-ci, bien entendu, se trouvaient liés aux recherches effectuées par Izumi sur les Enfants de Polaris, et que ses pages manuscrites me révélaient.

Un poème sur mes trois principaux adversaires avait été retranscrit sur un coin de parchemin. Il me sembla l'avoir déjà lu quelque part, ou l'avoir entendu.

En fait, tout se passait comme si mon arrivée dans le corps de la vieille Japonaise n'avait pas, cette fois, tout effacé de ses souvenirs.

Les heures défilèrent. Je tournais les pages sans pouvoir m'arrêter. Le soleil finit par se lever de nouveau sur la montagne et les forêts de bambous lorsque, la tête emplie d'images, je terminai cette passionnante étude consacrée à mes adversaires. Les lucioles dansaient en nombre croissant devant mes yeux fatigués. Je secouai la tête.

— Très intéressant. Vraiment… passionnant, marmonnai-je. Je comprends beaucoup mieux. Ah, Edmundo Faia… Comme tu aurais aimé, je le pense, connaître tout cela !

L'espace d'un instant, je songeai à mon vieil ami. Je l'avais trouvé si usé, avec ses cicatrices, ses quelques rides, sa jambe boiteuse et ses cheveux gris… Tellement marqué par les épreuves de la vie… Avec ma tête de momie, j'étais bien plus usé que lui, maintenant !

— Plus usé, mais en même temps, à cette époque, lui n'est pas encore né ! dis-je encore.

Oui, lui n'était pas né, moi je poursuivais mon chemin en arrière. Comme tout cela était compliqué. Compliqué et simple à la fois, en fait…

Tout cela me donnait le vertige et, pour ne pas perdre pied, je fixai mes pensées sur Edmundo. Je le devinai : ses remarques acerbes mais intelligentes, et son érudition de vieux chirurgien, me manqueraient encore longtemps ! Ensemble, nous aurions été beaucoup plus forts, et sa finesse naturelle m'aurait permis de lire entre les lignes des informations que je venais d'accumuler. J'en savais beaucoup plus, oui… Mais, avec lui, j'aurais peut-être *tout* deviné.

Je soupirai encore au souvenir de la sortie de scène de mon ami. Celle-ci avait été si violente, *explosive*… Avait-il lui aussi succombé ? Avait-il trouvé une improbable échappatoire ? Je n'avais rien pu faire… Edmundo avait traversé ma vie comme une étoile filante, me marquant à jamais, tout en gardant intacte son aura de mystère et de secrets aux clés à peine esquissées.

Oui, il avait osé aimer la reine du Portugal. Mon esprit pouvait recoller les morceaux épars : son idylle découverte, le roi avait, bien évidemment, voulu le châtier. Mais comment cela s'était-il passé ? Avait-il été condamné à mort ? S'était-il enfui ? Et puis, la reine partageait-elle ses sentiments ? S'étaient-ils embrassés ? Vers la fin de son histoire, mon ami avait-il osé l'impossible : retourner la voir, un jour, une nuit… Braver tous les dangers dans le feu de la passion, au mépris de sa vie ?…

Tout occupé par les épais mystères de ma propre existence, je n'avais pas même pris le temps de réfléchir à ces questions qui demeureraient pour toujours en suspens.

Avec l'âge et mes vies accumulées, je devenais philosophe :

Chapitre 34

— Au cours de notre existence, on se pose finalement beaucoup plus de questions que l'on obtient de réponses, énonçai-je. Et la part d'ombre et d'énigme ne se dissipe jamais vraiment.

Sur ces considérations, je hochai la tête, perdu dans un flot de pensées. Au moins, en ce qui concernait mes puissants adversaires, je venais d'acquérir tout un lot de précieux renseignements.

Recoupant ces informations, je passai la main sur mon visage buriné. Je pris alors mon courage à deux mains, m'apprêtant à dégourdir les jambes de ce corps auquel – il le fallait bien ! – je commençais à m'habituer. Au milieu d'une des cloisons, alors, je remarquai pour la première fois une note pliée en deux. Elle portait cette étrange mention :

À mon autre moi-même,
Quels que soient l'endroit et l'époque d'où tu viens.
I.Y.

Je détachai ce petit papier, clairement adressé à moi, Yohann Massart, de la part de la vieille Izumi. Et voici ce qu'il disait.

Cher double,

Je te souhaite la bienvenue. Il me convient également de te présenter des excuses.

Si tu n'as pu te manifester auparavant, à mon époque, c'est sans doute parce que je ne t'en ai pas vraiment laissé l'occasion. Rompue depuis ma plus tendre enfance à l'art délicat de la méditation, j'avais senti ta présence latente depuis bien des années. Peut-être même depuis que je suis en âge de raisonner.

Je n'ai eu de cesse, dès lors, de retarder le moment de ton apparition.

Désormais, j'entame le crépuscule d'une vie bien remplie. Si mon esprit demeure affûté, mon corps n'est plus en revanche qu'un vieux cheval malade lancé dans son dernier trot. Aussi puis-je accepter plus facilement ta venue, car j'ai fini par comprendre qu'elle était dans l'ordre des choses. J'ai donc décidé de gravir le petit mont Kumichi, de me mettre à l'unisson avec la nature, et de t'accueillir enfin.

Puisses-tu un jour pardonner ma démarche égoïste, qui m'a fait sans cesse repousser cet instant.

L'heure de l'Émergence est venue.

Je te laisse désormais accomplir tout ce qui doit l'être.

À tout de suite et à jamais,

Izumi Yamasato.

Je grattai mon crâne presque chauve.

Ainsi, la vieille Izumi, de par sa grande force mentale, m'avait laissé somnoler un long moment dans un recoin de sa conscience. Sans doute aurait-elle été capable de me faire taire ainsi jusqu'à sa mort si elle l'avait souhaité !

En 1785, à Lisbonne, les Enfants de Polaris avaient également parlé d'« Émergence ». Ma dernière lecture me l'avait appris : par ce terme, mes ennemis décrivaient le phénomène de mon arrivée à une nouvelle époque. Encouragés dès leur plus jeune âge à développer leurs capacités psychiques, certains finissaient par manifester de véritables dons télépathiques. Tels des limiers rigoureusement entraînés, les plus doués d'entre eux se trouvaient alors capables de détecter précisément le lieu géographique de cette « Émergence ». L'image qu'ils employaient la plus fréquemment était celle du phare. Soudain, une lumière se faisait dans leur esprit, et ils se voyaient guidés par elle, vers une destination très précise. Celui qu'ils appelaient l'Adversaire devenait alors aussi visible que ce phare censé mener les navires à bon port. Voilà pourquoi, à chaque époque et en chaque lieu, les Enfants de Polaris m'avaient toujours retrouvé.

Seule l'inconscience prolongée du petit Nembo, alors très affaibli, leur avait fait perdre ma trace.

Pire encore : d'après ma lecture, les Enfants de Polaris paraissaient capables de me localiser avant même que je ne me « réveille ». Ce qui leur offrait une dangereuse longueur d'avance. D'où mon (trop) court séjour en 1757 : ils savaient où me débusquer, quand moi-même je n'étais pas encore parvenu à m'imposer dans l'esprit de mon hôte indien. En cette nouvelle époque, ils étaient également tombés à bras raccourcis sur la jeune Izumi. Laquelle avait accompli l'exploit de les berner.

Après tous ces voyages, et grâce aux recherches d'Izumi, je commençais enfin à entrevoir cette vaste et complexe tapisserie que composaient mes vies. Peut-être ne pouvais-je disposer d'un corps en pleine santé, mais je lui étais extrêmement reconnaissant d'ainsi éclairer ma lanterne !

La lettre de mon alter ego n'était pas terminée. Elle comportait, en guise de conclusion, une mise en garde qui commençait ainsi :

Maintenant que l'Émergence a eu lieu, les agents de l'Étoile Bleue ne vont plus tarder à se manifester. Ta vie se trouve donc en danger. Et voici ce que tu peux accomplir pour les empêcher d'agir...

Ma lecture fut interrompue par une ombre projetée sur le papier que je tenais entre les mains. Cette ombre glissa jusque sur le mur, pour s'y dessiner plus nettement.

Je me retournai : un homme armé d'un sabre se tenait juste devant ma fenêtre.

L'homme fut bientôt rejoint par une autre silhouette, et par une autre encore. Ces trois personnages portaient des masques japonais.

— Quel imbécile ! éructai-je... Évidemment qu'ils allaient arriver. Et moi, perdu dans mes lectures, je n'ai pris aucune précaution !

Leur brusque apparition me paraissait irréelle. Un peu comme s'ils avaient soudain surgi des parchemins déroulés pour prendre forme, telles des chimères assassines.

Mais non, ils étaient bien vivants, et juste là, devant moi...

Soudain, il y eut un fracas. Plusieurs autres personnages, que je n'avais même pas entendu venir, entrèrent dans la maison, l'arme au poing.

L'étoile bleue que certains arboraient ne me laissa aucun doute sur leurs intentions.

Même si je l'avais voulu, je n'aurais pas été capable de me battre. Mes muscles raidis et mon dos voûté m'empêchaient même de fuir.

— Décidément, marmonnai-je, vous arrivez toujours au moment où l'on s'y attend le moins.

Chapitre 34

Un homme au masque rouge et sévère s'avança.

— Nous avons toujours soupçonné ton accointance avec l'Adversaire, Izumi Yamasato. Mais il n'est pas dans nos habitudes de tuer des innocents. Pendant tout ce temps, nous nous sommes tenus en embuscade…

— Maintenant que nous connaissons ton vrai visage, dit une femme au masque de renard, il nous est permis d'agir sans aucun remords.

Aucun de ces masques ne ressemblait à celui d'Hadès, d'Anubis ou de Kālī. Je devinai aisément pourquoi : tous asiatiques ou presque, les Enfants de Polaris qui venaient de débarquer représentaient des divinités locales. D'après les descriptions laissées par Izumi, l'homme au masque rouge devait se nommer Shinigami.

— Si je vous dis que je suis toujours Izumi et non l'Adversaire, tentai-je, est-ce que vous quitterez ma maison et me laisserez tranquille ?

— Tu ne peux plus nous mentir, dit la femme au masque de renard.

— Ton heure est venue, vieille folle, enchaîna abruptement Shinigami en s'avançant vers moi. *Shinei*[1] !

Il me pointa alors de son katana. Chacun de ses alliés l'imita.

La douleur allait être atroce. Je le savais pour l'avoir déjà ressentie, au pied du Taj Mahal.

Plutôt que de songer à l'ignoble souffrance d'une nouvelle et inéluctable mise à mort, je me mis à anticiper ma prochaine incarnation.

J'étais déjà devenu un enfant, un soldat, une ancêtre…

---

[1] « Meurs ! »

Peut-être allais-je incarner une jeune femme, pour changer ? Avec un peu de chance, celle-ci posséderait la même agilité que le guerrier indien du XVIIIe siècle…

Shinigami se rapprocha dangereusement de moi. Je restai cette fois parfaitement impassible. D'un mouvement sec et précis, il leva son katana au-dessus de mon antique tête.

Il ne l'abaissa jamais : une tache pourpre venait d'apparaître sur son ventre.

— *Ma… Masaka*[1] ?! grogna-t-il.

Puis il s'effondra, sans vie. Une lame avait été plantée dans son dos.

Alors, des quatre coins de l'espace, au-dehors comme au-dedans, plusieurs dizaines de silhouettes meurtrières s'abattirent sur les êtres masqués. Ceux-ci furent transpercés d'épées, mouchetés d'étoiles coupantes, morts avant de toucher terre.

Le combat ne dura guère plus longtemps que la vie d'une allumette embrasée. Dans un déploiement de dextérité et de sang, les hommes et les femmes venus à mon secours exterminèrent chacun de mes ennemis, s'assurant qu'ils ne possédaient plus aucune chance de se relever.

Tout redevint parfaitement calme dans la petite demeure désormais emplie de guerriers silencieux et jonchée de trois cadavres.

L'un de mes sauveurs, une très belle Asiatique, vint s'agenouiller devant moi.

— Yamasato-*sama*[2], vous n'êtes pas blessée, j'espère ?

---

[1] « Impossible »

[2] Marque de respect.

Chapitre 34

— Euh… non… non, répondis-je, vraiment surpris. Mais vous êtes…

— Nous sommes désolés d'avoir outrepassé vos ordres, continua-t-elle en s'inclinant un peu plus bas. Vous nous aviez bien spécifié de ne pas vous déranger lors de votre méditation sur le mont Kumichi… Mais, en voyant arriver toutes ces personnes, nous avons craint pour votre vie. Au nom de tous vos subordonnés, veuillez accepter mes excuses, chère doyenne. *Katajikenai*[1] !

Chacun de mes sauveurs posa un genou à terre et s'inclina.

Je restai sans voix.

Les Enfants de Polaris n'avaient rien vu venir. En un éclair, ils avaient été défaits. Décidément, ce séjour au Japon se révélait riche en surprises. Mes yeux se portèrent sur la note que je tenais toujours entre les mains. Elle se terminait par ces mots :

Et voici ce que tu peux accomplir pour les empêcher d'agir : puise dans mes notes, et surtout appuie-toi sur l'aide de mes soldats.

Je n'étais plus seulement une vieille solitaire érudite, mais une respectable chef de clan. Avec à ma disposition un groupe fidèle, particulièrement bien entraîné. Une femme à la tête d'une petite armée ?… À cette époque, cela ne devait pas être courant !

— Dites-nous ce qu'il faut entreprendre, maintenant, murmura la jeune fille face à moi. Et nous vous obéirons un peu mieux.

---

1 « Pardon »

Pour la première fois depuis mon arrivée à cette époque, je me sentis extrêmement chanceux. Alors, mon visage racorni de très vieille femme afficha un large sourire.

Chapitre 35

Trois mois plus tard, je naviguais à bord d'un long et luxueux navire, battant pavillon aux couleurs du clan Yamasato.

Il ne s'agissait pas de ces jonques que j'avais aperçues par centaines en quittant le port de Sendai. Mais plutôt d'un bâtiment doté de trois mâts, armé de canons, un impressionnant *shuinsen*[1] à voiles carrées, et qui n'avait pas grand-chose à envier à l'*Enguia Azul*.

L'époque dans laquelle j'avais débarqué avait vu le Japon se refermer sur lui-même à cause d'une politique isolationniste qui interdisait tout contact avec l'extérieur. Mais le shogun pouvait bien décréter ce qu'il voulait ! Rien n'arrêterait la froide détermination du clan Yamasato.

La vaste famille que je dirigeais s'était révélée en effet aussi riche qu'influente. Pendant des générations, les ancêtres d'Izumi avaient épaulé, conseillé, guidé avec sagesse les puissants dirigeants du pays. Et son grand âge,

---

[1] Navire de commerce armé.

maintenant, lui valait tous les égards ! Aussi le shogun avait-il cédé, à titre exceptionnel, devant le caprice de la vieille Izumi. Cette fois, un *shuinsen* allait voguer vers les lointaines terres d'Occident.

Assis sur un confortable trône matelassé, drapé d'une triple épaisseur de tissus chatoyants, devancé dans tous mes désirs par un groupe de domestiques qui demeuraient toujours à mes côtés, je considérai la bonne centaine d'hommes et de femmes qui se trouvaient sur le pont du bateau, et sous mon commandement. Jadis, leurs ancêtres avaient servi mon père. Depuis plusieurs générations maintenant, ils se soumettaient aux ordres de son unique fille.

Durant les dernières semaines écoulées, j'avais appris l'étendue de mes possessions : habitations, champs, immenses propriétés aux jardins superbes, châteaux construits tout en hauteur, aux larges étages empilés et aux toits ouvragés. Chacun de ces domaines fourmillait de paysans, serviteurs, domestiques, soldats et *bushis* qui tous m'obéissaient.

Je n'avais bien entendu pas tout visité. Mais, depuis que les sentinelles armées de mon clan s'étaient manifestées, elles m'avaient amené d'une résidence à l'autre, m'entourant sans cesse de leurs prévenances, et tenant à distance les importuns de leurs lames affûtées.

Parmi tous ces soldats dévoués, une femme d'une trentaine d'années, du nom de Seika, semblait occuper le poste de première conseillère et de garde du corps personnelle d'Izumi. Aussi vive d'esprit que fine lame, elle me suivait comme une ombre et ne laissait jamais rien au hasard pour assurer ma protection. C'était elle qui vérifiait la sécurité des endroits où nous nous rendions, et c'est également par elle que je passais lorsqu'il fallait engager des tractations avec les seigneurs voisins, ou avec les représentants du shogunat Tokugawa.

Dans les premiers temps, cette dangereuse poupée de porcelaine m'avait intimidé. À chacune de ses apparitions, j'avais d'abord bégayé et, sous mes rides, j'avais sans doute rougi. Si mon comportement avait étonné Seika, celle-ci, déférente et dévouée, n'en avait rien laissé paraître.

Seika allait où je ne pouvais aller, comprenant mieux que quiconque mes raisonnements, devançant même parfois mes attentes, et toujours à propos. Impossible, à son contact, de ne pas deviner combien Izumi avait dû l'apprécier. Et Seika le lui rendait bien.

À ce que j'avais deviné, quinze ans plus tôt, Izumi avait arraché Seika à une misérable vie qui ne lui promettait que vols à la tire, fuite continue et prostitution. Le caractère bien trempé de cette adolescente rencontrée dans les provinces du nord l'avait intéressée. Sans doute parce qu'elle lui rappelait le sien. Elle l'avait ensuite modelée en cette ombre bienveillante et létale, qui ne la quittait que rarement. Et l'on sentait, dans chaque parole prononcée par Seika, toute la reconnaissance de la jeune femme à l'égard de sa vieille protectrice.

Aussi finis-je par m'habituer à sa nécessaire et très agréable présence, comme un prolongement de moi.

Hors de mes murs, je n'utilisais presque plus mes jambes : on me déplaçait d'un lieu à l'autre en carrosse, en chaise à porteurs, et même parfois à dos de *bushi*.

Ma réputation était donc celle d'une vieille excentrique extrêmement fortunée, à qui il ne fallait surtout rien refuser. Comme cette retraite dans les montagnes japonaises, où j'avais vécu quelque temps par moi-même, en harmonie entre le ciel qui me baignait de lumière et la terre que je cultivais. Comme ces femmes vêtues de lourdes armures ressemblant à celles des samouraïs et qui – chose impensable pour l'époque ! – devisaient à égalité avec les guerriers masculins qui constituaient mon armée sans pareille.

Et comme cette expédition insensée qui me faisait mépriser toutes les règles isolationnistes instaurées par le shogun pour le pays entier.

Il m'avait pourtant fallu quelques efforts pour convaincre mes propres suivants de m'accompagner dans ce long et périlleux voyage à l'autre bout de la Terre.

— Mon but est simple, leur avais-je annoncé. Je veux me rendre à Paris, au quartier général des Enfants de Polaris. Je vais m'arranger pour que tous mes ennemis s'y assemblent. Je sais déjà comment m'y prendre… Ensuite, nous nous assurerons qu'ils ne pourront plus jamais nous nuire.

Si personne n'osa questionner directement cet ordre de mission, les murmures étaient allés bon train. Et de prudentes objections me furent adressées concernant mon état de santé.

— Avec tout le respect que je vous dois, maîtresse, avait commencé l'un de mes lieutenants, très mal à l'aise, n'êtes-vous pas un peu trop avancée en âge pour entreprendre un périple qui vous mènera à l'autre bout du monde ? Vous feriez mieux de nous confier cette mission tout en demeurant paisiblement dans l'une de vos nombreuses demeures, et…

— Je n'ai jamais pris une décision à la légère, avais-je aussitôt répliqué. Aujourd'hui encore, je pense que je fais le bon choix. Cet assaut, j'entends moi-même le mener. J'ai dit !

Le lieutenant, gêné, s'était confondu en excuses, puis s'était rangé à mon avis. Seika, qui connaissait bien ma volonté de fer, ne s'en était pas mêlée.

Je restais moi-même étonné par la facilité dont les mots m'étaient venus et par l'autorité naturelle dont j'avais su faire preuve. Si elle m'avait cédé la place, le sang de la vieille Izumi coulait effectivement dans mes veines. Ses idées, ses souvenirs et même sa façon de penser paraissaient influer sur mon esprit, sans que je m'en rende vraiment compte. La meilleure preuve en était une vision assez précise de la géographie de l'époque, capacité qui jusque-là m'avait toujours fait défaut.

Chose presque aberrante en ce siècle : la vieille et respectable Izumi Yamasato n'avait jamais connu d'époux. Son tempérament farouche, solitaire et résolu l'en empêchait. Son père s'en était désolé tout au long de sa longue existence, mais malgré ses efforts il n'avait rien pu y faire.

Izumi voyageait beaucoup. Mais lorsqu'elle se trouvait au pays, elle repoussait tous les prétendants comme un dragon balaie les médiocres singes venus l'ennuyer. La plupart, brûlés au deuxième degré par le souffle du monstre, ne se présentaient pas deux fois.

Malgré cela, il y avait bien eu des romances, et quelques seigneurs fortunés s'étaient, en leur temps, montrés assez hardis pour oser demander à plusieurs reprises les faveurs d'Izumi.

Curieusement, ceux qui n'avaient pas publiquement renoncé avaient tous fini par disparaître dans des circonstances assez mystérieuses. Leurs corps étaient parfois retrouvés noyés et ligotés dans le lit d'une rivière, ou constellés de flèches au fin fond d'un bois. Visiblement, un groupe entier d'assassins leur était passé sur le corps, et leur garde personnelle s'était trouvée décimée. On accusait des prétendants rivaux, on parlait de bandits de grand chemin, de mercenaires venus régler les suites d'une vilaine dette de jeu. En réalité, on ne savait pas vraiment qui avait fait le coup.

Sur ce point précis, les souvenirs d'Izumi me demeuraient inaccessibles. Je ne connaîtrais jamais le fin mot de l'histoire : il s'agirait encore de l'une de ces zones d'ombres persistantes qui environnent nos vies.

Sur le pont du *shuinsen* qui roulait sur les flots toutes voiles dehors, je considérai alternativement mes compagnons de voyage. Mon regard perspicace devinait ceux qui suivraient mes ordres sans broncher, ceux qui ne montreraient rien mais n'en pensaient pas moins, ceux qui me désapprouvaient en silence mais n'oseraient jamais se dresser contre ma volonté.

Peu m'importaient leurs pensées, en fait. Car je me trouvais plus déterminé que jamais. Face à l'océan immensément bleu, je me sentais pour la première fois empli de confiance, prêt à affronter les événements à venir avec clairvoyance et efficacité.

En les anticipant, comme Edmundo me l'avait appris.

Jusqu'ici, je m'étais retrouvé ballotté d'une époque à l'autre, d'une vie à la précédente, sans pouvoir influer sur le cours des événements de manière décisive. Tout avait changé. Avec l'aide de ces hommes et de ces femmes qui m'entouraient, il m'était enfin possible de me battre à armes égales contre mes adversaires. Je n'avais pas l'intention de laisser passer cette chance.

Malgré son habituelle discrétion, Seika fut celle qui osa me poser le plus de questions. Tandis que je compulsais un obscur traité d'alchimie rédigé en grec ancien – et qui, à ma propre surprise, me passionnait –, elle me demanda tout de go :

— Je vois bien que par leur assaut nos ennemis ont réveillé votre colère, maîtresse. Leurs trois leaders, si loin soient-ils, méritent d'être châtiés. Cependant, sommes-nous assez préparés pour les affronter ? Un jour, vous m'avez confié qu'ils se font appeler par des noms de divinités liées au royaume des ombres... En possèdent-ils tous les pouvoirs ?

Je fis une grimace et refermai mon livre.

— Cette organisation est très vieille, Seika. Elle semble avoir été créée il y a plusieurs milliers d'années... Les récits les plus anciens parlent de personnages capables de voyages entre notre monde et celui des enfers. Cela me semble très exagéré... En revanche, je peux te dire qu'il y a parmi eux de puissants médiums. Des gens capables de sentir la présence de leur proie à n'importe quel endroit du monde.

J'attrapai machinalement l'ouvrage surmonté de l'étoile bleue et le fis tourner entre mes doigts.

— Les plus doués parmi ces personnages peu fréquentables sont choisis pour diriger l'organisation, repris-je. Ils prennent le titre d'Hadès, de Kālī, d'Anubis... Chez certaines familles, ce poste est quasiment héréditaire. Un peu comme un titre de noblesse. Pour d'autres, il peut être perdu, puis gagné de nouveau, à plusieurs générations d'intervalle.

— Vous me l'avez déjà dit, acquiesça Seika. Cette organisation est baignée de vieille mythologie. Ces gens se prennent pour des dieux et dispensent le droit de vie ou de mort sur n'importe qui. Quelle arrogance !... Comment vous nomment-ils, déjà ? « L'Alchimiste » ?

Seika n'avait pas tort. Ce surnom, nouveau pour moi, apparaissait de temps en temps dans les notes d'Izumi. Je penchai la tête de côté.

— D'après ce que j'ai lu récemment, ils m'appellent parfois comme cela, en effet... Le plus souvent, ils me nomment plutôt « l'Adversaire ».

— Ah oui, « l'Adversaire »... Tout ça parce que vous avez osé leur résister, Izumi-*sama* !

Pour m'assurer l'obéissance du clan Yamasato, il me fallait jouer le rôle de la vieille Izumi jusqu'au bout. Comme les souvenirs de la vieillarde se mêlaient aux miens, cette tâche ne me parut pas trop difficile. Je n'avais donc rien révélé de mes voyages dans le temps ni de ma véritable identité. Mes subordonnés pensaient simplement que nous avions affaire à une secte d'illuminés.

De tous mes suivants, Seika était l'unique personne à qui il m'était pénible de ne pas tout avouer. Peut-être parce que notre relation enfant perdu/parent de substitution me rappelait, en miroir, celle vécue auprès d'Edmundo.

Mais cette fois, le mentor bardé de secrets, c'était moi !

— Vous croyez... qu'ils vont nous tomber dessus pendant le voyage ? demanda ma garde du corps, un doigt sur le menton.

Lors de mon incarnation précédente, j'aurais répondu par l'affirmative, sans l'ombre d'un doute. Mais plus maintenant.

Chapitre 35

Dans les notes qu'elle m'avait laissées, Izumi m'avait expliqué la procédure qui l'avait fait jusque-là éviter les Enfants de Polaris. Rompue à l'art de la méditation, elle pouvait dissimuler sa présence à n'importe quel adversaire, proche ou lointain. Je n'eus même pas besoin de la moitié des exercices préparatoires qu'elle m'avait longuement décrits. En parfaite symbiose avec son corps, mon esprit parvint très rapidement et très naturellement à « ne plus rayonner » et à « se fondre dans mon environnement ». Je semblais être devenu, depuis, enfin invisible aux yeux de mes antagonistes. Savoir qu'ils n'allaient plus surgir de derrière un buisson à chacun de mes pas avait été un immense soulagement.

— J'ose penser que nous les surprendrons plutôt que le contraire, finis-je par répondre. J'ai soigneusement réfléchi le piège que je vais leur tendre… Avec un peu de chance, ils tomberont dedans la tête la première.

Mon regard légèrement voilé se tourna de nouveau vers l'horizon, et le silence retomba.

Les hommes et les femmes du clan Yamasato aiguisaient leurs lames, préparaient leur corps et leurs poings en vue de l'inévitable affrontement, qui se déroulerait quelques mois plus tard, à des milliers de kilomètres de là.

Edmundo Faia aurait été fier de moi : je n'étais définitivement plus un gibier isolé. En quelques semaines, le lapereau sans défense s'était métamorphosé en une vieille araignée qui, certaine de son art, avait profité de toutes ses ressources pour tranquillement filer sa toile mortelle. En attendant patiemment son festin.

Chapitre 36

En ce 14 septembre 1671, la nuit venait de s'emparer du vaste drap sombre et cotonneux qui planait sur Paris. Bougies, candélabres et réverbères scintillaient au sol, à l'unisson des constellations. Dans une ruelle de l'île de la Cité se succédaient des silhouettes marchant à pas feutrés vers une large porte cochère. Deux individus armés en gardaient le seuil, interrogeant chaque nouveau venu sur son identité.

Dans le hall et dans les salons de la bâtisse en pierre, les personnes assemblées devisaient aimablement, se renvoyant saluts, politesses et anecdotes. Le caractère paisible de ces échanges aurait pu tromper n'importe quel observateur lointain. Mais si l'on tendait l'oreille, on s'apercevait que plusieurs dizaines de langues étaient utilisées en même temps, par des hommes et des femmes de tous horizons. Bientôt le vaste hall et les différents salons regorgèrent de personnes d'un certain rang social, et qui semblaient arriver des quatre coins du monde. Véritable tour de Babel concentrée sur quelques dizaines de mètres carrés, les organisateurs et les très nombreux visiteurs se saluaient, devisaient, s'amusaient, piaillaient, en un maelström de langues et dialectes. On ne pouvait s'y tromper : un air de fébrilité animait chacun d'entre eux.

Des dizaines de costumes sombres, de robes exotiques et d'ornements coûteux scintillaient sous la lueur des lustres et des bougies. La foule devint si dense que l'on ne tarda pas à ouvrir les portes de la grande salle de réunion.

Chacun suivit le chemin de la salle, et chacun sortit son masque.

Les hommes et les femmes qui jusqu'ici parlaient politique et mauvais temps dissimulèrent leur visage de tous les jours pour se métamorphoser en êtres de la nuit.

Dans la vaste pièce bardée de sièges, on vit s'asseoir entre autres créatures une momie, un dragon, un cyclope à la peau rouge, un homme à tête de faucon, ou encore une femme au faciès squelettique.

Ils se nommaient Pluton, Hela, Ankou, Yanluowang, Mictlantecuhtli ou encore Azraël.

Bientôt, la porte sur laquelle se trouvait gravée une petite étoile bleue se ferma.

Sur l'estrade, comme à leur habitude, le vieillard, la femme grimaçante et le chacal occupèrent leur place respective.

La réunion extraordinaire commençait déjà.

— Un peu de silence, je vous prie, toussota le chacal. Je suppose que vous avez tous votre mot à dire sur les derniers événements. Mais il nous faut procéder dans l'ordre… Seigneur Hadès…

Le vieillard se leva.

— Vous avez tous reçu la même invitation, signée de

nos trois mains, dit-il. Celle qui fait état de la disparition de l'Adversaire…

Dans la foule, il y eut un cri poussé à l'unisson. Une acclamation. Hadès, immobile sur l'estrade, laissa un temps cette démonstration spontanée de joie se manifester.

Puis, lorsque l'intensité du cri diminua, il leva une main et reprit la parole.

— Oui, notre cœur souhaite s'épancher et manifester notre contentement, affirma-t-il en hochant du chef. Pourtant, mes amis, ne vous y trompez pas… Nous savons tous qu'« il » reviendra un funeste jour du royaume des ombres, dans une période plus ou moins éloignée de la nôtre. Car « il » ne saurait disparaître comme chacun le devrait… Oui, il est « l'Adversaire », l'ennemi de la nuit. Celui contre qui nous nous battrons sans cesse. Aussi, restez vigilants ! Vigilants, toujours… Mais je sais que nous pouvons compter les uns sur les autres. Je sais que vous aussi, vous ou vos successeurs, vous serez au rendez-vous.

Il y eut une autre acclamation, plus brève, accompagnée de nombreux hochements de tête satisfaits.

— Gardons donc au creux de nous ce bel esprit qui nous anime, poursuivit Hadès. Et qui nous fait perpétuer l'ordre naturel des choses… En attendant, l'heure est aux réjouissances. Dame Kālī…

Depuis son fauteuil, la dame grimaçante éleva la voix.

— L'exécuteur de l'Adversaire a tenu à relater son héroïque combat en votre présence, mes chers amis. C'est à sa demande que nous vous avons tous assemblés aujourd'hui, en cette session historique. Nous-mêmes, nous ne connaissons pas encore tous les détails de cette bataille… Tout ceci s'est déroulé bien loin d'ici.

Elle se leva, s'avança de quelques pas et demanda, cérémonieuse :

— Mes amis, veuillez saluer notre héroïque camarade : maître Shinigami.

La salle tout entière se leva à sa suite, se tourna vers un petit être voûté et s'inclina profondément. Seule personne encore assise, Shinigami toussota, gêné. Puis il trottina à pas mesurés vers l'estrade, sur laquelle Kālī et Anubis l'aidèrent à monter. Il y fut accompagné par de chaleureux applaudissements.

— Je ne suis que le rouage d'une vaste machine, dit le petit être voûté lorsque le calme revint. Car toutes et tous vous possédez votre part de responsabilité dans la suite des événements… Oh oui…

Shinigami avala sa salive. Son auditoire ne savait pas très bien où la petite créature masquée voulait en venir. Son discours se fit encore plus sibyllin lorsqu'il poursuivit :

— Désormais… Désormais, les règles du jeu sont comme inversées. Il vous faut juste savoir ceci…

Shinigami considéra chacun des masques sinistres qui lui faisaient face, chaque représentation de cette Mort aux mille facettes prête à frapper à tout instant.

Le petit être semblait savourer le moment et tous ces regards posés sur lui. Puis lentement, très lentement, il se pencha en avant et joignit les mains. Chacun tendit l'oreille.

Pour terminer ma phrase, j'enlevai mon masque de dieu japonais.

Chapitre 36

En même temps, je relâchai la pression spirituelle, laissant apparaître à tous ma véritable identité.

— Si par inadvertance vous laissez entrer la foudre, murmurai-je, ne vous étonnez pas si elle vous frappe soudain de ses mille bras.

Les Enfants de Polaris demeurèrent interloqués. Plusieurs personnes parmi la foule s'écrièrent « l'Adversaire ! », ou « l'Alchimiste ! ». Tous s'interrogèrent sur ma présence parmi eux, sur ma facilité à m'être ainsi dissimulé à leurs sens pourtant si aiguisés. Anubis s'en étrangla presque. Kālī et Hadès s'agitèrent sur l'estrade. Nombre d'invités portèrent la main à la ceinture à la recherche d'une arme.

Mais la plupart d'entre eux n'allaient même pas avoir le temps de s'en servir.

Des portes, des murs, des tentures, du plafond, du sein de la foule même surgirent les mille bras promis. Les nombreux membres du clan Yamasato dégainèrent leurs lames et, toujours parés de leurs masques factices, frappèrent toutes les fausses divinités assemblées. Toujours sur l'estrade, protégé des combats par Seika et trois autres guerriers chevronnés qui m'avaient rejoint en un souffle, je vis tomber, l'un après l'autre, chacun de mes ennemis tandis que je n'avais même plus à lever le petit doigt.

De longs mois après avoir quitté le Japon, j'étais enfin arrivé à destination. Un simple document bien imité m'avait suffi à attirer ces ennemis que les parchemins d'Izumi m'avaient appris à si bien connaître. Cette lettre de convocation, rédigée selon les codes habituels des Enfants de Polaris, les avait tous menés dans mon piège. Arrivé bien avant eux au quartier général de l'Ordre, j'avais évidemment pris soin de remplacer les gardes et les serviteurs habituels par des Européens que j'avais moi-même embauchés. Ils avaient été secondés par les assassins de mon clan, restés masqués. Ces derniers s'étaient montrés suffisamment doués pour subtiliser chacune des armes de mes antagonistes sans même éveiller leurs soupçons. Ce long voyage et tous ces préparatifs m'avaient véritablement épuisé. Je me sentais à bout de forces. Depuis quelques semaines, je respirais et me déplaçais de plus en plus difficilement. De vilaines quintes de toux secouaient ma carcasse décharnée, je demeurais de longues heures alité, et je crachais parfois du sang.

Ce soir-là, pourtant, je n'aurais cédé ma place au milieu de cette estrade pour rien au monde.

La plupart de nos victimes n'eurent ni le temps de fuir ni le loisir de lutter. Je vis un groupe de dieux nordiques s'affaisser en quelques secondes sous les coups d'un seul de mes soldats. Trois hommes-bêtes musculeux, impressionnants mais encerclés, ne parvinrent pas à échapper au carcan d'acier qui se resserra pour toujours sur eux. Une femme au masque gris, fendu d'un poignard, s'écroula juste à mes pieds, dans un râle d'agonie. Quelque part au milieu de l'estrade, Anubis, aux prises avec cinq de mes hommes, vit son costume clair bientôt piqueté de lames et maculé de pourpre.

Ce spectacle, s'il me parut véritablement impressionnant, ne m'enchantait guère. Je ne prenais aucun plaisir à voir mourir ces hommes et ces femmes surpris dans un endroit qu'ils croyaient parfaitement sécurisé.

Mais j'étais trop souvent mort sous les coups de ces ennemis pour ressentir à leur égard la moindre pitié.

Chapitre 36

Partout, la foudre que j'avais déchaînée accomplissait son œuvre fatale. Avec énergie et méticulosité. Les corps sans vie s'accumulèrent. Il n'y eut bientôt plus dans la salle de réunion qu'une poignée de survivants claudicants et débordés.

Tout était allé très, très vite. Beaucoup plus vite, même, que je ne l'avais imaginé. Près d'une année s'était écoulée depuis mon arrivée au milieu des montagnes japonaises. J'avais attendu, tellement attendu cet instant. Des mois et des mois à planifier cet assaut, jusque dans les moindres détails. Et puis, tout à coup, cette machine humaine qui s'emballe, et ce piège qui se referme, implacable, en un éclair. Comme un feu qui dévore tout sur son passage, comme un séisme qui rase en un instant une ville patiemment bâtie durant plusieurs générations, pierre après pierre.

Le tsunami Yamasato dévorait tout, absolument tout sur son passage. Pour la première fois, la victoire me parut à portée de main.

CHAPITRE 37

Des trois leaders, Anubis fut le premier à tomber. Kālī avait elle aussi perdu trop de sang : elle mordit la poussière à son tour, moins d'une minute plus tard. Hadès, mortellement touché à la poitrine, tomba à genoux. Seika quitta alors mon sillage pour s'approcher de lui et le décapiter. Je daignai enfin quitter l'estrade pour arrêter son geste.

— Laisse-le, ordonnai-je à Seika. J'ai quelques mots à lui dire…

De ma démarche voûtée et fatiguée, je me mis à progresser, extrêmement lentement, vers l'homme censé incarner le dieu grec des enfers. Dépassant le cadavre d'Anubis, j'aperçus plus clairement les contours du masque d'Hadès. Partiellement brisé, celui-ci laissait apparaître un menton garni d'une fine barbe sombre et un regard que je connaissais bien

— Ton prénom, c'est Arthur, n'est-ce pas ? commençai-je. Arthur d'Auchevard… Je me suis renseigné sur toi… À d'autres époques, j'ai déjà combattu plusieurs membres de ta famille. Pierre, et son descendant… Mais c'est la première fois que, face à tous tes alliés, je me trouve en position de force. Sais-tu ce que je viens d'accomplir ici ?

Le comte d'Auchevard du XVIIe siècle eut bien du mal à avaler sa salive mêlée de sang pour me répondre. Je poursuivis la conversation sans lui.

— Vous savez que je débarque du futur… Ce futur, je viens de le changer. En éliminant votre organisation j'empêche vos descendants de me traquer et de tuer mes incarnations à venir. Ces méthodes ne me plaisent pas, mais vous et vos semblables ne m'avez pas vraiment laissé le choix… Cette fois, j'ai gagné.

Arthur d'Auchevard esquissa un geste qui fit tomber les restes de son masque. Aussitôt, la lame de Seika, accompagnée de deux autres, vint se poser sur sa gorge. Malgré cela, mon ennemi ne semblait pas se départir de son calme. Il respira profondément et ignora la douleur que lui coûtaient ses paroles.

— Sais-tu… cher… Adversaire, ce que tu viens d'accomplir ici ?

Je ne m'attendais pas à ce qu'il me retourne ma propre question. Je restai sans voix, tandis qu'il suivait son idée.

— Ne crois pas… avoir réduit à néant les Enfants de Polaris. Tu as remporté une bataille, certes, mais notre organisation possède elle aussi… mille bras et mille cœurs. D'autres que nous prendront la relève, sois-en assurée. Moi-même… j'ai déjà choisi quelqu'un pour me succéder. Chacun des membres de notre organisation a fait de même, cela fait partie… de notre mode d'opération.

— Alors, j'enquêterai et je trouverai vos successeurs,

répondis-je. Je les mettrai à terre, tout comme je vous ai piégé ce soir.

Hadès haussa les épaules.

— Jamais tu n'auras suffisamment de vies… pour tous… nous éliminer. Tu n'es plus qu'une vieille femme, au crépuscule de ton chemin. Encore une fois, sais-tu… ce que tu viens d'accomplir ici ? Tu viens juste de réveiller l'hydre à plusieurs têtes qui n'aura de cesse de te pourchasser, avant de t'avoir vaincue. Car, pendant que tu sommeilles, nous pourrons nous régénérer. T'attendre. Et finalement remporter la victoire… en contre-attaquant.

Cette succession de paroles laissa Arthur d'Auchevard essoufflé. Il fut pris d'une puissante quinte de toux qui laissa quelques vilaines traces rouges sur le parquet. Malgré cette interruption, il parvint à relever la tête et à me regarder droit dans les yeux. De cet homme mal en point se dégageait une arrogance qui m'échauffait le sang. Je gardai un ton posé pour lui signifier tout le mépris qu'il m'inspirait.

— Je vous reconnais bien là, Enfants de Polaris… Toujours à vouloir éliminer ce qui vous pose problème.

Mon interlocuteur secoua la tête.

— Tu dis que tu me connais, mais moi, je sais tout de toi, l'Alchimiste… Je sais ce que tu as fait, il y a cent cinquante ans, et je sais que surtout ton expérience ne doit pas… être menée à terme… Personne ne doit être autorisé à ainsi défier les lois de la Mort et du temps.

Pris de court par cette déclaration, je perdis presque complètement la prestance de la vieille Izumi pour retrouver le phrasé adolescent de Yohann.

— Il y a cent cinquante ans ?… Mais qu'est-ce que

vous me bavez ? Je n'ai rien lu là-dessus…

— Rien n'a été écrit sur le sujet car certaines découvertes ne doivent pas être reproduites, l'Alchimiste. Mieux vaut que tout cela tombe dans l'oubli.

J'avais bien du mal à suivre les étranges allusions de cet homme.

— Des découvertes, mais… de quoi vous parlez ? Et puis, pourquoi vous m'appelez soudain « l'Alchimiste » ?

— Il a récemment été décidé de te nommer « l'Adversaire » pour que la nature de tes travaux tombe dans l'oubli… Sur ce point précis, je me suis plié à la volonté des autres, même si je préfère pour ma part nommer clairement le péril… que nous devons… à tout prix… éviter.

— Un péril maintenant ? Mais vous vous payez ma tête ! Je n'ai jamais voulu vous mettre en danger, moi ! C'est vous, vous tous, qui me traquez et m'éliminez comme un gibier !

Ignorant les lames qui caressaient sa gorge d'un peu trop près, et la vie qui s'écoulait lentement mais sûrement de ses veines, Arthur d'Auchevard sourit.

— Tu veux apaiser ta conscience et devenir l'agneau de cette histoire, n'est-ce pas ?… Mais tu es le dragon, tu l'as toujours été… La créature monstrueuse que nous devons pourfendre… pour que subsiste cette réalité.

— Je… Je ne suis pas un monstre ! m'emportai-je. C'est encore vous qui…

Cette fois, Arthur d'Auchevard se mit à rire franchement.

— Tu n'es pas un monstre ? répéta-t-il. Regarde autour de toi, l'Alchimiste… Quel genre de personnage massacre une foule de gens désarmés ?

Chapitre 37

Accablé par ses propos, je tournai nerveusement la tête à droite et à gauche, considérant la petite centaine de corps que mes soldats avaient privés de vie. Cette vision me donna soudain la nausée.

— N'essayez… n'essayez pas de me faire douter, bafouillai-je. C'est *vous* qui avez commencé ! C'est *vous* qui m'avez assassiné, encore et encore, alors que je ne vous avais rien fait !

— Ah ! se moqua Arthur d'Auchevard. Ce qu'il ne faut pas entendre ! Ce qu'il ne faut pas entendre, de la bouche même de l'être qui, une fois de plus, a fait preuve de sa sauvagerie !

Visiblement à bout de nerfs, Seika flanqua au comte un vilain coup de pied. Celui-ci se mit à tousser sans pouvoir s'arrêter, maculant le sol de tâches de plus en plus épaisses.

— Arrête ça, Seika ! Arrête ça tout de suite !

— Mais il vous a insultée, Izumi-*sama* ! protesta la jeune guerrière. Cette vipère vous a insultée, et essaie de semer le doute en vous. Ne voyez-vous pas qu'il… ?

— Attends une minute, pouce !

Pour mieux me concentrer, je fermai les yeux et essayai de considérer le point de vue de mon ennemi.

En un sens, il n'avait pas tout à fait tort. J'avais jusque-là été éliminé par les Enfants de Polaris lors de mes voyages successifs dans le passé. Mais, en 1672, tous ces événements ne s'étaient pas encore déroulés. Cette envie de meurtre à mon égard découlait-elle de ce que je venais justement d'accomplir ce soir ? En assassinant toutes ces personnes, avais-je initié un cycle de violence dont j'essayais au contraire de m'échapper ?

Il m'était difficile de considérer les événements de manière chronologique. Pourtant, je devais m'y résoudre. Mon passé était pour tous ces gens le futur. Mes actes en 1672 engendreraient des répercussions sur toutes mes autres vies. Celle de l'Indien, celle de Nembo, celle de Karl Schnitzer. Jusqu'à celle que je menais au XXIe siècle. Le massacre dont je m'étais rendu coupable ce soir allait avoir de terribles conséquences.

Parce que je m'étais vengé pour des actes qui n'avaient, en fait, *pas encore* été commis, j'avais assassiné tous ces gens. Par prévention, non par punition. Et comme s'il n'avait existé aucune autre solution pour résoudre le problème qu'ils me posaient.

Cette façon d'être, cette radicale façon de penser, ne me ressemblait pas… Avais-je été contaminé par la personnalité d'Izumi, implacable chef de clan ? Et toute cette violence… Tout ce sang versé… Au nom de quoi ? De ma propre survie ?… Comme soudain éveillé en plein milieu d'un cauchemar, comme brusquement frappé d'un sinistre éclair de lucidité qui me révélait ce sanglant tableau dans toute son ignoble réalité, je me pris la tête entre les mains.

— Mon Dieu ! m'exclamai-je. Que m'arrive-t-il ?… Pourquoi… Pourquoi je les ai tous tués ?…

Chapitre 38

Je venais de commettre une énorme erreur. Plutôt que de raisonner mes adversaires, alors qu'enfin j'en avais eu la possibilité, j'avais opté pour des mesures extrêmes en les éliminant l'un après l'autre. Tout comme eux m'avaient éliminé, encore et encore, au fil des siècles.

Étrangement, jamais, au cours de ces longs mois de voyage d'Orient vers l'Occident, je ne m'étais interrogé sur ma stratégie et je n'avais remis en cause mes méthodes.

Je m'étais trouvé totalement aveuglé par ma vengeance, sans prendre un instant en compte mon déplacement à rebours dans le temps. Leur mort, à tous, allait en réalité alimenter la haine des Enfants de Polaris à mon égard et permettre de poursuivre ma traque pour les siècles à venir.

Pourtant, je refusai cette fatalité qui avait fait de moi mon propre bourreau. Mon voyage n'était sans doute pas terminé. Si je remontais plus loin encore dans le passé, je possédais peut-être le pouvoir d'éviter ce bain de sang !

Oui… Oui… Si je remontais de nouveau le temps, il existait encore une chance de tout réparer.

— Tout n'est pas encore perdu ! m'exclamai-je soudain, penché au-dessus d'Hadès. Qu'est-ce que j'ai fait, jadis ? Dis-moi ce que j'ai accompli il y a cent cinquante ans qui mérite votre colère à tous. Je ferai mon possible pour tout arranger.

Arthur d'Auchevard se trouvait parfaitement exsangue. Sa grande fierté ne lui permettait de garder qu'un semblant de contenance. Il m'adressa un regard qui se voulait ironique, mais qui devint vitreux.

— Pourquoi poursuivre cette comédie ? demanda-t-il. Tu sais… tout aussi bien que moi… qui tu es, et ce que tu cherches.

— Et si je ne le sais pas ? insistai-je. Et si, en me révélant simplement ce que je vous ai fait, nous pouvions tout changer ? Qu'est-ce que vous risquez ? De votre point de vue, ces événements sont révolus. Mais, pour moi, ils sont encore à venir… Apparemment, j'ai commis quelque chose que vous jugez impardonnable. Selon vous, je sais déjà de quoi il s'agit. Vraiment, vous ne prenez aucun risque en me le répétant !

Les membres de mon clan me considéraient maintenant avec des yeux ronds, mais je n'en avais plus rien à faire. Car j'étais persuadé de pouvoir encore tout empêcher. Dans les yeux du représentant d'Hadès, quelque chose avait changé. Face à mes paroles, il s'était soudain mis à douter. Je venais donc de frapper juste.

— Après tout, pourquoi pas ? fit-il en grelottant. À l'époque, mes ancêtres n'avaient pas de secret pour toi… Mais tu les as trahis…

Il fut pris d'une nouvelle quinte de toux, laquelle secoua son corps comme un pantin désarticulé. Bientôt, il s'effondrerait. Seika et les autres n'auraient même pas à utiliser leur arme.

Oubliant mes rhumatismes, je me jetai à genoux et le pris par les épaules. Ses yeux révulsés ne me voyaient presque plus.

— Nos ancêtres ont décidé que rien, absolument rien… ne devait être écrit… sur tes découvertes… Car elles sont bien trop dangereuses… Bien sûr, bien sûr, tu me mens… Mais s'il existait une chance… Une infime chance que tu souhaites… que tu souhaites *vraiment*… tout changer…

— Parle, je peux tout changer ! lui assurai-je. Je *veux* tout changer !

Un sursaut agita son visage blafard et ses lèvres desséchées. Dans un râle, il me dit encore :

— Il y a cent cinquante ans… à Florence, en Italie… Tu as…

Ses dernières paroles furent interrompues par un cri de Seika. Derrière moi s'était dressé le corps imposant d'Anubis. Au torse maculé de larges blessures. Mais pas encore mort. Dans sa main droite, il tenait un poignard ensanglanté. Aucun membre du clan n'avait eu la présence d'esprit de se tenir entre lui et moi.

Seika voulut me protéger au mépris de sa propre vie. La lame de son épée encore engoncée dans son fourreau, elle bondit. Mais une voix qui n'était ni celle d'Anubis, ni celle d'aucune autre personne physiquement présente dans la salle, une faible voix jusqu'ici perdue au sein des ténèbres, une étrange voix que je n'avais croisée qu'une seule fois, en rêve, alors que le corps de Nembo se trouvait entre la vie et la mort, choisit ce moment pour ce manifester de nouveau dans mon esprit.

Et cette voix me dit :

— J'attends ce moment depuis bien trop longtemps. Désolé, Yohann Massart… Je ne risquerai pas que tu gâches tout par ton sentimentalisme déplacé.

Le corps que j'habitais, soudain, ne me répondit plus. Je devins alors une marionnette que des doigts invisibles manipulaient. Contre ma volonté, la vieille femme que j'étais prit une impulsion. Elle effectua un bond dont je ne la pensais plus capable.

Puis son cœur vint s'offrir au poignard d'Anubis, qui le fendit en deux.

Aux témoins de cette improbable scène, il sembla qu'Izumi Yamasato venait de se précipiter vers la mort de son plein gré.

Adieu, vieille araignée plus rusée et plus mortelle qu'aucune autre de mes incarnations.

Adieu, ma foudre aux mille bras.

Adieu, mon implacable armée…

Soudain, tout disparut dans un ultime paravent pourpre.

Rideau.

On ne s'habitue jamais vraiment à la mort. D'abord déçu de mon apparence, et surtout de mon âge très avancé lorsque j'étais arrivé dans la peau d'Izumi Yamasato, je la quittais désormais avec une immense tristesse.

Chapitre 38

J'étais arrivé au Japon lors d'une profonde phase de méditation de mon hôte. Mon esprit s'était à un moment dispersé dans le ciel avant d'intégrer le corps de la très vieille asiatique.

Cette fois, la transition me sembla presque immédiate.

Une nouvelle époque, une nouvelle vie s'offrirent à moi, sans attendre. Je sentis d'emblée le changement d'air, et la lente respiration qui gonflait mes poumons pour abaisser et relever la poitrine de mon nouveau corps.

Pourtant, complètement plongé dans l'obscurité, je n'en vis rien du tout.

Mon enveloppe reposait sur un confortable matelas. Je voulus bouger : aucun de mes muscles ne daigna me répondre.

Il y eut un moment d'angoisse. Étais-je arrivé dans un corps encore plus vieux que celui d'Izumi, ou, pire, un corps incapable de se mouvoir ?

Je n'avais pas bien compris ce qui s'était passé face à Anubis. Pourquoi m'étais-je jeté sur son arme ? Qui m'y avait forcé ? J'entendais encore la voix qui brusquement m'avait interpellé.

— J'attends ce moment depuis bien trop longtemps. Désolé, Yohann Massart…

Le volume sonore augmenta peu à peu. Cette voix, je la décelai de nouveau. Elle marmonnait quelques paroles encore incompréhensibles. Je me rendis soudain compte que mes lèvres étaient en train de remuer toutes seules.

Cette voix n'était autre que la mienne.

Dans mon esprit, la lumière commença à percer. Je sus immédiatement où j'avais atterri et quelle était mon identité.

MES VIES À L'ENVERS

Je me trouvais à Florence, à mon domicile, au début du XVIe siècle.

Je m'étais installé dans mon sous-sol. J'en avais fermé la porte à clé.

Allongé sur mon lit, je m'étais plongé dans une longue transe qui m'avait amené à des siècles et des siècles de mon point de départ. J'avais vécu, l'espace de quelques heures, l'équivalent d'une demi-douzaine de vies.

Mon nom était Giuseppe Perrone. Mes nombreux ennemis m'appelaient l'Alchimiste.

Chapitre 39

Mes muscles engourdis se résolurent à bouger. Ma main trouva sans difficulté la bougie que j'avais déposée à cette place exacte avant de la souffler. Dans la pénombre, j'ouvris un tiroir dont je connaissais déjà l'emplacement. J'attrapai un briquet, une allumette au soufre, de l'amadou : de quoi faire un feu. Une petite flamme bleue vint bientôt garnir l'allumette au soufre, qui bientôt enflamma la mèche d'une bougie posée sur ma table de chevet. Le décor habituel de mon antre souterrain se dessina. Je m'y étais enfermé pour mener à bien ma petite expérience.

Pour une raison qui m'échappait, l'image d'un arc sur lequel on armait une flèche s'imposa à moi.

À ma gauche, sur une vaste table de chêne, se succédaient les fioles de verre et les alambics. Sur de larges étagères, des bocaux de toutes tailles renfermaient mes différents produits et ingrédients, tous plus précieux les uns que les autres. Plusieurs armoires tapissaient ce qui restait de murs. En leur sein dormaient les notes et les grimoires embellis de toutes mes découvertes.

À la lisière de l'ombre, un arc était accroché à une paroi. Et, dans un étui, une série de flèches. Je me souvins qu'à mes heures perdues j'aimais à m'exercer sur des cibles en plein air. Je n'avais jamais été très doué pour cela, pourtant, inexplicablement, ce passe-temps m'avait toujours permis de me calmer les nerfs.

Soudain, j'eus besoin d'air. Je me dirigeai vers la porte, en tournai la clé, grimpai le petit escalier. Arrivé au rez-de-chaussée, je clopinai vers la fenêtre. Mon corps et mon esprit avaient encore du mal à émerger de ce très long sommeil. J'ouvris les volets : la lumière du jour, un peu violente, m'éblouit un instant.

Le ciel était impeccablement bleu et le soleil, non loin de son zénith, baignait le majestueux Palazzo Vecchio, ainsi qu'une bonne partie des bâtiments de la Piazza della Signoria d'une lumière crue. Les longs murs rayés, blanc et vert, de la cathédrale Santa Maria brillaient comme à leur habitude de toute leur splendeur, à quelques dizaines de mètres à peine. Ils offraient une ombre bienvenue aux promeneurs qui déambulaient le long des échoppes tapissées d'étoffes et regorgeant de bibelots. Florence était telle que je l'avais laissée.

Mon esprit analysait ces visions. Il y collait certaines informations, familières et rassurantes, qui resituaient clairement ma vie de scientifique du XVIe siècle. Et mon corps répondait à mes besoins par habitude.

Je secouai la tête. Si mes yeux fonctionnaient bien, et si mon corps reprenait ses marques, mes souvenirs, eux, manquaient totalement de cohérence.

Me déplaçant dans la salle à manger, j'aperçus mon

visage dans un miroir. Mes traits anguleux. Mon nez un peu cassé. Mes sourcils en accent circonflexe. Mes longs cheveux, ramenés en arrière, qui depuis peu blanchissaient.

Mon ventre gargouilla. J'étais affamé. Mes pas trouvèrent sans difficulté le chemin du cellier. J'y débusquai un saucisson, que j'entamai sans même prendre le temps de le couper en rondelles. Puis je me servis une large rasade de vin. Ma soif était immense. Pourtant, je devais garder l'esprit clair. Repoussant la bouteille d'alcool, je m'assis sur un tabouret, m'accoudai à la table de cuisine et me pris la tête entre les mains.

— Le mieux, dis-je à voix haute, est de procéder avec logique.

Il me fallait remettre de l'ordre dans mes souvenirs. Cet exercice, je l'avais déjà pratiqué. Lors de mes précédents voyages dans le temps, peut-être… J'en connaissais en tout cas la très grande efficacité. Il s'agissait d'un automatisme. Un rituel mental que je savais devoir accomplir pour renouer entièrement avec le temps présent et ma personnalité.

Ma vie était comme un vaste puzzle. Une à une, j'identifiai les différentes pièces qui la constituaient, leur taille, leur couleur, leur forme particulière. Patiemment, précautionneusement, je déposai chacune d'elle à la place qui lui revenait.

Alors, devant mes yeux clos, se déroula le long parchemin de mon existence. Il me fallut encore le lire dans l'ordre, avec attention, lenteur et méthode. Ensuite, et seulement ensuite, je redeviendrais l'homme que j'avais toujours été.

Je m'appelais Giuseppe Perrone.

J'étais né en 1447, dans un petit village de Toscane. À quinze ans, je m'étais installé en ville, en tant qu'apprenti sabotier. L'un de nos clients réguliers était un très vieil alchimiste, qui passait la moitié de son temps à Florence, et l'autre moitié à Paris. Je fus très vite fasciné par ses travaux. L'homme, qui cherchait un disciple pour le seconder, me prit sous son aile. Je laissai derrière moi le métier de sabotier sans aucun remords pour m'installer chez lui. Dans cette maison qui allait, quelque temps plus tard, devenir la mienne. Bien vite, je me révélai beaucoup plus doué que mon vieux maître pour tout ce qui touchait à l'alchimie.

Six mois à peine après être entré à son service, je fus capable de faire naître une orchidée à partir d'un morceau de craie. Moins d'un an plus tard, je mis au point ma première potion de résistance, un savant mélange susceptible d'augmenter l'endurance de n'importe qui.

Bientôt, je m'intéressai à des projets plus audacieux : élixir de jouvence, potion de suggestion, pâte de corrosion capable de faire se déliter n'importe quel métal… Lancé dans ces découvertes, je dosais, je transvasais, j'examinais, je disséquais, j'analysais… Je m'amusais comme un enfant ! Chaque tâtonnement se révélait enrichissant, chaque échec n'était pour moi que la manifestation imparfaite d'un indéniable succès à venir.

Je profitai des enseignements de mon maître, bien

sûr, mais compulsai également les traités des maîtres du Moyen Âge et de l'Antiquité, tels Bolos de Mendès, Zosime de Panopolis, Apollonios de Tyane, Marie la Prophétesse, ou encore Petrus Bonus.

Aucun domaine, aucun champ d'expérimentation ne résistait à mon insatiable curiosité. Tout ce qui pouvait transcender notre condition de simples humains me passionnait.

Contrôle d'ennemis à distance, projection de la psyché, dialogue avec les défunts… Je mêlai à l'alchimie l'hypnotisme, le spiritisme, la transe, pour donner corps à de splendides fantasmagories.

Elles ne restaient parfois que quelques phrases, quelques équations indéchiffrables jetées frénétiquement sur le papier. Mais le plus souvent elles devenaient de véritables expériences, une façon de repousser les limites de l'acceptable et du possible, l'espace d'un instant.

Je vécus quelques moments exquis durant lesquels je parvins, aidé par quelque drogue de mon invention, à me désincarner. Je me vis planer à côté de notre laboratoire, au-delà de mon corps, au-dessus de la ville. Je pus, lors de quelques séances, converser avec des gens disparus depuis de nombreuses années. Je fus même capable d'animer à distance un couple de souris conditionnées, lesquelles, après avoir ingéré l'un de mes breuvages, se comportaient telles des pantins sous les fils de ma pensée-marionnettiste.

Dans un premier temps, mon maître s'émerveilla de toutes mes découvertes. Il loua le ciel de lui avoir offert si parfait apprenti. Puis, au fur et à mesure de mes succès, son comportement à mon égard changea du tout au tout.

Il devint bougon, extrêmement critique, faisant sans cesse preuve de mauvaise foi.

Finalement effaré par le fossé qui nous séparait, il devint ostensiblement jaloux de mon talent. Cette jalousie explosa au moment où je déclarai posséder un début de piste pour synthétiser la pierre philosophale, cet artefact merveilleux capable de changer le plomb en or.

— Allons, allons, Giuseppe, pour qui te prends-tu ? se moquait-il. La pierre philosophale, rien que ça !… Si d'autres alchimistes, bien plus illustres que toi, ont échoué dans cette savante entreprise, de quelles chances de réussite peux-tu bien disposer, toi le petit apprenti florentin qui ne possède ni le quart du savoir, ni le dixième de la sagesse de tes aînés ? Tu vas te casser les dents, une à une, sur ce projet. Ces dents que tu as beaucoup, beaucoup trop longues, mon jeune ami !…

Il partit d'un rire nerveux et agita ses grosses mains poilues devant mon nez.

— La pierre philosophale, vraiment… Et pourquoi pas le Grand Œuvre, tant qu'on y est ? Va plutôt me récurer ce pélican tout encrassé. Et nettoie-moi un peu mieux ces alambics, au lieu de griffonner sans cesse des sornettes !

Chaque fois que je couchais une observation, un calcul sur un morceau de parchemin, il s'en emparait, s'en amusait tout haut, entourait mes supposées erreurs, écrivait par-dessus mes chiffres et mes propositions.

Encore aujourd'hui, je reste persuadé que, si je ne suis pas parvenu à percer le secret de la pierre philosophale, c'est en grande partie à cause de ses lourdes railleries et de son acharnement à mon égard.

À défaut de réussir dans ce domaine particulier,

je revins à mes expérimentations et mes découvertes habituelles. Ces derniers mois, j'étais parvenu à isoler certaines maladies pour les enfermer en bouteilles et multiplier par cent leur puissance destructrice. Ce travail m'avait passionné, j'en étais très fier : une fois ces bouteilles brisées, la maladie relâchée se répandait en un éclair et devenait capable d'infecter un petit groupe d'individus, lesquels mouraient dans les secondes suivantes.

J'avais mené cette expérience sur des rats robustes, qui très vite avaient succombé. Je nommai cette invention « Peste en bouteille ». Dans les semaines suivantes, je la vendis sans aucune difficulté à la cour du roi de France, puis à plusieurs duchés voisins de la Toscane. Elle me rapporta énormément d'argent. Malheureusement, cette arme se montrait volatile. Moins de trois semaines après son élaboration, ce foudroyant produit s'était évaporé. Mes acheteurs étaient furieux, mais leur colère me laissait de marbre. Ils n'avaient pu utiliser mon invention ? La belle affaire ! Jamais lors de nos négociations il n'avait été question de la moindre date de péremption !

Ma merveilleuse « Peste en bouteille » eut cependant un effet collatéral : elle déchaîna sur moi les foudres de mon maître avec une puissance redoublée. Sa jalousie était si forte qu'il finit par s'en étouffer.

La vilaine bile qu'il produisait à longueur de temps avait empoisonné à tel point son cœur qu'il tomba devant moi et ne s'en releva jamais.

Sur son lit de mort, il m'enjoignit de stopper toutes mes « expériences excessives ».

— Tu veux plier les lois de la nature à ta guise, me sermonna-t-il, comme à son habitude. Ce faisant, tu ne mesures pas les conséquences de tes actes. Tu es un alchimiste inventif, Giuseppe, certes… Mais regarde un peu de quelles horreurs tu t'es rendu coupable ! Tous ces animaux, rongés par la maladie en quelques instants… C'est abominable… Si jamais des humains avaient été la cible de ce produit diabolique… Tu dois absolument… absolument poser des limites à tes dangereuses ambitions.

Bien entendu, je ne l'avais pas écouté. Certes, plusieurs de mes inventions pouvaient provoquer la mort. Mais elles permettaient de faire progresser la connaissance. Et elles me rapportaient surtout un joli lot de pièces d'or.

Ce qui se montrait beaucoup plus concret que cette satanée pierre philosophale, qui ne cessait de m'échapper !

Mon maître succomba peu après de la pneumonie envieuse qui le rongeait. Sur son testament, ce vieux hibou ne m'avait rien légué. Il avait même insisté par écrit pour que je ne rentre pas en possession de ses grimoires ou de ses instruments.

Il m'avait suffi de falsifier certains documents pour que tout rentre dans l'ordre et que je m'établisse durablement chez lui.

Bien vite, le savoir accumulé par mon défunt maître ne me suffit plus. L'élixir de jouvence que j'avais mis au point retardait mon vieillissement, certes. Mais le temps accomplissait tout de même son œuvre, et d'hideuses rides commençaient à se creuser le pourtour de mon front et de mes yeux.

Je savais désormais où devaient mener mes recherches. Il me fallait, tout simplement, tromper la mort. Telle était la grande ambition de mon nouveau défi.

Chapitre 39

Comme mon maître avant moi, je voyageais fréquemment entre la France et la Toscane. Un peu par hasard, je commençai à fréquenter une sorte de secte sur Paris, un rassemblement d'hommes et de femmes venus de différents pays. Ensemble, ils vouaient un culte à des dieux païens que la plupart de leurs semblables avaient depuis longtemps oubliés. Ces divinités possédaient toutes un lien avec la Mort, dont la représentation variait à travers les siècles et les civilisations. Eux-mêmes se prenaient pour les représentants de ces dieux.

Leur association n'était pas neuve. Jadis, en des temps plus anciens, elle avait existé sur d'autres continents, sous des appellations ouvertement morbides. Tout avait changé du temps de l'Inquisition, vers le XIIIe siècle. En cette époque de chasse aux sorcières, il eût été malvenu d'appartenir à un culte louant ouvertement la Grande Faucheuse. Aussi ses dirigeants avaient-ils opté pour le terme plus ambigu d'« Enfants de Polaris ». Et ce nom était resté.

Par cette appellation, ils se référaient à l'étoile polaire, celle qui guide les marins soucieux de garder leur cap. Ce symbole de l'étoile à suivre coûte que coûte collait parfaitement avec leur profonde détermination. Car les Enfants de Polaris entendaient ne jamais dévier de cette voie qui était leur seule vérité : rendre grâce à la Mort, qui permettait par son caractère inéluctable d'apprécier ce somptueux cadeau qu'est la vie.

Séance après séance, ils mettaient en scène ce côté libérateur de la Mort, se complaisant dans leurs rôles de pseudo-divinités costumées. Cet aspect un peu grotesque de leur association était contrebalancé par leur grande connaissance en un domaine relativement nouveau pour moi : le phénomène de réincarnation.

Ils m'apprirent bientôt que notre existence en ce siècle n'était qu'un seul des nombreux maillons d'une vaste chaîne. Si notre corps se flétrissait, se décharnait, et finalement périssait, notre âme parvenait à survivre pour se réveiller un peu plus tard, en une nouvelle époque, et y commencer une nouvelle vie. Bien entendu, nous n'avions alors aucun souvenir de notre existence précédente. Ce cycle de morts et de nouvelles vies pouvait ainsi se répéter durant des millénaires.

Et puis, enfin, notre âme devenait parfaite, lavée de tout pêché. Nous quittions alors le système des réincarnations pour nous envoler vers une sorte de paradis, que certains confondaient avec le néant.

Ce paradis – ou ce néant – ne m'intéressait pas vraiment. Contes de bonnes femmes que cela !... En revanche, la possibilité de prolonger sa vie en se réincarnant me fascinait. L'un des Enfants de Polaris, un français joufflu appelé Auguste d'Auchevard, m'indiqua qu'il était même possible, en se plongeant dans une profonde méditation, de dialoguer avec ses incarnations passées.

Pour gagner sa confiance, je dus rejoindre les Enfants de Polaris. M'inspirant d'Anubis, l'un des trois chefs de l'ordre, je pris l'identité d'Osiris, le dieu égyptien des morts. Cela me permit d'assister à certaines de leurs stupides réunions. Il me fallut subir leurs autocongratulations incessantes, leurs discours ampoulés, leurs rituels absurdes, et ces insupportables saynètes musicales lors desquelles ils mimaient, sur l'estrade, la Mort et la délivrance qui s'ensuivait. L'un d'eux, grimé en spectre décharné armé d'une faux, venait recouvrir d'un linceul, puis emporter le corps du prétendu défunt dans la pénombre. Plusieurs fois, j'avais failli éclater de rire à l'écoute des psaumes solennels qui accompagnaient cette mise en scène grotesque.

Pourtant, ma patience et mon assiduité à ces innombrables soirées déguisées furent récompensées. Car Auguste d'Auchevard, *alias* Hadès, daigna me montrer comment entrer en contact avec mon lointain passé.

Nous devions nous plonger dans une transe, un état de méditation extrême qui nous permettrait d'atteindre la paix intérieure et de voir au-delà de l'espace et du temps. Ce rituel, Auguste d'Auchevard l'avait appris lors d'un séjour sur le continent indien.

Le processus me parut laborieux. Il y avait toujours une longue préparation, quelques incantations, quelques prières, et plusieurs types d'encens devaient être brûlés. Une fois de plus, je jugeai tout ce décorum assez théâtral et parfaitement inutile. Les séances se succédaient, sans réussite et sans réel intérêt. Mais Auguste d'Auchevard ne se décourageait pas. Il trouvait même que j'effectuais des progrès. Sous son insistance, je redoublai donc d'efforts.

Et puis, un jour, tout se débloqua.

Je me vis en un autre siècle, au Moyen Âge, en train de guerroyer sur un sol sableux, au pied d'arbres exotiques. J'étais un Sarrasin, adversaire des croisés du roi de France.

Cela n'avait duré que quelques secondes… mais quelles secondes !

Cet épisode fugace, mais pourtant si réel, bouleversa complètement ma vie.

Chapitre 40

Au fur et à mesure des séances, je me découvris encore d'autres existences. Plus loin dans le passé, j'étais un chasseur trapu, au teint cuivré, aux longs cheveux mêlés de plumes. Plus loin encore, au bord d'une mer couleur d'azur, j'étais une femme tatouée, une pêcheuse qui vivait sur une île lointaine, parmi d'étranges statues aux visages disproportionnés.

Ces visions extrêmement brèves se mêlaient d'odeurs, de goûts, de bruits, de sensations très précises. De tous ces petits riens qui les rendaient indubitablement réelles. Le spectacle me parut grandiose. En revanche, je fus déçu de ne pouvoir devenir un acteur à part entière de toutes ces vies lointaines.

— Le passé est le passé, indiqua Auguste d'Auchevard. Nous ne possédons aucune emprise sur lui.

La représentante de Kālī, une certaine Louise Sorcelle, m'expliqua que, selon les croyances des Enfants de Polaris, il existait un certain équilibre entre nos différentes incarnations.

Si, par nos actions et malgré les épreuves, nous avions accompli le bien autour de nous, alors nous nous trouvions récompensés dans le futur par une existence plus facile et propice à la sérénité. Si, au contraire, nous avions accompli une majorité de mauvaises actions, alors nos vies suivantes se révéleraient d'autant plus tortueuses et difficiles. Avec toujours en ligne de mire cet état supérieur de conscience, ce « paradis » illusoire auquel Louise, Auguste et leurs semblables paraissaient aspirer.

— La chance va souvent de pair avec la puissance psychique, m'assura Louise. Je m'en suis rendu compte, au fil de mes visites dans le passé. Un être chanceux est souvent capable de prodiges. Un peu comme si la réalité se pliait à sa volonté… À l'échelle d'une seule vie, cela peut paraître injuste… Mais, à l'échelle de nos vies successives, tout est juste et équilibré.

Ces paroles liquoreuses teintées de prêchi-prêcha me donnaient tout simplement la nausée. À vrai dire, je n'avais écouté ces théories que d'une oreille distraite. Car un autre détail, autrement plus important, monopolisait mon attention.

À chaque retour de ces voyages dans le temps, mon corps, d'abord fourbu, éprouvait comme un sursaut de vigueur. Une fois le réveil effectué, une fois mes propres souvenirs remis en place, je me sentais brusquement empli d'une immense énergie. Un peu comme si le contact entre ma personnalité présente et mon incarnation passée avait provoqué des étincelles. Un peu comme si je m'étais abreuvé à cette ancienne source de vie et que j'en avais rapporté une partie avec moi. Alors, mon corps se trouvait brièvement en possession d'une force vitale double, une énergie extraordinaire, mais terriblement volatile.

Car, malheureusement, cette énergie disparaissait aussi vite qu'elle était venue. Elle s'échappait dans l'éther le temps d'un battement de cœur sans que je ne puisse jamais la contenir. Ne restaient alors qu'un vaste sentiment de lassitude et un épuisement encore plus profond.

« Quel dommage de ne pouvoir garder en soi un tel déploiement de force », songeai-je.

Ce phénomène physique échappait totalement aux Enfants de Polaris, trop tournés vers leur propre mysticisme pour y prêter attention. Pour eux, ce sursaut d'énergie correspondait à la joie de notre âme lorsqu'elle était rentrée en contact avec une autre partie d'elle-même, qu'elle pensait inatteignable et perdue. Quant à la lassitude qui le précédait, elle servait à évoquer le long chemin qu'il nous restait à accomplir et les nombreux efforts à fournir pour nous rapprocher de la sagesse.

De mon côté, j'analysais ce phénomène par le spectre de l'alchimie. Et j'en percevais déjà les ramifications potentielles.

— Si je pouvais durablement rapporter cette énergie, rêvai-je à voix haute, cela me placerait au-dessus du simple genre humain… Cela me procurerait une source psychique deux fois plus importante. Car elle proviendrait de deux sources distinctes : mon moi passé et mon moi présent… 1 + 1 = 2… Deux fois plus d'intelligence ?… Deux fois plus de force ?… Deux fois plus de connaissances ?…

Cette nuit-là, fébrile, je noircis plusieurs dizaines de parchemins de théories osées et d'équations complexes. Ma main semblait glisser seule sur le papier, comme guidée par les idées qui prenaient forme en même temps qu'elles se dessinaient en lettres, en chiffres et en symboles. Alors, à la lumière de la bougie, m'apparut l'évidence : j'en vins à évoquer la puissance des éléments. Ces quatre éléments fondamentaux, cruciaux pour mes travaux d'alchimie, et qui expliquaient les interactions entre toutes choses.

Le feu, l'eau, la terre et l'air.

— Chaque chose se trouve à sa place, résumai-je. Chaque chose bien à sa place pour assurer la cohérence de notre monde… Oui mais… Mais si un élément d'une autre époque était rapporté en un endroit E, en un temps T qui n'était pas le sien ?… Alors, que se passerait-il ?… Alors, alors, les règles qui gouvernent notre monde et qui le divisent en quatre éléments distincts seraient-elles encore valables ?…

J'en étais là de mes questionnements. Aux portes d'une incroyable découverte, susceptible de changer à jamais nos conceptions et nos certitudes. En train de briser les barrières qui existaient entre le visible et l'invisible, le réel et le chimérique, le présent et le passé.

Il me fallait poursuivre plus avant mes expérimentations. Il me fallait de nouveau voyager dans le temps.

Cette fois, mon but était de passer du statut de spectateur à celui d'acteur. Et ce, malgré les déclarations répétées d'Auguste, selon qui nous ne possédions aucune emprise sur ce que nous avions été.

Un soir, j'approchai Louise Sorcelle, qui possédait d'après moi une vision plus fine de nos transes que le très obtus comte d'Auchevard. À son air pincé, Louise pensa sans doute que je souhaitais lui conter fleurette, comme le faisaient un peu tous les autres adhérents de l'ordre. Pourtant, ce genre de considérations sentimentales ne m'intéressait absolument pas. Louise finit par le comprendre, et je pus entrer dans le vif du sujet.

— Ces voyages dans le passé… lui confiai-je. Je suis certain que, si nous nous concentrions suffisamment, si nous nous imposions une discipline de fer, mais une discipline réfléchie, intelligente et inventive, nous pourrions passer au-delà du rideau. Ne plus seulement contempler ces autres siècles… mais y apposer notre marque.

À l'effet que produisirent mes paroles sur son visage, je sentis que j'avais visé juste : elle pensait, comme moi, que nous étions capables d'influer sur le cours du temps. Pourtant, son trouble fut de courte durée, et Louise Sorcelle reprit bien vite son habituelle expression hautaine.

— Même si nous pouvions réaliser ce que tu avances, il serait extrêmement malvenu d'agir ainsi, énonça-t-elle. Nos séances ne servent qu'à te faire mieux comprendre ta place dans la chaîne des réincarnations. Elles te poussent à respecter ces autres vies qui se trouvent imbriquées dans la tienne. Mais certainement pas à en prendre le contrôle.

— Quel intérêt de connaître ce que l'on a été, si l'on ne peut s'en souvenir dans la vie suivante ? protestai-je. L'expérience de nos vies accumulées pourrait nous ouvrir les portes de la connaissance ! Elle pourrait nous apporter le pouvoir et nous libérer de la mort ! Et puis, vous avez senti l'incroyable énergie qui se dégage de nos corps lorsque nous revenons au présent ? Il doit exister un moyen de canaliser tout ceci, de s'en servir ! Je parie même que, proprement domestiquée, elle nous serait utile pour faire plier les lois de notre monde.

Devant mon insistance, le teint de Louise blanchit. Derrière moi résonna la voix d'Auguste. Tout à mon raisonnement, je ne l'avais pas entendu venir.

— Quelle drôle d'idée, vraiment ! s'emporta le comte d'Auchevard en se postant entre Louise et moi. Ce que tu énonces est contraire à tous nos principes ! N'as-tu pas écouté ce qui se dit lors de nos réunions, Osiris ? Nous fonctionnons comme le relais des dieux obscurs. Nous propageons leurs lois. Alors, pourquoi vouloir les « plier » ?... Nous n'avons pas à nous libérer de la Mort ! Car la Mort est elle-même libération. Elle est nécessaire. Elle est bienvenue. Vraiment, Osiris, que t'arrive-t-il ?... Ce genre de discours n'a pas sa place parmi nous !

Au fur et à mesure de sa diatribe, son teint avait rougi. Et Louise, je le voyais bien, se rangeait à ses idées immobilistes qui manquaient si cruellement d'ambition.

La colère affichée du comte me poussa à ne pas insister... Mais en même temps elle aiguisa ma curiosité. Auguste, clairement, craignait quelque chose. Et s'il craignait quelque chose, c'est que je me trouvais sur la bonne voie.

Je décidai donc de jouer profil bas, de présenter mes excuses. En réalité, je comptais plus que jamais devenir acteur de mes voyages dans le temps. Cependant j'avais encore besoin de ce que « mes amis » pouvaient m'enseigner.

Comme toujours, mon masque d'Osiris me servit à recevoir les précieux secrets de cette cohorte d'imbéciles sans imagination et à dissimuler mes véritables intentions.

De nombreux mois de préparation rigoureuse me furent nécessaires. Je devais me trouver dans une parfaite condition physique et mentale. Pourtant, l'idée de retourner dans le passé me dérangeait de plus en plus. Car je savais ce que je voulais tenter, et j'en redoutais les conséquences.

— Si je change le passé, formulai-je à voix haute, si je dessine une autre voie… alors quelles répercussions cela aura-t-il sur ma vie d'alchimiste florentin ?…

Je me grattai le crâne, en proie au doute. En tant que Giuseppe, j'allais sans doute modifier les événements de l'histoire. Peut-être de manière insignifiante. Peut-être avec autant d'impact que le battement d'ailes d'un papillon. Pourtant, cette simple modification, ce papillon anodin, pouvait se placer entre deux événements cruciaux et dévier, par sa présence, le cours de ma propre existence. Cet animal minuscule pouvait distraire un écrivain public, lequel écrivain ne finirait pas son texte à temps et se ferait réprimander par ses clients, lesquels clients préféreraient désormais son jeune concurrent, lequel jeune concurrent verrait sa clientèle augmenter au détriment du premier écrivain, lequel premier écrivain quitterait la ville, laquelle ville ne verrait pas naître son fils, lequel fils ne produirait jamais le meilleur vin de la région, lequel vin – mon vin préféré ! – n'existerait jamais et ne se trouverait pas dans le verre que j'étais en train de boire.

Une intervention mal placée, et c'est moi qui disparaîtrais à tout jamais, comme ce breuvage ! Car mes agissements quelques centaines d'années auparavant pouvaient très bien provoquer une cascade d'événements qui empêcherait mes propres parents de se rencontrer. Et donc, de m'engendrer.

Le passé était un pays trop risqué. Une seule solution pour ne pas renoncer à mes ambitions : me tourner vers l'avenir. Si je chamboulais l'existence de mes incarnations futures, les conséquences pour moi se révéleraient bien moins catastrophiques. Tout simplement parce que j'aurais déjà disparu depuis de nombreuses années.

Ayant ingéré un mélange de mon invention qui stimulait et améliorait grandement mes facultés mentales, je m'apprêtai à tenter mon premier voyage en solitaire, sans les conseils timorés de Louise Sorcelle, et surtout sans les psalmodies infantilisantes d'Auguste d'Auchevard.

Libre de mes mouvements, enfin.

Je m'allongeai et vidai mon esprit, prêt à rejoindre l'un de mes avatars de l'avenir. Mais je n'avais jamais voyagé dans ce sens. Cela était-il même seulement envisageable ?... De mon point de vue, cet avenir n'existait pas encore, et tout restait à faire.

— Oui, mais d'un point de vue extérieur, murmurai-je, je ne suis qu'un élément minuscule, planté au beau milieu du temps. Il faut que je me concentre sur cette image...

La respiration régulière, le corps en repos et l'esprit ouvert, je mis une nouvelle fois en pratique les enseignements des Enfants de Polaris. D'abord, il y eut un blocage. Comme une muraille de pierre, un barrage épais.

Le temps s'écoulait sous moi, tel un torrent en perpétuel mouvement passant sous ce barrage. Preuve que l'obstacle n'était pas infranchissable.

Je m'étais évertué, ces derniers mois, à lutter de toute

ma vigueur contre la force du torrent et à remonter le courant. Pas cette fois. Car aujourd'hui il me suffisait de suivre le mouvement naturel des choses. De me mettre en sommeil et de me laisser porter vers l'avenir.

Cette prise de conscience me suffit.

Tout à coup, le barrage céda.

Puis tout s'accéléra.

Plus puissant psychiquement grâce à mes décoctions et totalement libre de mes mouvements, je me trouvai propulsé dans le flux du temps.

Chapitre 41

Mon premier contact avec l'avenir se déroula une nuit de décembre. À cette occasion, je devins une autre femme, une jeune Asiatique dont je devais apprendre l'identité par la suite : Izumi Yamasato, héritière d'un puissant clan japonais.

Le futur se révéla plus malléable que le passé. Cette fois, je me sentais la possibilité d'agir, comme je l'avais rêvé. Malheureusement, mes séjours étaient bien trop courts pour que je puisse tenter quoi que ce soit de décisif. La première fois, au milieu d'un jardin, sous un soleil de plomb, je fus à peine capable de ramasser un caillou, parmi les quelques millions qui constituaient le chemin sur lequel je me trouvais. Et ce fut tout. Cette simple action – soulever un caillou ! – avait épuisé toutes mes forces, et je me réveillai bien vite au XVIe siècle, dans mon appartement parisien.

Il m'avait semblé que l'esprit d'Izumi Yamasato, comme en réaction à mon intrusion et à ma volonté d'agir physiquement, m'avait instinctivement chassé.

J'appris à cette occasion que nos différentes incarnations, si elles se trouvaient liées entre elles, possédaient chacune leur identité.

Elles étaient comme des éléments d'une vaste équation chimique, toutes indispensables, toutes associées, mais tout de même distinctes les unes des autres.

En d'autres termes, Izumi était, en même temps, un autre moi… mais aussi quelqu'un qui possédait sa propre personnalité. Ses buts, ses aspirations, ses convictions n'étaient pas les miennes, mais les siennes propres. Notre âme nous liait. Mais, en changeant d'enveloppe charnelle, celle-ci se métamorphosait également. Comme un corps chimique qui revêt une autre forme lorsqu'il se trouve solide, gazeux ou aqueux en fonction du milieu dans lequel il évolue.

Pour ne pas me perdre, moi, Giuseppe, je devais demeurer concentré. Et pour ne pas être chassé, il me fallait lutter.

D'autant qu'une autre force existait, que je n'avais pas prise en compte jusque-là : celle, extrêmement puissante, qui lie tout esprit à son corps d'origine. Quelques secondes à peine après chaque déplacement temporel, cette force se manifestait, qui m'entraînait en arrière et soulignait l'anomalie de ma présence dans une enveloppe qui n'était pas mienne. Par-delà les kilomètres et les siècles, mon corps réclamait son esprit absent et vagabond. Ce phénomène, je m'en rendais progressivement compte, expliquait la grande brièveté de mes séjours répétés à d'autres époques.

L'esprit, fatalement, devait se trouver de nouveau réuni au corps.

Chapitre 41

Pourtant, je ne devais pas m'en désoler : cet appel du corps était en effet la planche salvatrice qui me permettait de quitter le passé ou le futur pour revenir automatiquement au présent, sans disparaître dans le néant.

Une force nécessaire, donc. Mais évidemment frustrante, de par le côté fugace qu'elle imprimait à mes voyages. Il me fallait maintenant trouver un moyen de la domestiquer…

— Vraiment, que ces déplacements sont complexes ! m'exclamai-je. Et régis par des lois dont il faut comprendre tous les mécanismes !…

Plus je m'enfonçais dans ces expériences temporelles, plus les difficultés se dessinaient. Elles élargissaient grandement le champ de mes possibles… mais presque aussitôt apportaient leur lot de petites déceptions et de frustrations immenses.

Plusieurs fois, je retournai à l'époque d'Izumi Yamasato pour améliorer mes compétences et tenter de plus concrètes interactions. Peine perdue ! Je fus tout juste capable de claquer la langue, taper du pied sur le sol ou goûter une tasse de thé du bout des lèvres. Chacune de mes prises de contrôle s'accompagnait d'un épuisement soudain et d'un rappel vers mon propre corps, l'esprit d'Izumi reprenant aussitôt le pas sur le mien.

Ce manque de progrès m'agaçait grandement. Mais je n'eus guère le temps de m'en plaindre. Car un nouvel embarras apparut promptement. Lors de mes déplacements dans l'avenir, je pensais m'être montré discret. Pourtant, Louise Sorcelle m'avait repéré. La jeune femme se trouvait particulièrement sensible aux perturbations temporelles. Elle avait ressenti chacun de mes voyages.

Bien entendu, elle en avertit Auguste d'Auchevard.

Je reçus bientôt une lettre signée Hadès, Kālī et Anubis, me sommant « d'arrêter immédiatement cette folie ». Le ton monta entre les Enfants de Polaris et moi. Un malheur n'arrivant jamais seul, ils découvrirent bientôt certaines de mes inventions passées, dont la célèbre « Peste en bouteille ».

Je fus dès lors exclu de leur ordre. À mots à peine couverts, Auguste d'Auchevard me menaça de mort. Il me promit même de « couper la chaîne qui pouvait mettre en danger jusqu'aux fondements de notre réalité ». En clair, il ne menaçait pas seulement mon existence, mais toutes celles que j'allais connaître dans les siècles futurs.

La situation devint vite intenable : je décidai donc de quitter Paris pour retourner dans ma maison de Florence. Là-bas, j'espérais poursuivre mes recherches hors de la sphère d'influence de ces illuminés.

Ce changement d'endroit me fut extrêmement bénéfique. Très vite, je pus de nouveau visiter mon avenir sans être inquiété.

Afin de rester un peu plus longtemps dans le futur, je mis au point une nouvelle technique. Arrivé dans un nouveau corps, je n'essayais plus d'interagir d'emblée avec mon environnement : je me faisais le plus petit et le plus discret possible. J'y demeurai un moment, en sommeil, comme en état d'hibernation. Puis un beau jour je me réveillais. Parfois, quelques mois avaient passé. Parfois, il s'agissait de décennies entières. Poussant cette technique un peu plus loin, je parvins à dépasser la vie d'Izumi pour atteindre le XVIIIe siècle. J'y devins Ravi Selundian, guerrier indien particulièrement habile à l'épée.

Chapitre 41

Mais mon énergie s'épuisait, et, comme j'en avais maintenant l'habitude, mon corps me rappela bientôt. De retour vers le XVIe siècle, il me fut cependant possible d'effectuer une courte halte dans la vie d'Izumi. C'était la première fois que je cheminais d'une incarnation future à une autre sans passer par ma propre époque.

Revenu à Florence, j'eus besoin d'un long moment pour rassembler tous mes esprits. Mes souvenirs n'avaient jamais été aussi emmêlés, à cause sans doute de ces deux existences rencontrées successivement. Patiemment, j'y remis bon ordre.

Puis vint l'inévitable sursaut de vigueur. Je me sentis soudain plus en forme que jamais. J'en conclus que plus le voyage était long, plus l'énergie accumulée devenait importante.

Malheureusement, cette fois encore, tout s'évapora. Je mis plusieurs semaines à me remettre de ce long périple.

Mon organisme résisterait-il à d'incessants trajets entre mon époque et les autres ? J'en doutai sérieusement. À chacun de mes retours, mon dos se voûtait un peu plus, mes cheveux déjà gris blanchissaient, mes rides se creusaient. Le temps et mon âge véritable me rattrapaient.

— Cette énergie qui se dégage… énonçai-je à voix haute dans le secret de mon laboratoire. Cette énergie que je rapporte avec moi, lorsque je reviens. Elle est la clé de tout, j'en suis sûr… Elle me galvanise, m'améliore, je le sens. Elle transpose soudain mon corps dans sa prime jeunesse. Mais en même temps elle m'épuise et m'assèche… Comment dompter cette arme à double tranchant ?… Comment conserver cette force en moi ? Comment faire pour en profiter durablement ?…

Je me perdais ainsi en conjectures lorsqu'un événement tragique, à l'époque d'Izumi, m'offrit une jolie découverte.

Pour la quinzième fois peut-être, j'étais redevenu cette aventureuse Japonaise qui n'écoutait ni son père, ni les insistants conseils des précepteurs, qui eussent bien voulu la voir tenir sa place de femme effacée plutôt que parcourir le vaste monde au mépris des intempéries et des bandits de grand chemin.

En ce jour d'automne et de gros nuages gris, Izumi naviguait sur un frêle esquif, au milieu d'une rivière tumultueuse. Soudain, un rocher. Izumi n'avait pas anticipé sa présence. La jonque le percuta. Elle chavira. Izumi plongea. Se cogna la tête. Perdit à moitié connaissance. Un flot de sang s'échappa de son crâne tandis que son corps tourbillonnait, telle une poupée désarticulée, malmenée par les caprices du courant.

J'assistai, totalement impuissant, à la scène. Et je sentais l'esprit d'Izumi s'affaiblir et disparaître tandis que ses poumons s'emplissaient d'eau, et que sa vie se dirigeait vers sa fin. D'abord horrifié par la scène, j'en saisis soudain le *bon côté*. L'esprit d'Izumi retournait au néant. Ce qui signifiait que le mien pouvait *prendre sa place*. Se jeter sur elle. S'emparer de sa puissance. Pour la faire mienne.

Au milieu des ondes, du vertige et du sang, je fus sur le point de devenir le marionnettiste de ce corps d'un autre temps. Quel sentiment de puissance… mais, en même temps, quelle amertume !… Car le cœur d'Izumi, malmené par la rivière déchaînée, allait bientôt cesser de battre, et ses poumons se trouvaient sur le point d'exploser. Comble de l'ironie : au seuil du succès, j'allais perdre aussitôt ma marionnette !

Chapitre 41

Brusquement, un robuste instinct de survie s'empara de la jeune femme. Son incroyable volonté la fit reprendre conscience. Revenir du néant. Tendre ses muscles. Agripper une branche. Puis un rocher. Puis se hisser. Puis sortir de la rivière. Puis se traîner sur le rivage. Puis vomir l'eau, la chasser de ses poumons. Puis respirer. Puis être sauvée.

Pour ma part, je fus de nouveau chassé, renvoyé chez moi, où je m'éveillai de cette transe éreintante. Éreintante, mais tellement prometteuse : le sursaut de vigueur, cette fois, se révéla *extraordinaire*. Car, pour la première fois, l'énergie accumulée ne me quitta pas tout de suite. Au lieu de descendre précautionneusement de mon lit, comme à mon habitude, je bondis tel un adolescent survolté. Plus de rhumatismes, plus aucune douleur osseuse : le poids des ans semblait s'être envolé !

— Que se passe-t-il ? Qu'arrive-t-il à mon corps ?

Mieux encore : mon esprit se trouvait particulièrement affûté. Je me sentis, pour la première fois de mon existence, en parfaite harmonie avec mon environnement. Un peu comme si j'en comprenais tous les mécanismes invisibles. Un peu comme si j'en percevais, en cet instant béni, toutes les composantes.

Et puis, tout à coup, je sentis une autre présence. Celle d'Izumi. L'espace d'une seconde, je ne fus plus seul. Il me sembla que la main de la Japonaise se posait sur mon épaule. Comme si elle me reprenait cette partie d'elle-même que je venais de lui dérober. Alors, je tombai lourdement, à genoux, comme terrassé de nouveau par le poids des années.

L'insaisissable énergie venait de disparaître à jamais.

Je dus bientôt m'allonger à même le sol, incapable du moindre mouvement. Vidé, fourbu, estomaqué.

Chapitre 42

Un long moment me fut nécessaire pour analyser le phénomène. L'espace d'un court mais fascinant épisode, j'avais entrevu le monde sous un prisme différent. J'en avais, instinctivement, décomposé tous les éléments pour mieux les connaître, et me les approprier.

Les proportions de feu, d'eau, de terre et d'air m'avaient paru parfaites. Fort de ces intuitives connaissances, je m'étais un bref moment élevé au-delà de ma condition d'être humain.

À quoi devais-je ce prodige ? Tout simplement à l'expérience de mort imminente que je venais de traverser en tant qu'Izumi.

Je me souvins de certains traités obscurs, jadis découverts parmi les grimoires de mon maître. Ceux-ci parlaient de cet étrange phénomène qui fait qu'un corps, au moment d'expirer, perd brusquement une partie de sa masse. Certains y voient le poids de l'âme, qui quitterait notre enveloppe tandis que nous rejoignons l'au-delà.

Pour l'alchimiste que j'étais, tout ramenait, bien

entendu, à l'insaisissable énergie qui était devenue mon obsession !

— Ma main au feu ! m'exclamai-je. Notre vie sur le point de s'éteindre est la manifestation la plus explosive de ce phénomène fabuleux ! Et sans doute le moyen, pour moi, de m'en emparer enfin !

Petit détail déplaisant : Izumi, finalement, n'était pas morte. Elle avait survécu à son accident de jonque sur la rivière. Au seuil du trépas, sa volonté de vivre avait prédominé. Et son essence vitale lui était revenue.

Je n'eus de cesse, dès lors, que de précipiter la fin de la jeune Japonaise. Certes, elle était une autre incarnation de moi-même. Mais elle était aussi une personne aux aspirations différentes des miennes. Et surtout, un réservoir de force, une source providentielle de pouvoir, un moyen d'accéder à l'immortalité que je convoitais.

J'entendais donc disposer de sa vie comme je l'entendais, sans aucun remords.

— Désolé, Izumi… mais c'est pour la bonne cause, convins-je. La seule qui en vaille la peine : la mienne.

Lors de mes voyages suivants, je retrouvai l'ambition d'agir dans le futur plutôt que de le voir défiler sans rien faire. Avec cet objectif bien précis : raccourcir la vie d'Izumi pour m'emparer de son énergie vitale et augmenter mes facultés de manière durable.

Je cherchai donc, à plusieurs reprises, à la voir sauter dans le vide, ingérer du poison, se noyer de nouveau, se plonger un couteau dans le cœur. N'importe quoi, du moment qu'elle disparaisse !

C'était sans compter sur le formidable instinct de survie qui l'animait. Il m'avait déjà été difficile de soulever un caillou ou goûter un peu de thé. Il me fut impossible de tenter les dizaines et les dizaines d'actions suicidaires que j'envisageais. L'esprit indomptable de la Japonaise ne me laissait jamais faire. Aussitôt que l'idée de mon meurtre se trouvait formulée, aussitôt qu'une falaise abrupte ou qu'un pont branlant croisait ses pas, Izumi devenait cette force antagoniste, avide de vie, qui repoussait immédiatement toute idée de mort, et qui s'arrangeait pour poursuivre son existence aventureuse mais toujours prévoyante.

Avec la malchance qui me caractérisait, cette fille allait probablement finir centenaire, et moi j'allais épuiser ma vie entière sans jamais parvenir à mes fins !

Les mois passèrent, plus monotones et insatisfaisants les uns que les autres. Depuis un moment, je ne progressais plus. Pire : je voyais mon corps se métamorphoser en une carcasse vieillissante, et mon propre visage dans le miroir, avec ses yeux caves et ses traits affaissés, m'insupportait. Il me semblait entendre la voix implacable de mon maître disparu dans un coin de ma tête.

— Te voilà bien puni, Giuseppe, disait-il. Toi qui as voulu allonger ta vie par-delà la mort, tu vas subir, d'un coup, tout le poids des ans. Tel est le prix à payer car tout est question d'« échange équivalent » : toute cette énergie dépensée pour tes voyages, tu ne pourras jamais la récupérer malgré tes potions. Et en voulant, une nouvelle fois, plier les lois de la réalité, tu n'as fait que précipiter ta propre fin.

Cette sinistre constatation se doublait d'une très mauvaise nouvelle : malgré la distance que j'avais mise entre eux et moi, les Enfants de Polaris avaient fini par me retrouver. À croire que leur imbécile d'Anubis possédait autant de flair que la divinité qu'il était censé représenter. Ils m'avaient envoyé une missive plutôt salée, où les termes de *traître* et d'*abomination* côtoyaient des phrases telles que : *Repends-toi, imposteur, car bientôt frappera le Funeste Jugement. Sur ta propre personne, mais aussi tous tes « toi » futurs.*

Toutes mes incarnations, rien que ça ?... Je me demandai bien comment ils s'y prendraient pour me retrouver à d'autres époques ! Ils m'en fournirent aussitôt la réponse.

Si d'aventure tu parviens à tes fins, les forces combinées de nos médiums auront tôt fait de repérer l'anomalie temporelle que tu représenteras. Tu sais comment Kâli sait cerner ton aura, et quel flair possède Anubis. Ces choses-là s'enseignent et se transmettent. Tu ne seras donc jamais seul. Tu peux avoir peur de ton ombre, Osiris. Car nous serons cette ombre dont tu ne peux te détacher.

À bientôt, au bord du gouffre !

Vraiment, ces pantins se complaisaient dans leurs rôles morbides ! J'en étais venu à penser que tous leurs beaux discours ne servaient qu'à cacher cela : cette propension à céder à leurs instincts primaires pour devenir des tueurs assoiffés du sang qu'ils allaient verser. Des assassins écervelés, sans discernement et sans nuances.

Cela me paraissait aberrant mais, visiblement, aucun Enfant de Polaris n'avait profité de ses facultés pour trouver ses propres réincarnations. Sans doute tenaient-ils trop à leur système de succession et de privilèges familiaux sur lequel leur ordre était bâti.

Les événements s'accéléraient donc… et pas dans le bon sens. Tandis qu'ils révélaient leur vraie nature, le danger que représentaient ces fanatiques se rapprochait ! Épuisée par mes expéditions mentales, et dans la ligne de mire des Enfants de Polaris, ma vie se trouvait doublement en péril.

S'ajoutaient à cela mes échecs. Malgré mes découvertes scientifiques, je me dirigeais tout droit vers une impasse. J'avais l'impression, sans cesse, de frôler la vérité de mes doigts, de l'entourer, de la saisir presque. Pourtant, l'instant d'après, mon fol espoir s'évanouissait. Cette vérité n'était plus qu'un nuage, un corps sans substance qu'il m'était impossible de toucher. Mon existence continuerait sous les traits d'Izumi, certes. Puis sous ceux de Ravi. Et peut-être d'une poignée d'autres dont je ne connaissais pas encore les noms. Mais, en contrepartie, et même s'il échappait à ses ennemis, Giuseppe Perrone, devenu un vieillard, disparaîtrait pour de bon.

Cette pensée me parut insupportable.

À bout de nerfs, j'empoignai l'arc et les flèches accrochés au mur de ma chambre souterraine. Je me mis alors à viser mes bocaux, mes alambics. Je décochai une flèche, puis une autre, détruisant des semaines, parfois de longs mois de recherches, dans une explosion de verre et d'impuissance.

— Aucune importance ! pestai-je à voix haute. Ces bocaux peuvent bien se briser, ces précieux liquides peuvent bien se renverser ! Le temps, de toute façon, étendra son emprise. Et de ma vie, très bientôt, il ne restera plus rien !

Une flèche puis une autre vinrent se ficher dans le bois de l'armoire, après avoir tout pulvérisé. Une nouvelle pluie de verre s'abattit sur les murs, sur le sol, sur ce qui restait de mes rêves brisés.

Un dernier geste, complètement disproportionné, me fit retourner l'arc contre moi-même et tendre une flèche vers mon propre torse.

« Si tout ceci est voué à l'échec, pourquoi ne pas en finir tout de suite ? songeai-je. Dans une autre vie, peut-être, mon esprit sera plus fort, et je me trouverai plus chanceux. »

Devant la corde tendue de l'arc et le projectile malhabilement pointé dans ma direction, je me sentis soudain un peu ridicule. Si je voulais périr par l'arc, il me fallait un autre tireur. Quelqu'un qui me vise avec un recul suffisant pour que la flèche prenne de la vitesse, qu'elle devienne un projectile mortel capable de me perforer le cœur.

Cette image produisit en moi un déclic.

Je vis tout : le passé, le futur, le cours du temps, la mort, la chaîne des réincarnations, l'équilibre de la chance, la puissance psychique, le lien entre le corps et l'esprit, le poids de l'âme, l'accumulation de l'énergie, les menaces de mes ennemis, la flèche pointée dans ma direction, la corde tendue de cet arc et les quatre éléments.

Toutes les données alchimiques de cette formidable équation.

Le Grand Œuvre. *Mon* Grand Œuvre.

Une possibilité se profila. Une dernière expérience, qu'il me fallait tenter.

— Eurêka ! murmurai-je.

Au fond de mon impasse se dessina une porte de sortie.

Chapitre 42

Une expérience abominablement périlleuse, mais qu'il me fallait tenter. Car elle était mon seul salut.

Et la clé, peut-être, pour que mon destin s'accomplisse et marque à jamais le cours de l'histoire humaine.

Chapitre 43

Les Enfants de Polaris n'avaient laissé planer aucun doute quant à la façon dont allaient se dérouler nos prochaines rencontres. Ils mettraient aussitôt leurs menaces à exécution, en m'assassinant, puis en prenant leurs dispositions pour s'occuper de mes incarnations suivantes.

La solution raisonnable eût été de jouer profil bas et de rédiger un convaincant repentir. Au lieu de cela, je m'amusai à attiser leur colère. Par lettre, je me vantai de ma meilleure connaissance du temps, de cette capacité nouvelle de sauter d'une vie future à une autre sans passer par mon époque.

Vous ne pourrez rien contre moi. Je serai comme l'éther qui glisse entre vos doigts envieux. Je filerai par-delà le temps, quand votre chair se sera putréfiée et que vos os serviront d'abris aux lombrics.

Phrase après phrase, je m'employai à faire vibrer leur corde sensible, à appuyer là où ils ne pouvaient qu'avoir mal.

Vos dieux empaillés, vos épouvantails insignifiants, n'ont jamais possédé d'autre pouvoir que celui d'effrayer les oiseaux et les faibles d'esprit. Fi des déguisements macabres ! Vous ne représentez rien d'autre que votre propre bêtise.

Enfin, je portai le coup de grâce en écrivant noir sur blanc que j'avais enfin *trouvé le moyen de tromper la mort*, que j'étais devenu *plus puissant qu'elle*, et que toutes mes incarnations futures iraient lui *cracher au visage* pour lui souligner leur *insignifiance*.

Je cachetai l'enveloppe ensuite, plutôt fier de moi.

Tout ce que j'avais écrit n'était (presque) pas un mensonge. Le moyen de tromper la mort, je pensais en effet l'avoir enfin trouvé. Mais j'avais absolument besoin de l'aide des Enfants de Polaris, encore une fois, pour correctement mener ma nouvelle expérience.

La plus ambitieuse. La plus risquée. La dernière.

J'allais me projeter *le plus loin possible* dans le futur. Quitte à rester un très long moment en sommeil avant d'agir. Pour cela, il me faudrait pousser mon corps et mon esprit jusqu'à leur extrême limite, au mépris de mon espérance de vie. J'aurais à ingérer une potion de vigueur dix fois plus puissante qu'à l'accoutumée. J'en connaissais déjà le dosage et j'en avais théorisé les effets. Mais je ne l'avais jamais utilisée, par peur des conséquences. Tout simplement parce que mon corps ne la supporterait peut-être pas, et que mon cœur de vieillard finirait par lâcher.

Pourtant, cette fois, je n'avais plus du tout peur. Le temps était venu de renoncer à la prudence et de fournir toute l'énergie possible pour obtenir enfin le succès.

Chapitre 43

— Imaginons que mon esprit soit une flèche pointée dans la direction de mon corps, récapitulai-je à voix haute. Imaginons que l'arc sur laquelle elle se trouve représente le cadre rigide du temps. Plus je tends la corde reliée à l'arc, plus mon esprit se déplace loin de mon corps, dans le futur… Mais il arrive toujours ce moment, vécu des dizaines et des dizaines de fois, où le corps réclame l'esprit. Il arrive toujours un moment où la corde, tendue à son maximum, va devoir décocher la flèche… Grâce à la tension de l'arc, cette flèche (et donc cet esprit), en revenant vers mon corps, percutera celui-ci avec une puissance jusqu'ici inégalée. Et pour décupler encore cette puissance, il me faut écourter chacune de mes vies à venir.

Je venais, par lettre, de m'assurer de la mort prématurée de toutes mes incarnations futures. Les Enfants de Polaris souhaitaient déjà me supprimer. Désormais, je leur avais fourni la colère nécessaire pour mener à bien leur sinistre entreprise et la maintenir vivace au cours des siècles. Insultés par mes propos et affolés par mes ambitions « contre-nature », ils me retrouveraient n'importe quand, n'importe où, grâce à leurs limiers.

Sans le savoir, ces pantins effectueraient pour moi la morbide tâche que je n'étais pas parvenu à accomplir seul. En devenant mes assassins, ils serviraient mes intérêts sans s'en douter un seul instant !

Mon premier arrêt serait cette incarnation lointaine que je visais, quelque part entre le XIXe et le XXIe siècle. Si mon plan se déroulait comme prévu, et si les Enfants de Polaris n'avaient pas disparu de la surface de la Terre, elle serait la première que je verrais succomber. Puis je remonterais ensuite le fil du temps jusqu'à Ravi. Jusqu'à Izumi. Et enfin jusqu'à ma propre existence.

En voyant la mort précocement s'abattre sur mes incarnations futures, moi, Giuseppe Perrone, j'allais récupérer l'énergie vitale de toutes ces existences additionnées. Il me suffisait d'attendre patiemment le moment de la mort de mes avatars pour m'agripper soudain à ce flux, m'en emparer, m'en nourrir. Alors, je sauterais à l'existence précédente, accumulant ces provisions psychiques comme un animal prévoyant stocke ses fruits en vue d'un long hiver.

Tout ceci, bien entendu, n'était qu'hypothèses. Et la très réelle menace des Enfants de Polaris, à mon époque, demeurait en suspens. Que se passerait-il s'ils me débusquaient avant que j'aie pu mener à bien cette folle expérimentation ? Allaient-ils planter leurs lames dans mon corps encore endormi sous l'effet de ma profonde transe ?

Avais-je tout calculé correctement ?

Allais-je seulement réussir ?

Mais le temps pressait. Et je me trouvais à cours d'options.

J'allais jouer ma place dans l'univers sur un coup de dés. Pourtant, quel coup de dés, et quelle récompense si je réussissais !…

Décidé et serein, je fermai la porte de ma chambre souterraine à double tour. Avant que mes ennemis n'arrivent, je m'allongeai sur le lit, fermai les yeux, me concentrai, prêt à partir pour mes vies futures. Chacune de ces vies que je m'étais employé à écourter.

La flèche était armée, la corde de l'arc se tendit.

CHAPITRE 43

Je vis se dessiner les visages d'Anubis, d'Hadès, de Kālī. Tous trois tenaient cet arc tendu vers ma poitrine. Leur association était la seule force à même de me retrouver où que j'atterrisse, la seule organisation capable de perdurer dans le temps et de m'éliminer quelles que soient les circonstances.

Avant de m'endormir, j'affichai un sourire provocateur. Je venais d'ingérer ce mélange détonant capable d'augmenter de façon phénoménale ma force psychique. Si je survivais à cette potion, mon voyage dans le temps m'amènerait bien plus loin que je ne m'étais jusqu'ici aventuré.

« Tuez-moi, murmurai-je à mes ennemis. Tuez-moi, et je vivrai plus que n'importe qui. »

La flèche fut encochée dans le cours du temps. Comme prévu, elle partit loin, très loin dans le futur. La corde de mon arc se tendit ainsi jusqu'à six cents ans. Jusqu'à un adolescent du XXIe siècle qui se nommait Yohann Massart.

Lequel fut assassiné sous mes yeux par les incarnations futures d'Anubis, d'Hadès et de Kālī.

Dissimulé dans un coin de l'esprit de Yohann, je jubilai.

La soif de vengeance des Enfants de Polaris s'était effectivement propagée jusqu'à cette époque lointaine… Ils étaient tombés dans le panneau !

Et ce qui devait arriver arriva : tendue à son maximum, la corde de l'arc, alors, lâcha et propulsa mon esprit vers son point de départ : l'année 1514. Elle allait effectuer plusieurs étapes avant d'y arriver. Et chaque étape verrait se dessiner la même issue fatale. Une issue dont je me délecterais, *littéralement*. Car j'allais me nourrir de toutes ces disparitions pour gagner en puissance. Comme je l'avais prévu.

En même temps que je voyais se dérouler sur plusieurs siècles, et à rebours, tout ce que j'avais mis en œuvre, je me pris à admirer mon propre génie.

Personne, jamais personne avant moi n'avait mis au point une machine si ambitieuse, une entreprise si extraordinaire, qu'elle allait briser de concert les lois de l'espace, de la mort et du temps !

Vraiment, ma réussite était totale…

Malgré tout, il y eut une anicroche.

Une minuscule anomalie dans cette équation parfaitement équilibrée.

Car la flèche encochée, dans sa course violente, emmena avec elle un passager clandestin. Un élément que je n'avais pas du tout prévu. Arraché à son époque, l'esprit de Yohann Massart, plutôt que de disparaître, m'accompagna. Il voyagea à rebours en ma compagnie. Pire : il prit l'ascendant sur mes autres incarnations pour mettre, bien involontairement, leur esprit en sommeil.

Je mis ce phénomène sur le compte de cette fameuse volonté de survie qui avait si longtemps caractérisé Izumi Yamasato. À l'image de la Japonaise – et un peu comme moi, en fait ! – Yohann *ne voulait pas* mourir. Il s'était donc accroché.

Je m'étais attendu à ce que l'adolescent disparaisse bien vite, lors du saut temporel suivant. Mais, lorsque nous débarquâmes, ensemble, à l'époque de Karl Schnitzer, l'anomalie perdura. Je compris immédiatement pourquoi :

face à l'arrivée simultanée de deux intrus, Karl, submergé, n'avait pas été capable de lutter. Son esprit s'était aussitôt mis en sommeil… comme Nembo après lui.

Intérieurement, je pestai de voir Yohann Massart s'installer dans d'autres époques, y évoluer et y agir comme jamais je n'avais pu le faire. Ce jeune ignorant ne pouvait évidemment se douter qu'il devait ce privilège à notre présence combinée, qui réduisait au silence les esprits normalement liés aux corps que nous visitions.

Cependant, cet accident de parcours n'allait pas vraiment changer la donne. Le jeune Yohann, d'aussi loin qu'il venait, n'était pas de taille à affronter les Enfants de Polaris. Il finirait bien par disparaître, rappelé par son époque et par son enveloppe qui venait de succomber.

Dans un demi-sommeil, moi, Giuseppe Perrone, je surveillais ses agissements. Car il n'était pas question que j'use mes forces et que je fasse rater ma belle expérience. J'avais trop à y gagner… et trop à y perdre !

Il eût été inadmissible que cet intrus mette en péril mon long périple en modifiant le parcours que j'avais soigneusement tracé. S'étant imposé dans l'esprit de Karl Schnitzer, puis dans celui de Nembo, ses divagations adolescentes entamaient sérieusement mon moral. Plusieurs fois, je faillis agir pour le faire taire. Mais il me fallait rester patient. Économiser ma puissance jusqu'au tout dernier moment…

Un incident finit par se produire : devenu une Izumi Yamasato en fin de vie, le tenace esprit de Yohann se rendit à Paris pour décimer les Enfants de Polaris. Je savais déjà qu'une telle manœuvre était vaine. Mes ennemis, en effet, étaient plus nombreux et plus résistants que des pousses de chiendent en pleine campagne.

Mais, au dernier moment, cet abruti voulut embrasser la vision de nos adversaires. Il éprouva soudain de la compassion pour ces êtres qui n'avaient eu de cesse de le pourchasser. Bien pire : il affirma vouloir tout changer.

Rassemblant mes dernières forces, je dus sortir de ma léthargie. Avec violence, je balayai l'esprit de Yohann pour prendre le contrôle du corps que nous habitions tous deux.

Sous mon impulsion, Izumi se jeta sur l'arme d'Anubis, puis périt. Yohann Massart fut enfin chassé, perdu dans le maelström temporel et dans le néant de ses propres insuffisances.

Cerise sur le gâteau : cette vieille carne d'Izumi Yamasato, qui m'avait tant et tant résisté, avait enfin fini par mourir elle aussi. J'en conçus un plaisir non dissimulé.

— Adieu, jeune imbécile ! Adieu, vieille momie revêche !... Vous m'avez sérieusement enquiquiné tous les deux, on peut le dire ! Néanmoins, l'ordre des choses a été respecté. Et vous avez fini par me servir. *Enfin !...*

Je revins ainsi à mon point de départ.

1514, à Florence.

La flèche patiemment tendue plusieurs centaines d'années auparavant atteignit finalement ma poitrine.

Elle me frappa de plein fouet, et je me réveillai, la tête en vrac.

Il m'avait fallu replacer tous mes souvenirs chronologiquement. En les passant patiemment en revue, un par un. Tel était mon rituel. Et il s'était toujours avéré efficace.

Désormais, je savais qui j'étais, où je me trouvais et ce

que j'avais toujours voulu.

Alors, je pris en considération le danger qui planait encore sur ma personne.

— Les Enfants de Polaris… murmurai-je. Ils vont débarquer et m'éliminer chez moi. Vraiment, j'ai joué serré…

Si mon expérience était un échec, il me faudrait très vite quitter Florence pour disparaître dans la nature. Certaines de mes potions me permettraient peut-être de tromper les sens aiguisés d'Hadès, de Kālī, et même d'Anubis. Mais si mon expérience était un succès…

Le moment tant attendu était enfin arrivé.

Mon corps me parut relaxé, mon esprit avait retrouvé sa place.

Debout au milieu de la cuisine, lieu où j'avais entamé ma reconstruction, je serrai les poings. Le picotement familier qui précédait la décharge d'énergie tant convoitée n'avait pas encore eu lieu. Voilà qui était inhabituel.

Tout avait-il été perdu, dispersé dans le néant des siècles ?

Ou bien… ?

Je me concentrai. Fis le vide total en moi. Le doute n'eut guère le temps de s'insinuer.

Une sensation immense, irradiante, remonta depuis les tréfonds de mon âme, le long de mon échine. Habituellement, un bien-être lui succédait, une vigueur agréable, mais qui ne durait que quelques courtes secondes.

Cette fois, tout fut différent.

Non seulement l'énergie demeura logée dans ma poitrine, comme domestiquée, mais elle transforma complètement ma vision du monde.

De nouvelles couleurs, de nouvelles odeurs, de nouveaux sons vinrent teinter le spectre de mes perceptions. J'entrevis, pour la toute première fois, un réseau invisible de fils entremêlés qui reliaient chaque être et chaque chose. Comme si tout devenait logique. Comme si tout prenait sens. Comme si le fonctionnement secret de l'univers m'apparaissait à la fois dans sa subtile complexité et dans sa simplicité brute.

Galvanisé, mon corps me sembla plus jeune. Et infiniment plus vigoureux. Mes doigts normalement déformés par l'arthrose pianotaient l'air avec aisance. Ma peau habituellement parcheminée me parut doucement se lisser, un sang neuf affluant dans mes veines.

Soudain, je pus voir au-delà de moi. Au-delà des murs de ma maison, au-delà de Florence.

Soudain, mon esprit entendit palpiter mille cœurs, embrassa mille rêves, décortiqua des milliers d'ambitions. Mes contemporains me parurent nus comme des vers, leurs âmes exposées au grand jour, sans aucun secret pour moi.

Je perçus distinctement le marchand d'étoffes au coin de ma rue, qui rêvait secrètement de s'emparer de ma maison afin d'agrandir son commerce. Je ressentis la peine immense d'une noble dame esseulée, résidant de l'autre côté de la colline. Je découvris les tractations occultes qui liaient quelques soldats endettés à un riche et ambitieux usurier de la ville de Sienne.

Et, pour toutes ces personnes, je sus immédiatement quels objets déplacer, quelles courtes phrases prononcer, à quel moment précis intervenir pour changer durablement leur destinée.

Chapitre 43

Voilà comment se manifestait l'immense énergie accumulée lors de la disparition de mes existences passées. Le long voyage insensé que je venais de vivre au mépris des règles du temps m'avait apporté cette absolue clairvoyance, cette lecture secrète des quatre éléments dispersés en chacun, qui allait me permettre, avec un peu de malice, de plier la réalité à ma simple volonté.

Je fus pris d'un vertige immense.

Il était aisé de se perdre complètement dans cet océan d'absolue clairvoyance. De passer des heures entières à observer mes contemporains, d'éplucher leur vie passée et à venir, d'analyser leur complexe rapport à autrui et aux choses. Mais je n'étais pas homme à perdre de vue mon objectif. J'avais trop lutté, trop attendu, trop planifié pour cela.

Les Enfants de Polaris. Pour l'heure, je devais les localiser, me focaliser sur eux seuls, puis les contrer.

Bientôt je vis mes ennemis en mouvement.

Je reconnus le cadre, la Via dei Sassetti, à Florence.

Ils étaient déjà tout proches.

Ils portaient tous la même toge qui masquait leur visage. Déguisement dérisoire pour le déchiffreur de réalité que j'étais devenu. En une fraction de seconde, j'identifiai Anubis.

Je n'avais jamais connu son identité. Celle-ci m'apparut en même temps que le fil entier de ses aspirations, de son passé et de ses probables futurs.

En 1514, Anubis s'appelait Séfi Hakem. C'était un homme frêle d'une trentaine d'années, qui avançait toujours masqué car il se faisait passer pour un jeune noble dont il avait usurpé l'identité. Ayant acquis les pouvoirs du plus fin limier de l'ordre au terme d'un long parcours initiatique dont je découvris pour la première fois l'étrange et cruelle complexité, il marchait en tête de cortège, guidant les Enfants de Polaris droit vers ma tanière.

Son existence faite de rencontres funestes, de choix difficiles, d'épreuves constantes me parut tortueuse et passionnante à la fois.

J'allai pourtant y mettre fin, en un battement de cils.

Au-dessus de la tête de Séfi, à quinze mètres de hauteur, il y avait un vieil ouvrier en train de réparer un toit. L'ouvrier cognait vigoureusement, de sa masse, une poutre. Sous le genou de l'ouvrier, une tuile fissurée.

Pour moi, le monde n'était qu'un enchevêtrement de fils.

Je tirai mentalement l'un d'eux.

La tuile fissurée se fendit. Le genou de l'ouvrier s'enfonça dans le toit. Le vieil homme lâcha son outil, qui dégringola. La masse fusa en direction de la tête de Séfi Hakem. Qui explosa quinze mètres plus bas.

Les cris d'horreur jaillirent du groupe de mes adversaires, tandis que le corps déjà mort d'Anubis se fracassa contre le sol.

Auguste d'Auchevard, Louise Sorcelle et les autres s'agitèrent en tous sens, incapables d'appréhender les calamités imminentes qui allaient immanquablement les frapper dans les secondes suivantes.

La colère des Enfants de Polaris devait demeurer intacte afin que ceux-ci remplissent leur rôle, à travers les siècles à venir. Leurs successeurs, à différentes époques, allaient façonner le surhomme que je deviendrais, que j'étais devenu, dans ce présent florentin.

Mais s'il fallait à tout prix que leur organisation survive, en revanche leurs existences individuelles et méprisables se trouvaient désormais entre mes mains.

Quelle mort inattendue pour Auguste d'Auchevard ? Quel accident malencontreux pour Louise Sorcelle ? Quel sort implacable pour eux tous ?

Une multitude de fils, couleur rouge sang, zébraient mon champ de vision et délimitaient en cet instant délicieux une infinité de possibles tous plus funestes les uns que les autres.

Je souris à belles dents.

Oh, comme j'allais m'amuser !…

Oui, mais.

Oui, mais, à vrai dire, un petit détail obscurcissait mon paysage idéal.

Comme une tache de sauce sur une robe impeccablement tramée. Comme un insignifiant nuage dans un ciel parfaitement bleu. Comme une punaise minuscule sur une nappe de pique-nique soigneusement préparée.

Ma voix légèrement agacée résonna entre les murs de ma tanière.

— On peut savoir, Yohann Massart, ce que tu fiches encore là ?

Chapitre 44

En réalité, je ne m'étais pas évaporé du tout.

Contrairement à ce qu'avait cru l'Alchimiste, j'étais resté présent tout au long de son réveil et j'avais assisté à tous les derniers événements, mon esprit étroitement connecté au sien.

Trop occupé à décoder un monde repeint de possibilités nouvelles, il avait occulté ma présence.

Et moi, pendant ce temps, j'avais tout vu, assimilé ce qu'il était, compris d'où je venais.

Tel un fantôme acharné, tel une étrange excroissance de sa complexe personnalité, j'errais quelque part dans sa tête, sans aucune enveloppe physique… mais avec tout mon esprit, visiblement séparé du sien.

— Eh ben pfiouuu, cette histoire d'arc tendu par-delà les époques, cette énergie accumulée au moment des morts successives, puis cette pelote de fils sur lesquels il suffit de jouer… Y a pas à dire, c'est sacrément impressionnant. Grave flippant, même, vu ce que vous venez de faire à ce pauvre Anubis…

L'Alchimiste grogna, fort contrarié de ma présence persistante.

— Qu'est-ce que tu me veux, moucheron ?

— Alors, c'est vous que j'ai vu en rêve, pendant le coma de Nembo. C'est vous qui êtes responsable de tous ces voyages insensés dans le temps. Et c'est finalement à cause de vous que j'ai été assassiné.

— Oui, voilà, c'est moi, tu es mon incarnation la plus lointaine… et de loin la plus agaçante ! Maintenant tu sais tout. Tu es content, c'est bon ? Tu peux donc t'en aller ?

— Euh… j'aimerais bien, franchement. Mais actuellement la situation est un peu compliquée. Vous vous en souvenez sans doute : mon corps a été perforé de trois balles à cause des types que vous avez lancés à mes trousses.

— Mfff, soupira l'Alchimiste. Si ce n'est que ça, je peux te trouver un autre corps. Je suis désormais capable de merveilles, tu l'as vu. Que dirais-tu… de celui-là ?

Il me désigna un scarabée qui progressait sur une paroi, à quelques pas de nous.

— C'est une plaisanterie, bien sûr ?

Ce n'en était pas une. L'Alchimiste fit un geste en direction de l'insecte. Il voulut m'arracher de son esprit et m'incarner dans ce corps minuscule. À la vue des prodiges qu'il venait de réaliser, je l'en jugeai tout à fait capable.

Sauf qu'il n'y arriva pas.

— Hum, vous avez tenté de me jouer un sale tour, commentai-je. Bizarrement, ça n'a pas trop marché, votre truc.

— Silence, je me concentre !

Chapitre 44

— Oooh, quelqu'un s'est réveillé de méchante humeur, ce matin… À votre avis, pourquoi ça n'a pas marché ?

Giuseppe Perrone grogna encore, et sonda son propre esprit. Il y découvrit ce que, moi, je savais déjà.

Son essence et la mienne se trouvaient liées. Tout avait commencé au moment de ma mort. Chacun de nos voyages dans le temps, ensemble, avait ensuite renforcé ce lien. J'étais devenu, par ce processus, l'ingrédient indispensable de sa réussite.

— Comment cela est-il possible ? se révolta-t-il. Tu n'es qu'un accident de parcours ! Une anomalie !

— Mouais… Et moi je vous trouve bien peu respectueux de vos incarnations futures. Vous m'avez grave pourri l'existence ! Normal que je pourrisse la vôtre !

L'Alchimiste vitupéra, s'agita, jura. Dans sa colère, il renversa les dernières fioles encore intactes, qui à leur tour explosèrent sur le sol. Il finit par quitter la cuisine, gagna son étude, chercha dans ses notes de quoi se débarrasser de moi. Ne trouvant pas même le début d'une solution, il fut pris d'un nouvel accès de rage et arracha le fruit de longues années de recherches.

— C'est sans doute une question d'équilibre, remarquai-je, étrangement décontracté. Une telle accumulation d'énergie ne pouvait vous revenir à vous seul. Ou alors, c'est le karma… Vos sales actions ne pouvaient qu'entraîner une réaction de la part de l'univers. Et cette réaction, c'est moi… Coucou !

Mon alter ego considéra le réseau de fils invisibles qui peuplaient son monde. Il en tira plusieurs, provoquant un accident de carrosse, la chute d'un mur en construction et un éboulement à vingt bons kilomètres de nous.

Tout ceci ne m'affectait absolument pas.

Il frappa alors le mur de toutes ses forces, ne parvint qu'à se luxer le poignet.

Peu à peu, il dut se résoudre à l'évidence : pour garder ses nouvelles capacités si durement acquises, il avait besoin de moi. J'étais comme la glue qui tenait ensemble son complexe collage. Sans ma présence – nous le sentîmes tous deux –, l'énergie accumulée se disperserait dans l'atmosphère, et il redeviendrait le simple vieillard qu'il était.

— Ce n'est pas possible ! Pas possible ! répéta-t-il, les traits crispés par la frustration. Comment ce facteur a-t-il pu m'échapper ?

— Ouais, ben justement, relevai-je, « échapper », c'est le mot. Vous savez, je crois que je vais tenter ma chance ailleurs. Je ne vais pas rester. C'est très bien, le XVIe siècle, Florence, la Toscane, tout ça… Mais j'ai vu toutes les idées tordues qui vous trottent par la tête, la « Peste en bouteille », les meurtres à répétition, et maintenant vos fils assassins… Toutes ces joyeusetés. Franchement, je n'ai pas très envie de devenir responsable de tout ça.

— Parce que tu crois que tu peux t'en aller juste comme ça ?

— Vous vous souvenez, l'arc et la flèche ? Le corps qui appelle l'esprit ?… Eh bien, il semblerait que ma corde se trouve tendue à son maximum. Depuis quelques instants, j'ai comme l'impression que mon époque me rappelle.

Il sentait lui aussi cette pression, bien sûr. Tout comme il était revenu vers son corps, j'allais devoir repartir vers le mien. Bien entendu, je craignais fort de disparaître dans le processus en succombant à la triple blessure infligée par Léa et ses amis. C'était un risque à courir. Car, en repartant, je risquais également d'arracher à l'Alchimiste tous ces pouvoirs démesurés.

En cette matinée d'avril 1514, j'avais envie de jouer les héros plutôt que de courir d'une époque à l'autre, et d'un corps au suivant, comme je l'avais fait jusqu'ici. J'avais le mal du pays, le mal de mon époque. La corde tendue m'appelait vers mon siècle… et je n'allais pas refuser ce dernier voyage. Mort ou vif, j'allais rentrer chez moi. Et si cela me permettait de réduire l'Alchimiste à néant, tant mieux !

J'adressai donc au vieil Italien un signe de ma main spectrale.

— Adieu, l'Adversaire ! Ce voyage était… intéressant. Si je n'avais pas été continuellement assassiné en chemin, j'aurais même pu le trouver grandiose.

— Tu ne vas *nulle part* ! tonna-t-il. Je ne peux me passer de toi, d'accord. Mais je possède suffisamment de pouvoir pour te garder auprès de moi. Et, surtout, pour te faire *taire* !

Jusqu'ici, il n'avait cherché qu'à me chasser.

Cette fois, il m'envoya une déflagration mentale qui me frappa de plein fouet.

À mon tour d'être surpris ! Car, toute émanation spectrale que j'étais, je ressentis l'imposante douleur de ce coup porté à mon esprit.

L'Alchimiste ne manquait pas de ressources. Car s'il se trouvait incapable de m'expulser de son corps, il saurait en revanche me museler.

La différence de puissance entre nous, soudain, me parut trop grande. Sans doute parce qu'il s'était nourri, tel un parasite, de l'essence vitale d'Izumi, de Ravi et des autres. Comme j'avais mis jadis – sans le vouloir ! – l'esprit de Nembo ou de Karl Schnitzer en veilleuse, il était en train de me dominer, de m'endormir.

Je me sentis bientôt sur le point de plier. J'allais devenir un point tout petit, une poussière minuscule, pas plus imposant qu'un atome, enfoui aux tréfonds de sa pensée dérangée. Nous avions accompli tout ce voyage ensemble, mais, sous mes illusions de contrôle, je n'en avais finalement été que le spectateur. Lui avait œuvré dans l'ombre, et depuis le début. Il avait lui-même créé les périls que nous avions dû affronter. Il en était ressorti plus fort, plus expérimenté, implacable. Et nourri désormais d'un pouvoir sans égal.

Seul contre lui, je ne possédais aucune chance.

Mais je n'étais pas seul.

Soudain, comme sorties du néant, quatre silhouettes prirent forme. Elles paraissaient spectrales, formes diaphanes aux contours flous, aux gestes diffus. L'une d'elle évoluait d'une démarche cadencée. La seconde, beaucoup plus petite, paraissait prête à bondir. La troisième, musculeuse et fine, en imposait. La quatrième avait pris l'apparence d'une vieille créature voûtée.

Ces ombres paraissaient surgir de nulle part. En réalité, elles avaient toujours été là, en compagnie de l'Alchimiste, et toutes proches de nous.

Ces apparitions familières, fantômes d'autres époques, brusquement se matérialisèrent.

Il y avait un soldat de la Première Guerre mondiale, un petit Africain courageux, un guerrier indien tenace, une vieille Japonaise décidée. Leur posture, leur regard fier, ne laissaient planer aucun doute sur leurs intentions.

Chapitre 44

Ils étaient venus m'épauler.

Chacun à leur manière, mais d'un même mouvement, ils avancèrent. Le soldat allemand, rompu à la discipline militaire, se posta le premier devant moi. Il fut rejoint par le très jeune Africain sautillant, simplement vêtu d'un pagne et d'un petit chapeau portugais. Dans toute sa majesté, le guerrier indien glissa plus qu'il ne marcha, ses longs cheveux noirs volant autour de son torse sculpté. Appuyée sur une cane, la très vieille Japonaise les rejoignit, et, si sa silhouette trahissait le poids de son grand âge, dans ses yeux brûlait une volonté farouche et indomptable.

Chacun fit barrage, chacun se dressa entre l'Alchimiste et moi pour l'empêcher de me soumettre.

Cette scène se déroulait aux frontières de la réalité, quelque part dans notre psyché commune, hors du monde physique. Dans ces limbes, Giuseppe Perrone nous faisait face. Il possédait un visage rajeuni, il semblait en pleine possession de ses moyens, et un feu constant émanait de son corps. Mais il n'était, finalement, pas plus grand que nous.

— Mais que… que faites-vous ici ? balbutia-t-il.

Telle avait été la grande erreur du Florentin : au cours de ses nombreux voyages, il avait considéré ses différentes incarnations comme autant d'antagonistes. Or, nous formions un tout. Tous ensemble, nous incarnions les maillons d'une même chaîne, un très long Cycle de vies et de morts imbriquées dont nous ne savions pas l'origine, dont nous ne connaissions pas la fin. Nous n'étions, finalement, que différentes manifestations d'une même entité. L'Alchimiste, par ses expériences et ses manipulations, avait voulu se démarquer, abattre le malheur sur nous tous, vampiriser chacune de nos vies et en récolter seul tous les profits. Sans vraiment se rendre compte à quel point nous étions lui, à quel point il était nous.

Aucun des fantômes qui m'entouraient ne comptait se laisser faire. En visitant ses autres vies, en profitant de leur essence, le vieil Italien avait ramené un peu de ces autres manifestations de lui-même à son époque. Nous nous trouvâmes tous à faire bloc contre lui, comme un corps entier lutte face à une maladie inscrite dans ses gènes.

La surprise passée, Giuseppe, pourtant, reprit contenance.

— Ah oui ?... Comme cela, on se révolte ? s'amusa-t-il. Vous croyez vraiment que votre présence fantomatique va changer quelque chose ?

Même face à nos forces combinées, il ne voyait pas qu'il restait des nôtres. Ivre de pouvoir et de jeunesse retrouvée, il ne comprenait pas que la succession de nos vies le faisait naturellement tendre vers l'éternité.

Dans un déchaînement de colère, le feu qui l'enveloppait devint un brasier. Et, comme il avait tenté de me faire taire, il chercha à nous étouffer, tous les cinq d'un coup.

Nous résistâmes tous ensemble.

Dans cet espace de pur esprit, j'aperçus ce qui nous liait les uns aux autres, ce qui nous unissait, ce qui nous renforçait. Séparément, nous n'aurions pu tenir face à la fureur de notre Adversaire. Il nous aurait soufflés, comme des bougies avant de nous entreposer pour toujours dans un recoin poussiéreux de son cerveau. Mais Giuseppe n'était parvenu à voler qu'un fragment de notre essence lors de son voyage. Il nous restait suffisamment d'énergie pour ne pas tomber.

Sous la pression psychique, je me sentis lutter. Karl plia le genou. Nembo poussa un cri. Ravi jura. Izumi grogna. Nos esprits reliés par une seule âme refusèrent de concert la servitude que nous réservait Giuseppe. Bientôt, sa puissance et les nôtres s'équilibrèrent.

Malheureusement, l'Alchimiste n'avait pas encore puisé dans les tréfonds de ses forces. Sa « maîtrise des quatre éléments », comme il l'appelait, lui donnait encore la possibilité de renverser la situation à son avantage. Galvanisé par tout ce qu'il nous avait volé, il restait capable d'accomplir des actions au-delà du simple entendement humain.

De par sa simple volonté, il réduisait l'espace autour de nos présences spectrales. Il parvenait à nous blesser malgré notre manque de substance corporelle. Nous étions pur esprit, certes, mais nous nous trouvions encore constitués d'atomes. Et ceux-ci se trouvaient sérieusement malmenés par les capacités surhumaines et l'esprit affuté de l'Alchimiste.

Alors, derrière lui, apparurent d'autres personnages que je n'avais jusqu'ici croisés que dans ses souvenirs. Un chef peau-rouge, un guerrier du désert, une femme tatouée. Et des dizaines d'autres silhouettes que je ne distinguais pas bien.

Brusquement, le rapport de forces s'inversa. Quelque chose se brisa. Et Giuseppe, soudain débordé, se mit à perdre pied.

— Partez, partez d'ici ! s'égosilla-t-il. Spectres ! Apparitions ! Vies à venir, même pas commencées ! Vies passées, déjà six pieds sous terre !… Venez, et je vous dompterai !

À partir de cet instant, tout se passa extrêmement vite.

À l'unisson, sans nous concerter, nous nous plaçâmes

en plusieurs rondes concentriques autour de lui. Puis nous nous approchâmes tandis qu'il vociférait. Puis nous nous fondîmes les uns dans les autres alors qu'il se débattait. Nous n'étions plus des esprits séparés, mais une créature plus vaste, une entité millénaire et colossale, une spirale possédant une infinité de visages.

Au milieu de la ronde, l'Adversaire se débattait encore.

— Laissez-moi ! Ne vous approchez pas, laissez-moi !

Une à une, les rides de Giuseppe s'étaient redessinées sur son visage anguleux. Le feu, l'air, l'eau et la terre nous apparurent de façon confuse encore mêlés à son aura. Guidés par tous nos bras, les éléments furent dispersés, au-dehors et en dedans de Giuseppe, pour réintégrer la place qui avait toujours été la leur dans le grand ordre de choses. Nous avions accompli ce geste instinctivement. Sans réflexion. Sans préalable. Uniquement parce que l'univers était organisé ainsi. Tel il avait toujours été. Tel il continuerait à exister.

Et nous savions qu'aucun d'entre nous n'aurait pu accomplir cette prouesse seul. C'était la somme de nos forces et de nos expériences qui nous avait guidés.

Au milieu de la ronde ne restait que l'Alchimiste, seul et vaincu.

— Si près du but… Si près du but… Pourquoi ? Pourquoi vous retournez-vous tous contre moi ?…

À la fin, il pleurait. L'entité que nous étions devenus autour de lui étendit alors, une dernière fois, tous ses bras. Mais pas pour le frapper. Juste pour l'apaiser. Pour le consoler.

Un peu comme on cajole un enfant capricieux qui ne veut pas entendre raison.

Chapitre 44

Contre toute attente, il s'apaisa presque. À cet instant, il exprima ce qui lui importait le plus, la substance de ce qui l'avait poussé à s'agiter, comploter, intriguer, voler et tuer. La peur qui le rongeait depuis son plus jeune âge. La source même de son angoisse et de son conflit intérieur.

— Ce n'est pas juste, murmura-t-il. Pourquoi mourir ? Je ne *veux pas* mourir. Ce n'est pas juste…

Son incroyable volonté de survie l'avait amené là où personne avant lui ne s'était aventuré. Il avait accompli des prodiges. Mais tout s'était construit au détriment des autres. Et nous ne pouvions le laisser mettre en danger l'équilibre ancestral.

Ma voix, qui était aussi celle de Nembo, celle de Ravi, celle d'Izumi, celle de Karl, et celle de toutes nos autres incarnations, lui répondit :

— Ainsi va le monde, Giuseppe… Accepte maintenant ton sort et le chemin que tu as toi-même tracé.

Sous notre impulsion, enfin, il lâcha prise.

Il avait pour cela fallu l'intervention de toutes ses autres vies.

L'Alchimiste venait d'épuiser ses toutes dernières forces. Son corps, malmené par toutes ces expériences et ces sauts temporels, allait bientôt s'éteindre.

Ayant repoussé la Mort de toute sa vigueur, Giuseppe accepta la venue prochaine de la Grande Faucheuse pour la toute première fois.

À cet instant précis, chacun de nous fut projeté en arrière. Le géant que nous étions devenus se scinda en une multitude de silhouettes, autant de reflets d'une seule et même âme. Nos esprits respectifs furent aussitôt rappelés par nos corps, attirés vers un endroit du temps et de l'espace qui nous était propre. Moi-même, je quittai la Toscane de la Renaissance.

Juste avant mon départ, cependant, j'assistai à cette dernière scène.

Au seuil de la maison jonchée de fioles brisées et de notes éparpillées, un homme aux cheveux grisonnants, le dos voûté, levait les yeux sur un petit groupe de gens masqués, armés d'épées, venus se dessiner dans l'encadrement de la porte. Privé d'Anubis, mais brûlant de détermination, l'inévitable détachement des Enfants de Polaris était parvenu jusqu'à sa maison pour lui prendre la vie.

À l'immense surprise de ses adversaires, Giuseppe ne chercha pas à se battre. Il ne tenta même pas de fuir. Assis en tailleur, il les considéra d'un air étrange. Un air presque apaisé.

D'une voix rauque, il leur dit :

— Vous êtes donc venus me voir… Hadès. Kālī… Je suppose… que c'est fini pour moi.

— Tu nous as trahis, Osiris, déclara la voix d'Auguste d'Auchevard derrière son masque de cuir. Tu nous as menacés, injuriés. Tu t'es servi de nos connaissances à tes propres fins. C'est toi aussi qui as supprimé Anubis, Kālī a senti ta présence ! Et tu sais fort bien ce que tout cela implique.

— Oui, oui… bien entendu, dit Giuseppe d'un ton monocorde. J'ai tout essayé, vraiment tout mis en œuvre. J'ai accompli l'impossible… Mais c'était mon tout dernier coup. Et j'en connaissais les risques dès le départ.

Il prit une profonde inspiration.

— Eh bien, je suppose… que nous devons tous mourir un jour, n'est-ce pas ?

Chapitre 44

Giuseppe Perrone abaissa légèrement la tête. La surprise de ses ennemis était totale. Car sans doute s'étaient-ils attendus à une plus grande résistance de la part de leur ancien allié.

Malgré leur trouble, leurs gestes demeuraient assurés. Les épées des Enfants de Polaris se levèrent dans un geste solennel.

Alors l'Alchimiste ferma les yeux et murmura :

— Que le Cycle soit rompu.

Il y eut encore un flash de lumière.

Puis une force immense m'arracha pour toujours au XVIe siècle, aux collines de Toscane, et à la plus torturée de mes vies.

CHAPITRE 45

Je m'appelle Yohann Massart. Je suis lycéen.

En rentrant chez moi, ce soir-là, je ne m'attendais pas à entendre mon cœur battre.

Il faisait sombre dans la maison. Contrairement à son habitude, ma mère était rentrée un peu avant moi. Lorsqu'elle me trouva à bout de souffle, affalé sur le carrelage du hall, elle paniqua un peu.

— Qu'est-ce qui se passe, Yohann ? fit-elle en s'agenouillant. Tu as fait un malaise ? Tu vas bien ?

— Non, oui, euh... répondis-je en m'ébouriffant les cheveux. Je crois juste... Je crois juste que je me suis... endormi.

Bien entendu, je me souvenais de tout. Je me souvenais clairement des tranchées, du négrier, du Tāj Mahal, des montagnes japonaises. Je me souvenais de ces incroyables événements survenus à Florence. Et je me souvenais surtout des trois silhouettes masquées qui m'avaient exécuté chez moi. Curieusement, aucune d'entre elles ne se trouvait dans les parages. Je bondis aussitôt, me mis à chercher derrière une porte, sous un fauteuil, derrière les rideaux. En vain. Personne ne m'attendait pour me perforer le corps d'une balle de plomb.

— Tu as perdu quelque chose ? Tu es sûr que tu vas bien ?

Ma mère ne savait comment analyser mon compor -tement.

— Eh bien, hésitai-je. Je… Je cherche Léa. Tu sais, elle devait me faire une surprise et m'attendre à la maison. Apparemment, elle n'est pas là. Tu… Tu ne l'as pas vue, par hasard ?

Ma mère esquissa une moue, puis fronça les sourcils.

— Léa ?… Mais de qui tu parles, enfin ?

La suite de notre conversation me permit de comprendre que ma mère et Léa ne s'étaient jamais rencontrées.

Un peu plus tard, je devais apprendre que ma petite amie n'était même jamais sortie avec moi.

Je vérifiai la date sur mon téléphone portable : celle-ci correspondait pourtant au jour où j'avais été assassiné.

Tout à coup, je ne pus m'empêcher de rire. J'avais l'impression d'être devenu l'acteur principal d'un film de science-fiction lorsque celui-ci se trouvait, vers la fin de l'intrigue, en décalage total avec la réalité. Une réalité différente de celle qu'il avait laissée de côté.

Et en effet, le présent avait changé. Pas complètement, pas de manière impressionnante. Mais quelques petits détails avaient été modifiés.

D'abord, ma sœur possédait une cicatrice au menton, souvenir récent d'une chute en montagne dont je n'avais jamais été témoin. Mon père avait rasé sa moustache.

Chapitre 45

Ma mère avait quitté le métier d'institutrice pour ouvrir un magasin de prêt-à-porter.

Ensuite, Léa et moi ne nous connaissions pas. Elle fréquentait le même lycée que moi, nous possédions certains cours en commun. Mais nous ne nous étions jamais parlé.

Enfin, et surtout, je n'étais pas mort en rentrant chez moi.

Pour le reste, j'étais toujours ce même lycéen assez débrouillard, plutôt doué en histoire, carrément nul en géographie. Et terriblement mal à l'aise avec les jolies filles. J'avais retrouvé avec un bonheur immense les matchs de basket entre copains, les épisodes des *Ombres d'Éclipse* et mes jeux vidéo chronophages, dont je m'étais fait une véritable orgie.

Le temps s'écoulait de nouveau du matin au soir, du soir au matin, sans assassins à mes trousses, sans mort brutale, sans machination diabolique et sans arrivée brusque dans une époque qui n'était pas la mienne. Il me restait quelques séquelles de cette expérience, bien sûr. Parfois, je me réveillais en nage, au beau milieu de la nuit, persuadé d'avoir débarqué au fin fond de la campagne japonaise, dans la Lisbonne du XVIIIe siècle, ou de me trouver en pleine guerre mondiale.

Généralement, il me suffisait d'un grand verre de jus de mangue ou d'un sandwich au chocolat pour me remettre les idées en place.

Il m'arrivait cependant de passer plusieurs heures à rêvasser, tournant plusieurs centaines de fois cette formidable aventure dans ma tête, la revivant en esprit.

Analysant la situation, j'en vins à la conclusion que

mes différents séjours dans le passé avaient forcément affecté d'autres existences que la mienne.

— Si les Enfants de Polaris ont neutralisé la menace de l'Alchimiste en 1514, s'ils ont été impressionnés par son semblant de repentir, songeai-je, peut-être qu'ils ne se sont jamais lancés à sa poursuite dans le temps… Peut-être donc que Nembo, Karl, Izumi et Ravi n'ont pas vu leur vie brusquement écourtée. Peut-être qu'ils sont tous devenus vieux, ont eu des enfants, n'ont jamais eu à se cacher…

Je ne disposais d'aucun moyen pour connaître chacune de leur destinée. Car aucun d'entre eux n'avait accédé à un poste suffisamment important pour laisser une trace durable dans l'histoire.

Pour autant, je ne me sentais pas complètement coupé de leurs vies. Je me souvenais très distinctement de cette bataille non loin de Florence et de nos corps fantomatiques brièvement imbriqués.

Ils étaient moi, j'étais eux, leur existence se poursuivait à travers la mienne. Et cela me remplissait de fierté.

Outre mes différentes incarnations, j'aurais voulu croiser de nouveau la redoutable Seika, l'espiègle Yeleen, la douce Aliou, ou encore le très surprenant Edmundo Faia. Un espoir fou me faisait espérer que ce dernier n'avait finalement pas péri, lui non plus, entre les mains des Enfants de Polaris. Si moi, petit lycéen, j'avais survécu, sans doute ce vieux roublard s'en était-il également tiré.

Je l'imaginai, en train de traîner sa patte folle, gravissant les pentes de Lisbonne dans une grimace, crochetant la serrure d'une villa où il allait passer la nuit. Il ne pourrait jamais vivre pleinement sa passion avec la reine, bien sûr.

Chapitre 45

Tout comme moi, qui n'osais plus approcher Léa.

Malgré mon attirance pour elle, je la fuyais comme la peste. Je la croisais presque chaque jour, au lycée. Je la regardais en secret à travers une fenêtre, caché derrière un pilier, ou simplement du coin de l'œil. Mais je gardais entre elle et moi une distance salutaire.

Un soir de mars, c'est elle qui se décida à m'aborder. Intriguée par toutes les œillades mal dissimulées que je lui lançais, elle me fit cette déclaration :

— On ne se connaît pas, commença-t-elle. Mais j'ai la bizarre impression que nous sommes comme… liés, toi et moi. Je me l'explique difficilement…

Je grognai quelque chose d'incompréhensible. Elle continua à me parler un moment tandis que, pétrifié, j'enchaînai les borborygmes. J'appréciai son courage et sa persévérance… mais elle allait vraiment finir par se demander si je n'étais pas le cousin caché de Chewbacca !

Apparemment détendue, mais en réalité très nerveuse, elle passait constamment la main dans sa chevelure ondulée, laquelle retombait gracieusement sur ses épaules en boucles rousses, dégageant de doux effluves de shampooing qui accéléraient le rythme de mon cœur.

Elle se déhanchait sur place, tournait autour du pot, n'osant pas vraiment formuler ce qui avait motivé son approche. Ce petit ballet me rendait à moitié fou. Je n'avais qu'une seule envie : me jeter sur elle, la serrer dans mes bras. L'embrasser, l'embrasser encore, me noyer dans son regard sombre, me perdre dans ses cheveux. Et respirer le tendre parfum de sa peau.

Elle se déhancha encore. Entortilla une mèche autour de son index. Posa la tête de côté. Battit des cils. Toussota.

Puis elle se lança.

— Est-ce que… Est-ce que… par hasard, tu voudrais bien… tu voudrais, euh… aller boire un verre ?

Ses joues rosirent aussitôt. Ses épaules se contractèrent. Elle avala sa salive. Autant de manifestations de son trouble : je la connaissais trop bien pour ne pas le savoir.

Mes yeux avisèrent sa gorge, mise en valeur par un débardeur à rayures.

Aucune étoile bleue ne pendait à son cou.

Pendant un moment, je fus incapable de prononcer un seul mot. Pas même un borborygme de wookie. Pas le moindre son. Léa était toujours aussi belle. Elle me faisait toujours autant d'effet. J'en étais toujours éperdument amoureux.

Mais elle avait jadis mis fin à mes jours même si elle ne s'en souvenait absolument pas.

Entre nous, quelque chose s'était brisé.

À chacun de ses mouvements, au-delà de mon attirance, au-delà du trouble qu'elle éveillait en moi, il y avait cette tenace et désagréable impression que ses longs doigts pailletés allaient bientôt se refermer sur la crosse d'un revolver d'argent, qu'elle ne tarderait pas à pointer dans ma direction. Avant de me loger une balle en plein cœur.

Je n'en avais pas envie, pas envie du tout. Je voulais l'attirer tout contre moi, sentir sa chaleur m'envahir, et que tout redevienne comme avant.

Pourtant je m'entendis bientôt lui dire :

— Boire un verre avec toi, hein ?… Hum. Ce serait… intéressant. Intéressant, oui… Mais franchement, euh… Franchement, je ne crois pas… que ce soit une très bonne idée. Voilà.

Chapitre 45

Je vis alors son si joli visage pâlir en une seconde. Mes paroles, extrêmement maladroites, venaient de la blesser. Je tentai de rattraper le coup.

— Si tu veux, on peut… être amis, proposai-je dans un sourire. On peut aller boire un verre ensemble, mais sans aller plus loin… OK ?

Aussi vite qu'elle s'était décomposée, elle reprit contenance. Ses joues s'empourprèrent de nouveau, ses yeux brillèrent, sa bouche se pinça. Puis elle me répondit :

— Manquerait plus que ça… Pauvre naze !

Alors, elle tourna vivement les talons, puis elle s'éloigna à l'autre bout de la cour en me laissant planté là.

Jamais elle ne sut à quel point les cruelles paroles que je venais de prononcer m'avaient anéanti.

La vie avait donc repris son cours, sans voyages à l'envers, sans courses-poursuites, sans ennemis masqués. À part les regards fuyants entre Léa et moi, et nos deux cœurs en rade, tout était désormais pour le mieux dans le meilleur des mondes.

…

À bien y réfléchir, il y eut tout de même un ou deux incidents. Quelques petits dysfonctionnements, qui me font parfois dire que ce nouveau monde ne tourne pas tout à fait rond.

Depuis des années, ma sœur souffre de migraines récurrentes. Je lui ai dernièrement offert une petite décoction de mon invention, en mélangeant simplement les plantes que maman fait pousser dans le jardin. D'abord méfiante, ma sœur l'a bue, et s'est sentie très vite soulagée. Où va-t-on, je vous le demande, si les tisanes que j'invente en cinq minutes se montrent plus performantes que les médicaments que lui prescrivent les pharmaciens ?

En classe de chimie, le professeur ne me parle plus de la même façon. S'il a avoué se montrer impressionné par mon raisonnement en devoir surveillé, et la rigueur parfaite de mes formules, il s'est au contraire ouvertement moqué de « mon idée farfelue selon laquelle on pourrait faire croître une orchidée à partir d'un simple morceau de craie ».

Mais je sais bien, moi, qu'une telle métamorphose est possible.

À la surprise de mes parents, j'ai changé l'emplacement de ma chambre. Désormais, je dors au sous-sol.

Je ne le regrette pas, car j'y suis beaucoup plus tranquille.

Sur l'établi de mon père, qui ne servait qu'à prendre la poussière, j'ai installé des béchers, des alambics, des tubes à essais.

Je suis en train de mettre au point une nouvelle potion. Celle-ci devrait me permettre d'accroître mon espérance de vie.

Vraiment, j'ai hâte de la tester.

Maxime
Fontaine

Grand admirateur d'Alan Moore, Neil Gaiman, David Lynch, Terry Gilliam, Hayao Miyazaki, Philip Pullman, André Franquin, Eiichirô Oda, Shingo Araki, Erik Larsen ou encore Philippe Caubère, pour ne citer qu'eux, Maxime Fontaine s'inspire de ces illustres modèles pour perfectionner ses talents de conteur.

Ses études parisiennes le font rencontrer Bertand Ferrier, avec qui il publie la trilogie jeunesse des Gardiens de Mallemonde (*Ézoah*, *Immémoria*, puis *Ténébria*). Il invente aussi clips, visuels et storyboards, pour animer les concerts des groupes Atlantys, Watson Klub, et plus récemment Old Tree'z. Il participe ensuite à la grande aventure des blogs BD, en publiant régulièrement les *Chroniques d'un papa célibataire*, puis les *Chroniques d'une famille recomposée.*

Mais l'écriture lui manque, aussi se lance-t-il dans la rédaction de *Mes vies à l'envers*, thriller historique et fantastique, publié par Gulf stream éditeur dans la collection « Échos ».

Reproduit et achevé d'imprimer en mars 2018
par Leporello en Lettonie,
pour le compte de Gulf stream éditeur,
31, rue Alfred-Riom, 44100 Nantes
www.gulfstream.fr
Dépôt légal 1re édition : mai 2018